DBT®팀 구성과 운영

치료자를 위한 치료

길포드 출판사 DBT 프랙티스 시리즈

Alan E. Fruzzetti, 시리즈 편집장

이 시리즈는 다이어렉티컬 행동치료Dialectical Behavior Therapy, DBT의 필수적인 요소에 단계별로 그리고 쉽게 접근할 수 있도록 고안되었다. 전화 자문, 수인화, 체인 분석, 가족 개입 등 DBT 치료의 다양한 부분들을 깊이 탐구한 본 시리즈는 여러분에게 최신의 임상적 혁신의 정수를 소개하고, 주요 DBT 원리와 과학적 근거에 기반한 실용적인 도움을 제공하고자 한다.

DBT 전화 자문

Alexander L. Chapman

DBT 체인분석

Shireen L. Rizvi

DBT 팀 구성과 운영: 치료자를 위한 치료

Jennifer H. R. Sayrs & Marsha M. Linehan

DBT®팀 구성과 운영

치료자를 위한 치료

DBT® TEAMS
DEVELOPMENT AND PRACTICE

Jennifer H.R. Sayrs, Marsha M. Linehan 저

채송희, 조용범 역

 더트리그룹

| 저자에 관하여

제니퍼 세이어즈 박사(Jennifer H. R. Sayrs, PhD, ABPP)는 Marsha Linehan의 세 번의 다이어렉티컬 행동치료^{DBT} 임상 실험의 연구 치료자로, 여러 차례 DBT 연구의 DBT 준수 코더^{DBT adherence coder*}로 참여했다. 그녀는 Behavioral Tech의 트레이너로서 미국 뿐 아니라 전 세계를 무대로^{DBT} 워크샵을 통해 많은 DBT 치료자들을 교육 수련하고 있다. 현재 Evidence Based Treatment Centers of Seattle^{EBTCS}의 DBT 센터 디렉터이며, 성인과 청소년 그리고 가족들에게 DBT 치료를 제공하고 있다. EBTCS의 DBT 센터는 미국에서 최초로 Linehan Board of Certification 인증을 받은 대표적 DBT 치료팀이다. Sayrs 박사는 또한 EBTCS의 창립 팀원이자 Executive Director이다. American Board of Cognitive and Behavioral Psychology와 American Board of Professional Psychology의 특별 이사회 임원이기도 하다.

마샤 리네한 박사(Marsha M. Linehan, PhD, ABPP)는 DBT 개발자이자 워싱턴대학교의 심리학 및 정신의학과의 교수이며 동대학 행동연구 및 치료클리닉의 디렉터이다. Linehan 박사의 주요 연구주제는 심각한 자살위기와 복합적이고 심각한 정신장애를 가진 사람들을 위한 경험과학적 근거를 갖춘 치료 기법을 개발하고 이를 평가하는 것이다. Linehan 박사의 자살에 관한 연구와 임상심리학 연구 분야에 대한 공헌은 2017 University of Louisville Grawemeyer Award for Psychology와 2016 Career/Lifetime Achievement Award from the Association for Behavioral and Cognitive Therapies 등의 많은 수상을 통해 인정받았다. 또한 American Psychological Foundation에서 심리학 응용분야 Gold Medal Award for Life Achievement를 받았으며, Association for Psychological Science에서 James McKeen Cattell Award 등을 수상한 바 있다. American Association of Suicidology는 Linehan 박사의 업적을 기리기 위해서 자살행동 치료분야의 뛰어난 연구를 한 학자에게 수여하는 Marsha Linehan Award를 만들었다. 또한 Linehan 박사는 선불교의 선사이며, 건강 관련 전문가들을 위한 워크숍과 피정^{避靜, retreats}을 통해서 마인드풀니스와 명상을 가르치고 있다.

---

* 역자 주: DBT 준수 코더는 DBT 임상 연구를 위해 DBT 연구 치료자들이 DBT 치료 프로토콜을 준수하는지 코드화하는 연구자를 말한다.

DBT 치료팀 자문에 관한 본 서는 길포드 출판사 DBT 프랙티스 시리즈의 세 번째 서적이다. 이 시리즈는 DBT 프로토콜을 준수하며 유능하게 다이어렉티컬 행동치료Dialectical Behavior Therapy, DBT를 하는 방법을 알고자 하는 치료자들의 요구에 발맞추어 선보이게 되었다. 처음 DBT는 경계선 성격장애와 관련 장애를 가진 사람들의 자살 및 자해 행동을 치료하기 위해 개발되었다. DBT 치료 매뉴얼(Linehan, 1993a), DBT 스킬 훈련 매뉴얼 개정판(Linehan, 2015b), 그리고 DBT 스킬훈련 워크북 개정판(2015a)을 통해 치료 전체 프로토콜이 공개되었지만, 체인분석Chain Analysis, 수인화Validation, 전화 자문, 가족 개입, 치료 자문팀 및 효과적인 다이어렉티컬 전략 활용 등 치료의 또 다른 주요 부분들이 정본 치료서 발간 이후 상당부분 확장되어왔다. 이 시리즈는 이러한 이유를 바탕으로 Marsha Linehan 박사의 지지에 힘입어 치료자들이 DBT 표준 프로토콜을 중심으로 더욱 효과적으로 DBT 치료를 제공하고, 치료자들의 스킬을 정교화하고 증진시키는데 도움을 주고자 개발되었다.

1980년대 젊은 심리학자였던 Marsha Linehan 박사는 워싱턴대학교에서 동료들과 함께 DBT를 개발했다. 하지만 개발 당시 치료 대상군이었던 만성적 자살 및 자해행동 (경계선 성격장애의 전형적인 증상으로 일컬어지는) 증상이 있던 사람들에 대한 치료 효과성과 이들을 치료하기 위해 분투하던 치료 커뮤니티에 DBT가 받아들여지고 채택이 되었는지 여부를 모두 살펴보았을 때 성공 여부는 확실치 않았다. 본 시리즈가 기존 연구 문헌 및 매뉴얼에 따른 치료를 어떻게 향상시키는 지와 현재 DBT 원리와 프랙티스 준수성을 어떻게 촉진시키는지 이해하기 위해서는 먼저 이 가이드가 전체적인 DBT 구조에 어떻게 부합하는 지와 경계선 성격장애와 관련된 문제들을 치료하는 맥락이 어떻게 진화해왔는지 확인할 필요가 있다.

지난 30년 이상을 되돌아보면, 이 분야에서 Linehan 박사의 영향력은 그야말로 눈부실만큼 대단하다. 그녀의 업적이 전세계적으로 전파되어 수용되기 전까지는 경계선 성격장애를 가진 자살 및 자해 행동을 하는 사람들은 나아지기 어렵다는 무망감과 경험적 근거를 갖춘 치료가 전무하다는 낙인만이 만연했다. 말할 나위 없이, DBT 치료자들은 암울한 예후에 직면했다. 당시에는 워싱턴대학교의 작은 클리닉에서만 DBT 치료가 가능했다. 치료 매뉴얼이나 스킬훈련 매뉴얼도 없을 뿐만 아니라, 치료를 효과적으로 교육하고 전파하며 시행하는 명확한 가이드라인이 없었던 것이다.

지금 우리는 어디까지 와있는가? 내담자에 대한 낙인은 현저히 감소했고, 치료에 대한 희망은 증가하였으며, 정신건강분야 전문가들 사이에 경계선 성격장애와 관련 문제들은 치료 가능하다는(물론 앞으로 더 많이 발전해야 하지만) 인식이 널리 퍼지게 되었다. 또한 DBT 치료적 효능efficacy과 효과성effectiveness을 강력히 뒷받침하는 상당수 연구들이 수행되었다. 전세계적으로 수많은 사람들이 DBT 치료 매뉴얼(Linehan,1993a)과 스킬훈련 매뉴얼 초판(1993b) 및 개정 증보판(2015a, 2015b)의 독자가 되었다. 미국 전역 뿐 아니라 여러 국가에서 양질의 DBT 교육 수련을 받은 치료팀들이 외래, 거주, 병원과 기타 치료장면에서 수많은 내담자를 돕고 있다. 이 가운데 DBT 치료자로서 인증을 받기 위해 치료 과정을 철저하게 평가받음으로써 자신의 능력과 헌신을 보여주는 이들도 다수 존재한다. 이 뿐 아니라, 경계선 성격장애와 관련된 어려움을 가지고 있는 사람들에게 경멸적이지 않은 방식의 효과적 치료들이 연구개발 중이거나 경험과학적 근거를 갖추어 가고 있다.

또한 DBT는 적용application과 조정adaptation을 통해 경계선 성격장애 이외의 관련 문제 증상군(예, 감정조절장애와 관련된 여러 문제들)에 초점을 맞춰 다양한 치료 장면, 특히 최근에는 예방과 관련된 장면에서도 성공적으로 발전해왔다. Linehan 박사가 최근 "이 시대의 위대한 과학자 100인"에 선정된 것은 어쩌면 당연한 결과일 것이다("Great Scientists", 2018).

DBT는 포괄적인 치료적 개입 세트(치료 유형과 기능)로 구성된 통합적인 치료이다. DBT는 개인심리치료 뿐 아니라 다양한 치료유형, 즉, 그룹 스킬훈련, 전화 자문, 가족 개입 및 치료 자문팀과 같은 다양한 치료적 기능을 제공하는 복합적인 치료 유형을 포함하고 있다. DBT는 행동치료와 감정 과학(예: 명확한 치료 목표, 과학적인 행동[감정, 생각, 행위])의 정밀한 전략과 함께 수용 중심 치료acceptance-oriented therapies (예: 지지, 다정함, 격려) 기법을 통합한 치료이며, 다양한 문제들을 해결하기 위한 심리적 스킬과 사회적 스킬에 초점을 맞추고 있다. DBT 치료는 내담자의 안전과 안정성, 자기 통제를 증진시키고 동시에 중도 탈락을 최소화하며, 기분상태와 자기존중감, 대인관계, 가족, 학교 그리고 직업 기능성 등을 향상시키는데 있어 효과성이 검증된 통제 연구들이 여럿 존재한다. 대체적으로 안정적인 치료 결과와 재발률이 낮아지는 결과를 나타냈기 때문에, 대안적 치료기법들과 비교했을 때 DBT 치료에 들어가는 비용과 노력은 장기적으로 봤을 때 크게 감소한다고 볼 수 있다.

DBT 모델

DBT 치료 모델에서는 다양한 감정, 인지(사고), 관계, 정체감(자아 개념) 및 행동 문제의 핵심을 감정조절장애로 본다. 감정조절장애는 행동조절장애(충동성과 같은 통제 불가한 행동), 인지조절장애(사고장애 및 문제해결능력 저하), 대인관계 조절장애(대인관계의 어려움), 그리고 자기조절장애(자아존중감, 정체감의 문제와 부정적 자아상)를 심화 또는 악화시키게 된다. 결과적으로 공병 문제(자살적 및 비자살적 자해, 우울, 불안, 식이장애, 외상후 스트레스 장애, 물질 사용, 공격성, 관계의 문제 등)들 역시 감정 조절을 위한 역기능적 노력이나 만성적인 감정 조절장애의 필연적인 결과로 볼 수 있다. DBT의 가장 중요한 목표는 내담자들이 자신의 감정을 조절하거나 관리하기 위해 심리적 스킬과 사회적 스킬을 습득함으로써 삶을 살아갈 가치가 있도록 만들어갈 수 있게 돕는 것이다. 치료 초반에는 2차 감정을 감내하고 재조절하도록 돕고, 후반에는 1차 감정을 파악하고, 정확히 명명하며, 수용하고, 적절히 표현하여 조절할 수 있도록 돕는 것이다. 이 치료의 대부분은 이러한 원리를 기반으로 만들어졌다.

전문가들은 만성적이고 심각한 감정조절장애를 개인의 감정적 유약성과 사회 및 가정 환경으로부터의 지속적인 비수인성, 이로 인한 자기 비수인성 촉진이 상호교류적으로 발전하여 나타난 결과라고 가정한다. 감정적 유약성은 기질, 조건형성, 그리고 학습과 현재 환경의 결과로 나타난 현 상태의 생물학적 성향에 의해 영향을 받게 되며, 정서적인 균형 상태로 돌아가기까지 많은 시간이 소요되는 것과 함께 감정적 민감성과 반응성으로 발현된다. 비수인적 반응은 지나치게 판단적이며 정서적으로 가혹한 언행에서부터 기질적 어려움, 부정확한 표현방식, 또는 가족 구성원 및 타인과의 의사소통 문제에 의한 오해까지 매우 다양한 방식으로 나타날 수 있다.

통합 DBT 치료의 5가지 핵심 기능

DBT는 치료의 5가지 필수 기능을 다루는 구성 요소 및 치료 유형으로 구성되어 있다:

1. 내담자들이 스킬훈련 그룹에 참여하여 새로운 심리적, 감정적, 사회/대인관계적 스킬을 습득하도록 돕는다(스킬 습득).

2. 내담자가 과거에 효과적이지 않은 반응을 했던 상황과 일상 생활에서 학습한 스킬을 일반화하여 적용하기 위해, 구체적 계획을 수립하고, 실제 상황에서 연습하도록 자문하며, "실제" 현실에서 스킬을 적용하도록 돕는다(스킬 일반화).

3. 내담자들이 자신의 치료 목표 달성을 위해 협조적 태도를 취하고 과잉 학습되었던 역기능적 행동을 보다 효과적인 행동으로 대체하기 위해 치료 동기를 증진시키도록 돕

는다. 이는 우선적으로 개인 심리치료에서 다루게 되며, 치료 세팅에 따라 달라질 수 있다(역기능적 행동을 효과적인 대안 행동으로 대체하기 위한 동기).

4. 내담자들이 사회적 관계와 가족 관계를 잘 관리하여 더 나은 관계를 형성하고, 더 많은 지지와 이해, 수인적 반응을 하여, 가족 구성원들 역시 보다 수인적이며 지지적으로 반응할 수 있도록 돕는다(사회적 환경과 가족 관계를 향상시킬 수 있는 구조 확립).

5. 정기 치료팀 자문 회의를 통해 치료자들에게 지속적인 지지와 수인적 태도를 보여주고, 문제해결 및 치료적 스킬 형성을 할 수 있도록 도와 그들의 동기와 스킬을 증진시킨다(DBT 치료자로서의 스킬과 동기 증진). 바로 이 부분이 본 서의 주요 주제이다.

DBT 스킬

주요 심리학적, 감정적, 사회적 스킬을 학습하는 것이야 말로 내담자들이 자신의 감정을 조절하고, 만족스러운 대인관계를 맺으며, 삶을 잘 영위하는 방법을 배우도록 하기 위한 중요한 요소라는 점에는 의심의 여지가 없다. 이를 위해서는 아래 다섯 가지 스킬이 필요하다:

1. 주의집중 및 무판단적인 자각능력을 증진시키고, 보다 긍정적인 자아 개념이나 자아 정체감을 형성한다(마인드풀니스).

2. 감정을 이해하고, 긍정적 감정을 증진시키며, 부정적 반응을 일으키는 유약성을 감소시키고, 부정적 감정을 수용적으로 경험하며, 부정적 감정적 경험을 변화시킨다(감정 조절 스킬).

3. 공감능력을 증진시키고, 자기 존중감과 자기주장 능력 간의 균형을 이루어 대인관계 능력을 증진시킨다(대인관계 효율성 스킬).

4. 극심한 정서적 고통을 경험할 때, 2차적 조절장애를 불러일으키는 충동적 행동을 하지 않은 채로 이를 감내한다(고통 감내 스킬).

5. 대립하는 목표, 이익 및 관점 사이의 균형을 유지하고, 인지적 유연성과 감정적 유연성을 증가시킨다(다이어렉틱스, 중도의 길 걷기, "지혜로운 마음").

이후 부모와 가족을 위한 다이어렉티컬 스킬과 수인화 스킬, 물질 사용 문제를 가진 내담자들을 위한 특정 스킬 등과 같은 추가 DBT 스킬이 개발되었다(참고: Fruzzetti, Payne, & Hoffman, 2021; Miller, Rathus, & Linehan, 2007; Rathus & Miller, 2015).

물론 학습 원리가 DBT를 포함한 모든 행동치료의 핵심이라는 것에는 이견이 없다. 특히 학습에는 다음과 같이 3가지 중첩되는 단계가 있다: (1) 습득 단계, 기본 스킬을 배우는 단계로써 최적의 학습 환경으로 설계된 스킬훈련 그룹에서 주로 이루어진다; (2) 강화 단계, 내담자가 스킬을 연습하는 단계로 주로 계획 하에 그룹에서 혹은 치료자와 함께, 또는 가정에서 이루어진다; (3) 일반화 단계, 내담자의 스킬이 충분히 강화되어 필요할 때 실제 상황에서 바로 적용하는 단계이다. 물론 스킬훈련 그룹과 개인심리치료에서 스킬 교육/훈련과 자문을 제공하며, 외래 세팅인 경우 실제상황 자문을 통해 회기와 회기 사이에 발생한 문제들에 잘 대처하고 스킬을 일반화(주로 문자메세지나 전화)할 수 있도록 돕는다.

수용과 수인

DBT를 하는 동안 치료자는 내담자의 주요 감정적 경험과 타당한 행동을 수인하고 이해하기 위해, 그리고 내담자가 자기 자신을 수인하도록 돕기 위해 많은 노력을 한다. 다만 실제로 타당하지 않은 것을 수인하지는 않도록 한다. 내담자 행동의 타당한 측면과 타당하지 않은 부분을 구별하는 법을 배우는 것은 상당히 복잡한 과제이다. 예를 들어, 어떤 충동적/파괴적 행동(예: 자해, 물질 사용)은 장기적으로 삶의 질을 향상시키거나 문제를 해결하기에는 타당하지 않은 방법이기 때문에 보통은 변화를 주요 목표로 잡게 된다. 하지만 고통스럽고 부정적인 정서적 흥분을 비록 짧더라도 감소시키거나 피하거나 멀리할 수 있는 "효과"가 있다는 점에서 타당하다고 할 수 있다. 역기능적 행동 가운데 타당한 부분을 이해하고 수인하는 것은 내담자가 이해 받는다고 느끼게 되고(수인 받는), 치료 동기를 증진시키며, 치료적 관계 형성을 통해 변화를 위한 협력관계를 증진시키는 핵심적 치료행위라 할 수 있다. 결과적으로 치료자의 수인적 태도는 그 자체(이해 받는 느낌, 수용 받는 느낌 등)로 가치가 있을 뿐 아니라, 내담자가 스스로 조절하고 변화를 촉진시키는 데 도움이 된다.

변화, 문제 해결, 그리고 행동치료

이해와 수용, 그리고 수인에 기반한 치료적 맥락안에서, 치료자는 내담자가 문제가 되는 반응과 역기능적 행동 대신 스킬을 적용하여 대안적 행동을 하도록 권함으로써 역기능적 행동을 변화시키는 것을 목표로 삼는다. DBT 치료자와 치료팀은 신중하게 설정한 치료 표적의 우선순위를 달성하기 위해서, 학습 및 행동치료가 가진 모든 요소를 적용할 수 있다. (1) 체인분석Chain Analysis을 통한 신중한 평가, (2) 체인에서 문제해결방법을 발전시키고, 역기능적이거나 바람직하지 않은 "연결고리"를 효과적 행동 및 스킬을 통한 숙련된 대안 행동으로 대체(위에서 언급한 학습 스킬이 여기에 포함됨), (3) 어려운 변화의 과정을 촉진시키기 위한 행동 시연 전략과 서약 전략을 사용, (4) 필요할 때 실제로 스킬을 적용할 수 있도록 하기 위한 가능한 모든 행동치료적 기법(예: 자극 통제, 강화/유관 관리 전략, 노출과 반응 방지 기법)

다이어렉틱스Dialectics

수용과 수인하기와 변화, 문제해결, 행동치료 전략과 균형을 맞추는 것은 상당히 어려운 일이며, 각각의 상황이 갖는 개별적 특성들이 있기 때문에 특정하게 정해진 방법이 존재하지 않는다. 좀 더 정확히 말하면, 치료자는 효과적인 치료를 위해 다이어렉티컬하게 균형을 맞추어야만 한다. DBT의 각 전략들은 내담자들이 자신이 원하는 방향으로 변화할 수 있도록 모든 DBT 전략의 "반대"가 되는 것들이 동일한 가치가 있다는 점을 고려하여 균형을 잡아야 한다. 수용 및 수인하기와 변화 및 문제해결과의 균형이 반드시 이루어져야 하는 것처럼, 내담자를 대신하여 개입하는 것은 내담자가 스스로 문제해결하는 행동을 강화시키는 것과의 균형을 이루어야 한다. 또한 온정적이고 진솔한 방식의 의사소통은 직설적이고, 요구적이며, 사실 중심의 의사소통 방식과 균형을 맞추어야 한다. 감정과 이성의 균형 역시 놓쳐서는 안되는 중요한 요소이다.

사회/가족 환경에 대한 개입

사회적 개입과 가족 개입은 초기 DBT부터 중요한 구성요소였지만, DBT의 첫번째 물결이 시작되어 개발되고 적용된 이후 엄청난 성장과 발전이 있었다. 예를 들어, DBT를 온전히 적용한 경우 부모, 커플, 가족 뿐 아니라 학교 시스템에서도 효과적이라는 결과가 도출되었다. 뿐만 아니라 감정조절 문제가 심화되기 이전에 예방하는 것과 감정조절장애와 관련된 여러 문제들을 막을 수 있도록 초기 개입하는 것에서도 효과가 검증되었다. 모든 연구자들은

DBT의 핵심 원리를 적용하였고, 동시에 새로운 영역에 필요한 효과적인 전략과 기법들을 확장시켰다. 이러한 성장과 발전은 초기 DBT의 일관성과 효과성에 대한 긍정적인 증거가 되고 있다.

무엇이 DBT이고, 무엇이 아닌가

DBT는 강력한 경험과학적 근거를 가지고 있기 때문에, 많은 임상가들이 DBT 치료를 하고자 하는 것은 어쩌면 너무나 당연한 것이다. 하지만 DBT는 매우 복잡한 치료이고, 이를 잘 배우기 위해서 상당한 시간과 노력, 그리고 헌신을 요구한다. 그렇기 때문에 양질의 DBT가 아닌, 그저 DBT라는 "이름"으로 많은 치료자들이 서비스를 제공하고 있다는 사실 역시 놀라운 일이 아니다. 이는 적게는 소비자에게 혼란을 주는 것이며, 최악의 경우에는 사기에 해당하는 것이다. 다음과 같이 생각하는 외과 의사가 있다고 상상해보자, "이 수술을 어떻게 하는지 수련 받은 적은 없지만, 관련 책들을 좀 읽었으니 전문가나 다름 없어." 어떤 사람도 이 의사에게 수술을 받고 싶지 않을 것이다. 다행히도 DBT 치료자와 DBT 팀으로서 인증을 받을 수 있는 절차가 이미 마련되어 있다. 이는 치료를 받고자 하는 사람들(자신이 무슨 치료를 받게 될지 알 수 있음)과 DBT 치료자(치료를 잘 수행하고 있다는 것을 보여줄 수 있는 객관적 도구를 가질 수 있음) 모두에게 매우 긍정적인 발전이라고 할 수 있다.

DBT 프랙티스 시리즈가 DBT 발전에 어떻게 부합하는가

DBT는 살아 숨쉬며, 계속해서 성장하고 진화하는 치료라고 할 수 있다. 이 치료는 다이어렉티컬한 방식으로 확장하고 변화하고 있다. 우리는 DBT 모델("정thesis" 또는 "명제proposition")에 따라 치료를 제공한다; 하지만 잘 적용이 되지 않을 때 DBT 치료자들은 치료 내에서 혁신(새로운 것을 개발하기 위해 이론과 과학을 활용하는 "반antithesis")을 이끌어 낸다. 이렇게 혁신을 통한 연구 데이터와 결과물을 바탕으로 우리는 어떤 것이 효과가 있고 어떤 것은 그렇지 않은 지 알게 된다. 궁극적으로 새로운 전략이나 개입이 만들어져서 이전의 전략과 통합(현재의 치료, "합synthesis")이 되어 잘 적용이 되지 않는 상황이 생길 때까지 유지된다. 이후에 또 다른 혁신(미래의 "반antithesis")이 또 다시 만들어진다.

Linehan 박사의 오리지널 텍스트(Linehan, 1993a)는 방대한 양의 섬세하고 효과적인 가이드를 담고 있으며, 여전히 유용하며 지혜를 주는 저서이다. DBT는 1993년 이후로 새로운 치료장면에의 적용, 치료 원리와 전략의 확장, 새로운 스킬 등 더욱 많은 내용을 담으며 지속적으로 진화해왔다. 이는 책이 쓰여진 당시에는 상상하지 못한 일이었다. 오리지널 치료매뉴얼에 기반하여 구성된, 그리고 과거와 현재를 통합하는 DBT 프랙티스 시리즈가 바로 DBT의 현재를 보여주고 있다.

예를 들어, 이 시리즈의 첫번째 책(Chapman, 2019)은 내담자들에게 제공하는 전화자문에 대해 집중적으로 다루고 있다. 자살과 자해 위험이 있는 내담자에게 회기 간 전화 자문을 제공하겠다는 아이디어는 혁신적인 개념이었고, DBT를 배우고 연습하는데 있어 이를 잠재적인 방해요소로 여겼던 많은 치료자들에게 환영을 받았다. 내담자들이 전화할 수 있는 권리를 남용하지 않을까? 치료자의 삶을 침범하지 않을까? 치료자의 시간을 끊임 없이 요구하지 않을까? Chapman은 치료적 한계설정을 어떻게 하는지 보여주었고, 치료가 아닌 자문을 제공하는 방법을 안내했으며, 치료를 효과적으로 증진시키기 위해 전화 시간을 어떻게 조절하는지 알려주었다. 그는 또한 성인과 달리 청소년들에게 어떻게 전화자문을 하는지에 대한 세부사항을 제시했고, 시간이 흐른 뒤 대단한 혁신이었다는 점과 경험과학적 평가를 받게 된 전화 자문의 여러 측면들에 대해 소개했다.

이와 비슷하게 Shireen Rizvi의 체인분석에 관한 책(2019)에서는 DBT 초기버전을 뛰어 넘어 체인분석의 구체사항과 미세한 차이점에 대해 논했다. 체인분석과 문제해결분석은 내담자의 경험을 이해하는 핵심 도구이며, 따라서 수인할 기회가 자연스럽게 증가한다. 뿐만 아니라 치료자와 내담자가 역기능적 사고와 반응을 지우고 새로운 스킬과 대안 행동을 도입할 수 있도록 하여 변화 전략의 기초가 되는 것이다. 개인 DBT 매 회기마다 하나 이상의 체인분석과 문제해결 분석을 하게 된다. Rizvi는 체인과 문제해결 분석에서 무엇을 해야 하고 하지 않아야 하는지 뿐 아니라, 성공적인 체인 및 문제해결 분석을 수행하기 위한 복합적인 다이어렉티컬 프로세스, 즉 체인의 주요 행동 수인하기, 행동조형, 치료방해행동 관리, 그리고 효과적이고 효율적인 문제해결 전략을 개발하여 적용하기 등을 강조하였다.

본 서는 효과적인 DBT 치료팀을 구성하고 운영하는 데 있어 필요했던 부분을 충실히 채워준다. 정신건강 분야의 치료팀 대부분은 정보를 교환하고 행정적인 업무를 수행하는 것으로 활용된다. 하지만 DBT 치료팀은 이러한 접근은 최대한 피하며 진솔함을 핵심 기반으로 하여 팀을 위해 구체적인 목표를 설정하게 된다. (1) 지지, 수인 등을 통하여 치료자의 동기 증진, (2) 문제해결, 교육/학습, 연습, 또는 역할극과 같은 시연 기법을 통하여 치료자의 스킬 향상. 이러한 목표는 모두 DBT 준수 서비스를 제공하는데 도움을 준다.

명확하게 목표와 목표행동, 유연하면서 동시에 유용한 구조, 자문팀 또는 치료팀을 위한 명확한 프로세스를 개념화^{formulate}하는 것은 Marsha Linehan 박사가 DBT를 개발하면서 만들어낸 혁신적인 공헌 중 하나이다. 실제로 Jennifer Sayrs 박사와 Marsha Linehan 박사가 이 책에서 보여준 구조와 프로세스들은 DBT 치료자와 팀에게 대단히 유용할 뿐 아니라, 다른 치료에서는 거의 적용되지 않았던 것들이다. 저자들은 지지와 성장을 원하는 치료자들에게 온정적이고, 진솔하며, 효과적인 커뮤니티를 만드는 방법을 제시함으로써 DBT 치료팀이 치료자들과 상담가들을 위한 커뮤니티라는 점을 강조한다. 엄격한 규칙을 강조하기 보다는, 각자의 특정한 임상적 상황에 부합하는 여러가지 선택지들을 제시하였고, 치료자들을 위해 유연하고 때로는 정교한 구조와 프로세스를 개발하기 위하여 일반적인 DBT 기본원리를 적용하도록 한다.

DBT를 제공할 때 치료팀이 잘 기능해야 하는 단 하나의 이유는 많은 내담자들이 특히 치료 초반에 심각한 문제를 가지고 있고 증진되기까지 수개월이 소요되기 때문이다. 그렇기에 치료자가 소진될 가능성은 상당히 높다. 게다가 다루기 어려운 임상적 상황에서 치료자는 빠르게 소진될 위험이 있다. Sayrs 박사와 Linehan 박사는 높은 스트레스 상황에서 치료자의 정서적 소진을 예방하기 위한 다양한 해결방법을 제시하였다. 감정적 상태에서는 인지 처리 능력, 기억력, 문제해결 능력에 저하가 일어나기 쉽기 때문에 스킬을 적용하지 못하는 "스킬 상실de-skilled 상태"가 될 수 있다. DBT 치료팀에서 동료들과의 팀회의를 통해 이러한 어려운 임상적 상황에 대한 조언을 구함으로써 정서적 소진을 예방하고 좋은 치료적 결과를 만들어 낼 수 있다. 두 저자는 이를 효과적으로 다루는 방법의 예시들과 다양한 가이드라인을 소개한다.

저자들은 자문팀을 시작하고, 구성하며 효과적으로 운영하는데 필요한 모든 진정한 전문적 가이드를 총망라하였다. 그들은 명확한 기본원리와 함께 문제를 어떻게 구조화하여 바라보고, 문제해결 방법을 고안해낼 지에 대한 실용적인 예시를 보여주고 있다.

또한 그들은 DBT의 표준이자 전통인 Linehan 박사의 1993년 저서와 연구 업적을 존중하면서 동시에 효과적인 DBT 치료팀을 만들고 유지하는 데 필요한 모든 방법을 탐색하여 새로 업데이트된 프랙티스를 적용하는 방법을 정교하면서도 실용적으로 제공함으로써 본 시리즈의 전통을 이어가고 있다. 예를 들어, Linehan(1993a) 박사는 초기에 6가지 치료팀 동의사항을 제시했다. 본 서에서 두 저자는 다양한 방식으로 팀을 조직화하는데 도움이 될 수 있는 12가지의 치료팀 동의사항을 추가하였다.

DBT 전문가인 Jennifer Sayrs 박사는 Reno의 University of Nevada에서 박사학위를 받고, 이곳에서 DBT 치료를 했으며, University of Washington에서 박사후 펠로우쉽을 하며 Marsha Linehan 박사와 함께 연구하였다. Sayrs 박사는 Evidence Based Treatment Centers of

Seattle의 Executive Director이고, 7년간 Training Director를 역임하였다. 그녀는 DBT 준수도 평가 전문가이며 미국 전역을 넘어 국제적으로 많은 치료자들에게 DBT 교육 및 수련을 제공하고 있다.

Marsha Linehan 박사는 심리학계 전반에 엄청난 영향을 준 인물이다. 그녀는 DBT 개발을 통하여 경계선 성격장애, 인지행동치료에서의 감정, 감정조절장애, 치료팀, 셀 수 없을 만큼 많은 문제들과 현상들을 어떻게 바라보고 치료할 지에 대해 대단히 큰 영향을 끼쳐왔다.

이 책은 DBT 치료 초심자와 현장에서 자리를 잡은 임상가 모두가 필수적으로 읽어야 하는 책이다. 철저한 가이드라인과 실용적인 예시 및 제안을 통해 DBT의 기본원리를 적용하였고, 지난 25년간 자리잡아온 DBT 치료팀에 새로운 학습, 연구, 그리고 새로운 기준을 통합하였다. 뿐만 아니라 이 책은 치료자의 정서적 소진이나 단순하게 정보를 교환하는 것 이상의 치료팀을 구성하고자 하는 CBT 또는 다른 치료기법을 제공하는 치료자들에게 매우 귀중한 내용이 담겨 있다. 물론 이 책의 자료는 모두 핵심 DBT 역량, DBT 준수 요건(DBT 치료자로 인증 받기 위한 필수 요소), Lihehan 박사의 초기 치료 매뉴얼(1993a)의 내용으로 구성되어 있다. DBT 프랙티스 시리즈는 초기 핵심 DBT 매뉴얼(Linehan, 1993a, 2015a, 2015b)을 대체하는 것이 아니라 증대시키는 것이 목표이다. 이 책은 DBT 치료팀에 대한 우리의 사고와 프랙티스를 충실히 증진시키고 확장시킨다. 이 시리즈의 개별 서적들은 모두 오늘의 DBT가 있기까지 임상적 혁신과 엄밀한 연구를 바탕으로 발전된 모습을 보여주고 있다.

Alan E. Fruzzetti, PhD

| 참고문헌

Chapman, A. L. (2019). *Phone coaching in dialectical behavior therapy*. New York: Guilford Press.

Fruzzetti, A. E., Payne, L., & Hoffman, P. D. (2021). Dialectical behavior therapy with families. In L. A. Dimeff, K. Koerner, & S. L. Rizvi (Eds.), *Dialectical behavior therapy in clinical practice: Applications across disorders and settings* (2nd ed.). New York: Guilford Press.

Great scientists: The geniuses and visionaries who transformed our world. (2018). *Time (Special Edition)*. New York: Time, Inc.

Linehan, M. M. (1993a). *Cognitive-behavioral treatment of borderline personality disorder.* New York: Guilford Press.

Linehan, M. M. (1993b). *Skills training manual for treating borderline personality disorder.* New York: Guilford Press.

Linehan, M. M. (2015a). *DBT skills training handouts and worksheets* (2nd ed.). New York: Guilford Press.

Linehan, M. M. (2015b). *DBT skills training manual* (2nd ed.). New York: Guilford Press.

Miller, A. L., & Rathus, J. H., & Linehan, M. M. (2007). *Dialectical behavior therapy with suicidal adolescents.* New York: Guilford Press.

Rathus, J. H., & Miller, A. L. (2015). *DBT skills manual for adolescents.* New York: Guilford Press.

Rizvi, S. L. (2019). *Chain analysis in dialectical behavior therapy.* New York: Guilford Press.

▌ 한국어판 저자 서문

이 책의 번역을 맡아주신 저의 친구이자 동료인 조용범 박사님과 채송희 선생님, 그리고 더 트리그룹의 모든 팀원들께 깊은 감사의 마음을 전하고 싶습니다. 제가 처음으로 조용범 박사님과 채송희 선생님을 만난 것은 2007년, 한국의 DBT 팀이 미국 워싱턴 주 시애틀에서 열린 DBT Intensive Training 정규교육과정에 참여했을 때였습니다. 두 분은 DBT를 한국에 전하려는 뜨거운 열정을 지니고 있었고, 이후로도 그 꿈을 실현하기 위해 끊임 없이 노력해왔습니다. 지금까지 여러 DBT 서적을 번역했고, 탄탄한 DBT 팀을 구축했으며, 많은 동료들과 후학을 양성해왔습니다. 최근에는 서울에서 DBT Intensive Training을 직접 주최하였습니다. 이 교육수련 과정은 한국 전역에서 유능하고 헌신적인 치료자들을 하나로 모았으며, 저에게 큰 감동과 영감을 주었습니다.

지난 세월동안 두 분의 여정에 함께할 수 있었던 것은 저에게 큰 영광입니다. 수많은 어려움 속에서도 두 분의 끈기와 열정은 결코 흔들린 적이 없습니다. 이 책의 세심한 번역과 DBT 원리에 흔들림 없이 충실하고자 하는 헌신이 독자 여러분께도 고스란히 전해지기를 바랍니다. 그리고 이 책이 여러분의 DBT에 대한 이해와 애정을 더욱 깊게 해주기를 진심으로 바랍니다.

Jennifer Sayrs

| 역자 서문

마샤 리네한 박사를 처음 만난 것은 2007년 여름, 미국 시애틀 워싱턴대학교 앞의 아담한 자택에서 였습니다. 당시 리네한 박사는 조용범 박사와 저희 더트리그룹/한국 DBT 센터팀을 오랜 친구처럼 따뜻하게 맞이해 주셨습니다. 손수 가꾼 정원과 꽃밭을 지나 집 안으로 들어서자, 독특한 문양의 문과 소품, 그림들이 어우러져 포근하면서도 진지한 분위기를 자아냈습니다. 바로 그 공간에서, 고통받는 이들을 위해 헌신하며 그들의 아픔을 대신 짊어지는 마음으로 마인드풀니스를 실천하는 리네한 박사의 모습이 지금도 생생하게 떠오릅니다.

이듬해인 2008년 10월, 리네한 박사를 서울로 초청하여 'DBT 에센셜 워크숍'을 개최하며 한국에 DBT를 본격적으로 소개하였습니다. 이후 '한국의 정신건강 전문가들에게 실제로 DBT를 경험할 수 있는 프로그램을 운영해 보라'는 리네한 박사의 조언에 따라, 지난 20여 년간 조용범 박사와 한국 DBT 센터는 다양한 활동을 통해 그 정신을 이어가고 있습니다. 그녀의 아낌없는 지원과 가르침 덕분에 저희 기관은 『전문가를 위한 DBT 스킬훈련 매뉴얼 제2판』, 『DBT 스킬훈련 워크북 제2판』, 『청소년을 위한 DBT 스킬훈련 매뉴얼』 등을 번역·출간하였고, 세계 여러 DBT 전문가들과 교류하고 있습니다.

리네한 박사의 제자이며 핵심 그룹의 일원인 이 책의 저자 제니퍼 세이어즈 박사와의 첫 만남도 2007년 여름, 저희 팀이 DBT Intensive Training에 참여하기 위해 시애틀을 방문했을 때였습니다. 그녀의 순수하고 따뜻한 미소와 진심 어린 태도는 사람과 내담자를 향한 깊은 마음에서 비롯된 것임을 알 수 있었습니다. 그래서인지 세이어즈 박사와 함께할 때에는 늘 치유되는 듯한 경험을 했습니다. 임상적인 상황은 물론 개인적인 고민까지도 함께 나누며 진심을 다하던 그녀의 지혜와 따스함은 지금도 저에게 큰 영감을 줍니다.

마샤 리네한 박사의 전폭적인 지원 아래 당시 Evidence Based Treatment Center of Seattle^EBTCS의 대표였던 토니 두보즈 박사와 현재 대표인 세이어즈 박사는 한국 DBT 센터가 설립되고 운영될 수 있도록 큰 도움을 주었습니다. 저는 이후 약 3년 동안 세이어즈 박사로부터 집중적인 교육과 수련을 받았고, 아동·청소년을 포함한 다양한 증상군에 DBT를 적용하는 데 실질적인 도움을 받았습니다. 세이어즈 박사는 수인적 태도를 바탕으로 내담자, 수련생, 팀원들의 변화를 이끌어내는 탁월한 능력을 지니고 있으며, 어떤 질문이나 과제도 다이어렉티컬하게 통합하여 답을 해주는 힘을 가진 분입니다. 이 책 곳곳에는 그녀의 섬세함과 따뜻함, 그리고 오랜 임상 경험에서 비롯된 지혜가 고스란히 담겨 있습니다. 수용과 변화를 자신의 삶 속에서 실천해 온 그녀의 연구와 지혜를 한국 독자들에게 소개할 수 있음은 저에게는 매우 큰 영광입니다.

오늘날 한국에서도 DBT 치료자가 되어 어둠 속에서 고통받는 이들을 진정으로 돕고자 하는 분들이 점차 늘고 있습니다. 2023년, Behavior Tech과 DBT 교육원^{DBT Institute of Korea}이 공동 주관한 DBT Intensive Training에서 세이어즈 박사가 직접 참여해 한국 치료자들을 교육·수련한 것은 한국 DBT 공동체가 한 단계 성장하고 질적인 도약을 이룬 매우 뜻깊은 일이었습니다. 앞으로 한국 곳곳에서 DBT 팀이 구성되어, 더 많은 이들이 리네한 박사와 세이어즈 박사의 바람대로 양질의 DBT 치료를 받을 수 있기를 바랍니다. 이 책이 한국의 DBT 치료자와 DBT 팀에 든든한 길잡이가 되어, 정서적 고통 속에 있는 이들이 새로운 희망을 발견하기를 진심으로 소망합니다.

2025년 여름
역자 채송희

| 감사의 글

Jennifer H.R. Sayrs

먼저 저의 DBT 멘토이신 Marsha Linehan 박사와 Alan Fruzzetti 박사께 진심으로 감사의 마음을 전합니다. 저는 1994년 Fruzzetti 박사와 함께 첫 DBT 팀에 합류하여 함께 활동했고, 이후 박사후 연구원으로서 Linehan 박사의 트레이닝 팀과 연구팀에 참여했습니다. 두 분과 긴밀히 협력하며 수퍼비전, 모델링, 멘토링을 받았던 것은 제 인생에서 매우 의미 있는 경험이었습니다. 두 분께 배운 것들은 말로 다 담기 어려울 만큼 소중합니다. DBT 치료뿐 아니라, 마인드풀니스, 연구자로서의 정밀함, 연민, 헌신, 인내심 등을 배울 수 있었습니다. 무엇보다도 두 분 덕분에 도움이 절실한 수많은 사람들을 실제로 도울 수 있는 힘을 얻을 수 있었던 점이 가장 감사한 일입니다. Linehan 박사와 함께 이 책을 집필하는 기회를 가지게 된 것 역시 저에게 매우 특별한 의미이며, 그녀의 지혜로운 가르침과 격려에 깊이 감사드립니다. 멘토이자 동료, 그리고 친구로서 Linehan 박사, Fruzzetti 박사와 함께 할 수 있어서 기쁩니다.

또한 Sarah Reynolds, Jennifer Waltz, Sona Dimidjian께 고마움을 전합니다. 이분들은 이 책의 초기 원고를 읽고 중요한 피드백을 주었으며, 그 덕분에 책의 완성도가 크게 높아졌습니다. Lizz Dexter-Mazza와 Shireen Rizvi 역시 아낌없는 지원과 조언을 주었습니다. 이 훌륭한 분들은 저에게 소중한 친구이자, 집필 과정을 끝까지 이어갈 수 있도록 지탱해 준 큰 힘이었습니다.

시애틀의 Evidence Based Treatment Center of Seattle[EBTCS]의 DBT 팀에도 감사드립니다. 치료 중 어려운 순간에 처할 때마다 저는 "우리 팀이 있어 너무 다행이야!"라고 생각합니다. 우리 팀은 수용과 변화의 균형 위에서 강하게 지지해주는 동시에 서로를 더 나은 치료자로 성장시켜 줍니다. 전문성을 갖추고 있을 뿐만 아니라 헌신적이고 자애로운 동료들이 있었기에 지금까지 DBT를 이어갈 수 있었습니다. 최근 함께한 동료들인 Joanna Berg, Karen Berlin, Kjersti Braunstein, Jessica Chiu, Ashley Connors, Peter Doyle, Sarah Huffman, Alex Ivey, Briana McElfish, Kaimy Oehlberg, Alisa Pisciotta, Rachel Partin, Natalie Stroupe, Joanna Watson께 감사드리며, 특히 팀 운영을 위해 많은 노력을 기울여 준 Blair Kleiber에게 특별한 감사를 전합니다. 오랫동안 함께한 동료들 역시 저에게는 무척 소중한 존재입니다. 특히 18년이라는 긴 시간동안 함께해 준 Beatriz Aramburu께 깊은 감사의 마음을 전합니다. 저희 DBT 팀은 저에게 매일 매일의 생명줄이 되어 주고 있습니다.

EBTCS의 다른 동료들에게도 고마움을 전합니다. 특히 DBT 프로그램 초기부터 든든히 지원해 주고 어려운 시기마다 저를 격려해준 David Lischner께 특별히 감사드립니다. Travis Osborne, Elizabeth Lagbas, 그리고 모든 훌륭한 동료들 또한 저에게 큰 영감을 주었습니다. 매일같이 그들의 헌신과 역량에 깊은 감명을 받으면서 함께 일할 수 있다는 것은 크나큰 행운입니다.

Behavioral Tech의 유능하고 따뜻한 동료들과 함께 할 수 있어 감사하고 행복합니다. 이들은 오랫동안 저에게 전문적인 기반을 마련해 주었습니다. 특히 제가 의미 있는 일을 할 수 있도록 수많은 기회를 주신 Tony DuBose와 André Ivanoff에게 깊이 감사드립니다. 다이어렉티컬 행동치료 학회Society for Dialectical Behaviour Therapy와 Michaela Swales, Christine Dunkley께도 감사의 말씀을 전합니다.

제가 만났던 모든 내담자분들께도 진심으로 감사드립니다. 가까이에서 함께할 수 있어서 저에게는 큰 영광이었습니다. 그들의 취약함, 강인함, 결단력은 늘 저에게 영감을 주었고, DBT와 함께한 변화의 여정을 지켜본 것은 깊은 울림으로 다가옵니다. 진심 어린 마음과 마음이 상호교류하며 저는 더 나은 치료자로 성장할 수 있었고, 제 삶에 깊은 의미와 기쁨을 더할 수 있었습니다.

또한 동료, 수퍼바이저, 트레이너로 함께한 많은 전문가와 팀의 노고에도 감사드립니다. 이 책의 상당 부분은 그들의 성공과 도전, 성찰에서부터 시작되었습니다. 그들과의 경험을 통해 진정으로 많은 것을 배울 수 있었기에 깊이 감사드립니다.

이 프로젝트의 가치를 알아보고 전 과정을 함께하며 인내와 지도를 아끼지 않은 길포드 출판사의 Kitty Moore께 감사드립니다. 또한 Anna Nelson, Carolyn Graham, Robert Sebastiano, Philip Holthaus, Judith Grauman, Carly DaSilva 등 길포드 출판사 관계자들에게도 감사드립니다.

마지막으로 Erica에게 깊은 감사를 드립니다. 그녀의 도움과 보살핌이 없었다면 이 책은 완성될 수 없었을 것입니다.

무엇보다도 저의 가족에게 감사의 마음을 전합니다. 이 프로젝트는 시작부터 마무리까지 수년에 걸쳐 진행되었습니다. 저의 기쁨은 부모님, 남편 그리고 두 딸은 저에게 정서적인 지지와 실질적 지원을 아끼지 않았고, 제가 이 책을 완성하기까지 너무나 큰 인내심을 보여주었습니다. 가족 모두에게 깊이 감사드립니다.

감사의 글

Marsha M. Linehan

이 책을 함께 집필하자는 훌륭한 아이디어를 내주신 Jennifer Sayrs 박사에게 감사드립니다. 그녀와 함께한 경험은 저에게 무척이나 큰 의미입니다. 특히 이 책을 최고의 책으로 만들기 위한 Sayrs 박사의 결단력과 인내심을 지켜보며 깊은 감명을 받았습니다.

저는 오랫동안 여러 DBT 치료팀을 이끌어왔습니다. 임상연구팀은 일반적으로 5년간 운영되고, 대학원생과 박사후 연구원들을 트레이닝하는 팀은 15여년이상 이어집니다. 우리 DBT 팀을 소중한 배움과 성장의 공동체로 만들고, 내담자들에게 더 나은 치료를 제공할 수 있도록 한 많은 학생들과 박사후 연구원들에게 감사드립니다. 또한 수많은 시간을 들여 DBT 트레이닝 프로그램을 뛰어나게 발전시켜 주신 임상 수퍼바이저들에게도 감사드립니다. 특히 Beatriz Aramburu, Adam Carmel, Jessica Chiu, Emily Cooney, Caroline Cozza, Angela Davis, Lizz Dexter-Mazza, Michelle Diskin, Clara Doctolero, Dan Finnegan, Andrew Fleming, Vibh Forsythe-Cox, Bob Goettle, Melanie Harned, Michael Hollander, Kelly Koerner, Janice Kuo, Liz LoTempio, Shari Manning, Annie McCall, Jared Michonski, Erin Miga, Andrea Neal, Kathryn Patrick, Adam Payne, Ronda Reitz, Sarah Reynolds, Magda Rodriguez, Jennifer Sayrs, Sara Schmidt, Trevor Schraufnagel, Stefanie Sugar, Jennifer Tininenko, Randy Wolbert 에게 진심으로 감사드립니다.

현명한 조언을 아끼지 않은 Katie Korslund와 Ron Smith, 그리고 DBT 트레이닝 프로그램에 참여하기 전 학생들에게 필수적인 임상 기술을 가르쳐준 Corey Fagan에게 감사드립니다. 우리 센터의 운영, 연구 수행, 임상, 교육, DBT 보급을 가능하게 해 준 Behavioral Research and Therapy ClinicsBRTC의 모든 스탭들에게도 감사의 마음을 전합니다.

차례

DBT 팀
소개

제1장
DBT 팀*
소개

다이어렉티컬 행동치료Dialectical Behavior Therapy,DBT는 경계선 성격장애Borderline Personality Disorder, BPD 진단을 받은 만성적 자살 위기를 겪는 이들을 위해 개발된 치료이다. DBT는 치료의 기본원리를 중요시하며, 체계적으로 모듈화된 형태의 인지행동치료로 구성되어 있다. 일반적으로 DBT 치료는 개인 심리치료, 그룹 스킬훈련, 전화 자문 및 치료 자문팀으로 구성되어 있다. DBT는 여러 무작위 대조실험Randomized Controlled Trials, RCTs을 통해 BPD 치료에 효과적인 것으로 나타났으며, 감정조절과 관련된 다양한 문제를 치료하는데 있어서도 유용하다는 많은 새로운 연구 결과들이 있다(Rizvi, Steffel, & Carson-Wong, 2013 참조).

이 책은 독자들이 DBT에 대한 기본적인 지식을 가지고 있다는 것을 전제로 쓰여졌다. DBT에 대해 쓰여진 책과 자료들이 상당히 많이 출간되어 있는데, DBT 원리와 이론을 면밀히 따르는 경우도 있지만 그렇지 않은 경우도 있다. DBT 치료를 배우기 위해서는 먼저 RCTs에 적용된 DBT 치료 매뉴얼(Linehan, 1993, 2015a, 2015b)에서부터 시작하는 것이 좋다. 이 치료 매뉴얼을 통해 DBT 기본 원리를 습득할 수 있으며, 앞으로 이 매뉴얼을 계속 언급하게 될 것이므로 본 서에 대한 이해를 높일 수 있을 것이다.

---

*역자 주: DBT 팀은 DBT Consultation Team, 즉 DBT 자문팀을 일컫는다. 하지만 한국에서는 'DBT 자문팀'이라는 명칭이 임상 외적 상황을 연상시킬 수 있어서, 본 서에서는 'DBT 팀', '치료팀', '치료 자문팀' 등을 혼용하여 사용하였음을 밝힌다.

DBT 치료의 기능

DBT는 통합치료 프로그램으로써, 고위험군에 속하고, 복합적이며, 만성적인 어려움을 겪고 있는 내담자들에게 제공되어야 한다. DBT가 바로 이러한 내담자들을 치료하기 위해 개발된 프로그램이기 때문이다. Linehan 박사의 치료 매뉴얼(Linehan, 1993)에 설명된 바와 같이, DBT 치료의 기능은 다음과 같다.

- 역량 향상(DBT 스킬 교육 - 일반적으로 스킬훈련 그룹을 통해 달성하게 됨).

- 동기 증진(내담자가 효과적인 행동을 할 가능성이 높은 변인과 효과적이지 않은 행동을 감소시킬 수 있는 변인들을 파악하여 정리하기 – 개인 치료에서 자주 언급함).

- 내담자의 일상에 스킬 일반화(내담자가 자신의 환경에서 새로운 행동을 할 수 있는 전략 활용 – 숙제 뿐 아니라 회기 외에 전화나 문자 자문 제공, 집에서 이전 회기 녹음본을 듣는 등의 추가 전략).

- 환경 구성(DBT 치료를 지지하는 환경을 만들 수 있도록 다양한 방법을 고려 – 개인 치료자, 가족 치료자, 사례 관리자 및/또는 기타 서비스 치료자 또는 전략 등).

- 치료팀원들의 동기 부여, 역량 증진 및 치료 매뉴얼 준수("치료자가 치료를 지속할 수 있게 해야 한다" – Linehan, 1993, p. 101 – 보통 DBT 치료팀에서 다룸).

DBT의 치료 효과성 연구에 중점을 둔 RCT에서, 어떤 면에서 위에 언급한 DBT 치료팀의 기능을 모두 다루었다고 볼 수 있다(위에서 설명한 표준 방식이 대표적이지만, 기능이 충족된다면 유연하게 조절할 수 있다). "완전한^{full}" 또는 "통합^{comprehensive}" DBT 치료를 위해서는, 모든 치료팀의 기능이 반드시 다루어져야 한다.

DBT 치료팀

DBT에서 "치료팀"의 개념은 연구 시험과정에서 시작되었으며, 처음에는 연구에서 치료자가 치료 매뉴얼 및 기타 연구 프로토콜을 따르는 지 확실히 하기 위해 도입했다. 이렇게 실용적인 전략으로 시작되었지만, 치료팀이 치료에 유효한 구성 요소라는 것이 명확해지는 데까지 그다지 많은 시간이 걸리지 않았다. DBT가 개발된 이후 초기 단계에서는 위험도가 높고 감정조절장애를 겪는 내담자들을 대할 때, 치료자들은 자살 위기에 대한 두려움으로 인해 치료 계획보다는 자신의 감정에 근거하여 치료적 결정을 내리는 경향이 있었다. 또한 DBT 치료자들 역시 내담자가 때때로 불쾌감을 유발하는 행동을 할 때 괴로움을 느끼거나 정서적으로 소진되는 경험을 하기도 했다. 치료자 자신의 개인적인 문제(예 : 건강 문제, 관계 문제)도 치료에 영향을 미치는 경우도 있었다. 내담자들 역시 의도하지 않았더라도 치료자의 비치료적 개입과 회피를 강화하고, 효과적인 전략에 대해서는 처벌적인 반응을 보이기도 했다. 대체로 치료자들은 의도한 바와 달리 치료 매뉴얼을 따르지 못하고 표류했고, 이를 깨닫지 못하는 경우도 많았다. 이로써 어려운 치료과정을 수행하기 위해서는 서로 수인적 태도로 지지와 격려를 아끼지 않으면서도, 치료 매뉴얼을 준수할 수 있도록 피드백과 가이드를 제공하는 치료팀에 속해 있는 것이 치료를 올바르게 진행하는데 필수적이라는 점이 확실해졌다. 이는 DBT 치료에 치료팀을 필수 구성 요소로써 공식적으로 포함시킨 덕에 알 수 있었다.

하지만 이러한 치료팀의 중요성에도 불구하고, 서적, 워크샵 및 웨비나 등에서 DBT 개인치료 및 스킬교육에 비해 상대적으로 조명을 받지 못해왔다. 치료팀은 DBT 치료의 버팀목으로써, 팀원이 최상의 치료를 제공하기 위해 재정비하고 중심을 잡을 수 있는 곳이기 때문에 충분히 다뤄지지 않고 있다는 점에 주목해야 한다. 전 세계의 많은 DBT 프로그램에 교육과 자문을 제공하면서, 우리는 DBT 프로그램이 치료팀을 보유하도록 강하게 동기를 부여했지만 그들에게 여전히 많은 질문과 도전이 남아 있다고 판단했다. 치료팀은 매우 큰 도움이 되고 지지적이며 위안이 될 수 있으나, 동시에 효과적으로 문제를 다루기 어려울 때는 치료팀 자체가 괴로움과 스트레스를 유발하기도 한다. 그렇기 때문에 치료팀을 만들고 유지하기 위해서는 많은 노력이 필요하다. DBT 치료에서 치료팀이 매우 중요한 역할을 할 뿐만 아니라, 이에 대한 교육 및 정보가 부족하다는 판단 하에 우리는 DBT 치료팀에 대한 매뉴얼을 만들게 되었다.

이 책은 DBT 치료팀을 개발하고 잘 유지하기 위한 지침을 제공할 수 있도록 구성되었다. 또한 DBT 치료팀을 새로 만들고 싶거나, 기존의 치료팀의 기능을 더욱 향상시키고자 하는 DBT 치료자 및 치료기관(또는 비 DBT 치료자)을 위해 쓰여졌다. 이 책에서 "팀원"이라는 표현은 DBT 개인 치료자 또는 스킬 훈련자에게 국한되지 않고, DBT 치료팀의 구성원(또는 구성원이 되기를 원하는 사람)과 DBT 내담자에게 서비스를 제공하는 사람 모두를 의미한다. 때때로 우리는 치료팀원을 "제공자"(또는 "치료자 커뮤니티"), 서비스 제공자, 또는 임상가로 칭하지만, DBT 치료팀의 모든 구성원이 포함된다는 것을 다시 한번 밝힌다. 치료팀원에 관한 사항은 8장에서 다루게 된다.

DBT 치료팀의 기능

DBT 치료팀의 가장 중요한 목표는 구성원이 최상의 DBT를 제공하도록 돕는 것이다. 지금까지 밝혀진 바로는 DBT 매뉴얼을 준수하는 것이야 말로 DBT 치료를 제공하는 가장 효과적인 방법이다. DBT 매뉴얼을 준수하는 것은 DBT에 대한 많은 RCT 연구의 필수 구성 요소였다(RCT의 예는 Rizvi et al., 2013 참조). 뿐만 아니라 다른 치료기법에 대한 연구에서도 이러한 충실성이 치료효과와 연관이 있었으며(예 : DeRubeis & Feeley, 1990), 이렇게 충실성에 대한 모니터링이 지지적 자문 형태로 제공되었을 때 스태프 유지율도 높아지는 것으로 나타났다(Aarons, Sommerfeld, Hecht, Silovsky, & Chaffin, 2009). 매뉴얼 준수라는 목표를 달성하기 위해 Linehan(1993)은 DBT 치료팀이 위에서 언급한 것처럼 DBT 치료자의 동기부여와 실력 향상의 두 가지 기능을 갖는다고 설명했다.

1. **동기 부여**. 치료팀은 내담자에게 효과적인 치료를 제공하고자 하는 치료자의 동기를 극대화 하기 위해 노력한다. "동기 부여"는 여러 가지 방식으로 할 수 있다. 첫째, 치료팀은 DBT를 제공하려는 치료자의 의지를 향상시킬 수 있다. 치료팀은 팀원이 자신의 유약함을 드러내도 괜찮은 지지적 환경에서 생각과 감정 등을 나눌 수 있는 비밀이 보장되는 "안전한 안식처"를 제공한다. 치료팀은 각 구성원이 비슷한 생각을 가진 그룹의 "내부자"가 되어 지지와 격려를 받는 느낌을 갖도록 돕는다. 치료팀은 또한 각각의 구성원들이 내담자의 요구를 자신의 한계 내에서 균형을 맞추도록 하여 소진을 예방하도록 돕는다. 심지어 치료팀은 재미있을 수도 있다! DBT 치료와 마찬가지로 동기 부여는 효과적인 치료자 행동이 강화되고 비효율적인 행동이 최소화되도록 통제 변인들을 조정하는 것을 의미한다. DBT 치료팀은 가능한 가장 효과적인 치료적 행동을 하려는 팀원의 동기를 증진시킬 수 있다. 여기에는 문제가 되는 회피적 행동

에 적극적으로 개입할 때 이를 알아차리는 것과 쉽지 않은 치료적 개입에 대해 강화 받고 있는지 확인하는 것 등이 포함된다. 또한 팀원이 치료에 저해가 되는 자신의 강렬한 감정을 조절하는 데 도움을 주는 것 역시 해당된다.

2. **역량 강화.** 치료팀은 또한 각 구성원의 실력을 향상시키는 것을 목표로 한다. 이것은 각 DBT전략 및 프로토콜 뿐만 아니라 전체적으로 치료를 잘 진행할 수 있는 능력을 모두 의미한다. 구성원이 DBT 치료를 제공하고 있는지 지속적으로 감독하고, 치료적 개입 역량을 향상시킬 수 있는 방법을 알려주며, 치료 매뉴얼에서 멀어질 수 있는 상황에서 이를 짚어주는 방법들이 포함된다. 치료팀은 자문 구하기, 전문가를 위한 교육 및 치료 매뉴얼 찾기, 최대한 정확하고 효과적인 치료 전략 찾기 등에도 도움을 줄 수 있다.

이 매뉴얼은 DBT 팀원의 동기를 부여하고 효과적인 DBT를 제공할 수 있도록 역량을 갖추도록 하는 두 기능을 모두 달성하는 방법에 중점을 둘 것이다.

전통적인 치료팀과의 차이점

치료팀에 대한 아이디어는 새로운 것이 아니다. 치료팀은 병원, 거주치료시설 및 기타 치료센터 같은 정신건강 관련 기관에서 치료자들이 매일 또는 매주 만나 내담자에 대해 논의해온 오랜 역사를 가지고 있다. 다양한 분야의 전문가가 함께 치료 서비스를 제공하기 위해 내담자 관련 정보를 공유하고, 내담자의 치료적 증진과 문제점 등을 알리고, 조직화하며, 내담자에게 일원화된 치료를 제공할 수 있도록 기능해왔다. 하지만 전통적인 치료팀은 치료자가 아닌 내담자에게 주로 중점을 둔다. 또한 일반적으로 치료의 공식적인 구성요소로 간주되지 않는 것이다. 오히려, 전통적인 치료팀은 치료자들이 일관적으로 치료 제공을 할 수 있도록 정보를 공유하는 것이 주목적인 실무적이고 행정적인 솔루션인 셈이다.

물론 치료서비스를 조직화하는 것은 매우 중요하다. 그러나 DBT 치료팀에는 전통적인 자문팀과는 상당히 다른 몇 가지 요소가 있다(Sayrs, 2019). 첫째, DBT 치료팀의 핵심 개념은 치료자 커뮤니티 개념이다. DBT 치료팀은 내담자 커뮤니티를 치료하는 치료자의 커뮤니티인 것이다. 다시 말해, DBT 팀원은 모든 내담자를 치료하는 팀으로서 함께 협력하게 된다. 물론 각각의 내담자에 대해 각기 다른 노력을 기울이지만 동시에 "우리는 모두 함께 하고 있다"고 여기게 하여 기존의 치료팀과는 다른 감각을 느끼게 한다. 각 팀원들은 치료팀에 관련된 내담자 모두에게 최고의 서비스를 제공할 수 있도록 구성원들을 돕기에 최선을 다하며, 바로 이러한 방식으로 모든 팀원이 모든 내담자를 치료하게 되는 것이다. 정서적 소진, 좌절, 또는 개인적 사건들로 인해 효과적인 치료를 제공하기 어려워 하는 치료자가 있다면, 치료팀은 치료자 뿐 아니라 그 내담자 역시 어려움을 겪고 있음을 알기 때문에 적극적으로 이들을 돕게 된다. 팀원이 매뉴얼에서 멀어지거나 내담자로부터 비효율적인 행동이 조형되고 있음을 알면 이 문제를 반드시 다루어야 한다. 바로 치료팀의 모든 구성원이 이 내담자를 "치료"하고 있기 때문이다. 이 커뮤니티에 대한 아이디어는 매우 진지하게 받아들여져서 한 DBT 치료자가 내담자를 자살로 잃게 되면 팀의 모든 구성원은 우리의 내담자가 자살로 사망했다고 말한다. 즉, "누군가"의 내담자가 아니라 "우리"의 내담자인 것이다.

또한 DBT의 치료팀은 내담자보다는 치료자 치료에 중점을 둔다는 점에서 전통적인 팀과의 차이점이 있다. 물론 치료팀에서 내담자에 대해 논의하지만 주된 관심사는 치료팀원이 매뉴얼을 준수하고, 동기와 스킬을 증진시키며, 치료 효과를 향상시키는 방법에 있다. 다시 말해, 치료팀은 내담자를 치료하면서 발생할 수 있는 방해요소를 해결하기 위해 치료자에게 DBT 전략을 사용하는 것이다. 예를 들어, 전통적인 팀에서 치료자가 "제 내담자가 이번 주말에 전화를 너무 많이 했어요"라고 하면 치료팀은 내담자의 행동에 중점을 둘 것이다. 하지만 DBT 치료팀은 다음과 같이 초점을 바꾸게 된다. "이번 주말에 한 내담자가 전화를 여러 번 했는데, 전화를 받을 때마다 너무 힘들었어요. 이럴 때 스트레스를 잘 조절할 수 있으면 좋겠고, 또 내담자에게 어떤 이야기를 해주어야 할지 도움이 필요해요." 그러면 치료팀은 치료자가 가능한 효과적으로 대응할 수 있도록 지지하고 수인해주며, 좋은 제안과 전략을 전하는 것에 중점을 두게 된다.

치료자가 효과적인 치료를 제공하도록 하기 위해 DBT 치료팀은 전통적인 팀과는 달리 유약성을 중요하게 생각한다. 치료팀은 비밀 유지가 보장되는 환경에서 자신의 실수와 불완전함을 솔직하게 공유하고 지지와 도움을 받아야 함을 강조한다. 이렇게 도움을 받기 위해 DBT 치료팀원들은 수치감, 좌절감 또는 다루기 어려운 감정을 비롯하여 치료 중 도전이 되거나 성공적이지 않았던 순간들에 대해서도 공개적으로 이야기한다. 여기에는 자신의 한계를 관찰하며 치료에 영향을 줄 수 있는 개인적인 사건들을 공유하는 것 또한 포함된다.

마지막으로 DBT 치료팀은 다이어렉틱스에 중점을 두고 있다는 점에서 전통적인 팀과 다르다. DBT 치료팀은 DBT 치료와 동일하게 다이어렉틱스, 즉 수용 및 변화를 강조한다. 그리고 DBT에서와 마찬가지로 이것은 양극단을 희석시키거나, 타협하거나, 50:50의 균형을 이루는 것을 의미하지 않는다. 이는 치료팀 전체에서 수용과 변화라는 두 가지 양극단을 모두 강하게 유지하는 것을 뜻한다. 치료팀에서는 팀원과 내담자에 대한 깊은 수인과 이해와 현상학적 공감이 필수적이며, 치료의 효과성을 지속적으로 개선하고 향상시키는 것에 대해 강조하는 것 또한 매우 중요하다. 이는 어떻게 치료적으로 개입할 것인지에 대해 논의하는 것 뿐만 아니라 팀원이 보다 정확하고 과학적이며 더 나은 DBT를 제공하도록 강조하며, 치료 매뉴얼을 준수하는데 방해되는 문제를 해결하면서 동시에 정서적 지지와 수인과 배려하는 태도를 가질 수 있게 돕는 것을 의미한다.

팀원들은 상황에 따라 수인 또는 변화 전략을 활용하여 개입할 수 있으며, 치료팀 전체의 중요성을 강조할 수 있다. 팀원들은 변화해야 한다는 때로는 직면적인 피드백이 필요한 경우가 있기에 이해와 지지, 배려 받는 느낌을 받는 것이 중요하다. 수정하라는 요구를 받거나 도전이 되는 피드백을 받을 때 동기가 낮아질 수 있기 때문에, 치료팀은 굳건한 지지와 수용적인 태도를 보여주면서도 변화에 대한 강력한 요구 사이에 섬세한 균형을 이루어야 한다. 다시 말하면, 치료팀이 양극단을 모두 유지하는 것은 필수적이지만, 어떤 순간에는 정확히 개입할 수 있어야 한다. 예를 들어, 수인 받는 것만 필요하다고 말하는 팀원이 있다고 가정해 보자. "이미 해결방법은 알지만, 여전히 그 내담자를 생각하면 너무나 힘들어요. 이 힘든 감정에 대해서 수인 받고 싶어요." 치료자의 해결방법이 효과적이라고 확인해주고자 한다면, 치료팀은 팀원을 수인해주고 이미 적용한 그 효과적인 해결책을 강화하는데 대부분의 시간을 보낼 것이다. 반대로 수인보다는 실질적인 도움을 원하는 경우도 있을 것이다. "저는 수인보다는 솔루션을 빨리 듣고 싶어요!" 어떤 경우에도 치료팀은 언제나 양극단을 중요하게 여기며 다이어렉티컬한 상태를 유지해야 한다. 치료팀 내에서 발생할 수 있는 여러가지 다이어렉틱스가 존재하며, 이때에도 팀원들은 양극단 모두에서 타당한 점을 찾고, 놓치고 있는 것은 없는지 탐색하며, 통합적으로 해결하려고 노력해야 한다.

DBT 치료팀의 문화

다른 유형의 자문팀과 달리 DBT의 고유한 요소들과 DBT 치료팀을 강화하고, 치료팀의 기능성과 각 구성원의 DBT 치료 역량을 향상시키기 위해, 우리는 이제 치료팀의 문화 및 치료 목표와 운영 방식을 개발하고 지속시키는 방안에 대해 논의할 것이다. DBT 치료팀 문화는 수용과 변화에 중점을 두고 앞서 설명한 요소들에 중점을 둔다. 이 목표 달성을 위해 치료팀은 치료팀 동의사항, 내담자 및 치료에 대한 가정, 치료팀의 역할 및 치료팀 안건 등과 같이 여러가지를 실행하는데, 이를 통해 치료팀은 유사한 관점과 가치 체계를 기반으로 하여 힘을 하나로 모으게 된다. 하지만 이러한 동의사항과 운영 방식에 대해 지나치게 엄격해지지 않도록 하는 것이 중요하다. 이는 바로 치료팀의 기능성을 돕도록 설계된 가이드라인이기 때문이다. 치료팀은 이를 정기적으로 다루는 것이 도움이 되는 경우도 있지만, 어떠한 문제들은 다루지 않거나 다음으로 미루는 것이 더 효과적일 수도 있으며, 이는 치료팀의 우선순위에 달려있다. 치료팀은 특정 문제를 다루지 않는 것이 효과적이며 도움이 되는지, 아니면 효과적이지 않은지(예: 갈등이나 감정을 회피하려는 경우)에 대해 논의하게 된다.

핵심 DBT 팀 동의사항

먼저, 치료팀의 문화를 잘 유지하기 위해 DBT 팀원은 DBT 팀 동의사항*을 작성한다. 최초의 핵심 동의사항은 Linehan 박사의 저서(1993, pp. 117–119)에 기술되어 있다. 이 동의사항은 DBT 팀에서 널리 사용되고 있다(자료 1 참고). 팀이 잘 기능할 수 있도록 원칙을 만들어주므로, 치료팀의 문화를 형성하는데 있어 매우 중요한 요소이다.

1. **다이어렉티컬 동의사항.** DBT 팀은 최소한 실용적인 수준에서 다이어렉티컬 철학을 수용하는데 동의한다. 절대적인 진리는 존재하지 않으며, 따라서 의견이 양극단으로 나뉘면, 팀은 진실을 찾는 것이 아니라 합의점을 모색하기 위해 노력한다. 다이어렉티컬 동의사항은 강하게 의견을 제시하는 것을 제한하지 않으며, 양극단으로 의견이 나뉘는 상태를 부정적이라고 여기지도 않는다. 오히려, 양극단의 입장으로 팀이 분열될 위기에 놓였을 때, 이는 DBT 팀이 함께 나아가기로 합의한 방향을 가리킬 뿐이다.

2. **내담자 자문 동의사항.** DBT 팀은 팀원들이 다른 전문가들, 심지어 같은 팀의 구성원들과의 관계에서도 내담자 사이에서 중재자 역할을 하지 않는다는데 동의한다. 내담자에게 다른 팀원과 어떻게 상호작용할지에 대해 자문할 때, 내담자는 배울 수 있는 기회를 더 많이 얻게 된다. 치료자가 내담자 대신 개입하면, 내담자는 문제를 스스로 해결하는 법을 배우는 기회를 잃게 된다. 따라서 어떤 치료자가 내담자에게 도움이

---

* Linehan (1993, pp 117-119) 참고. 저작권은 The Guilford Press에 있으며, 승인을 받아 사용함.

되지 않거나 효과적이지 않은 이야기를 하는 경우에 그 치료자의 행동을 수정하게끔 하는 것이 아니라, 내담자에게 그 치료자에게 어떠한 행동을 하는 것이 좋을지에 대해 자문해야 하는 것이다. 하지만 이것이 치료자를 위한 치료가 아닌, 내담자만을 위한 치료를 계획하고, 내담자에 대한 정보를 교환하며(팀의 다른 구성원과의 문제를 포함하여), 치료에 관한 문제에 대해 논의만을 한다는 뜻은 아니다. DBT 팀은 학습의 기회를 제공하기 위해 최선의 노력을 하되, 효과적인 경우에 한하여 내담자를 대신하여 개입하도록 한다.

3. **일관성 동의사항.** 치료 계획이 잘 실행되지 못하는 것은 문제가 될 수 있지만, 동시에 내담자들이 현실에서 대처하는 법을 배우는 기회가 되기도 한다. DBT 팀의 역할은 내담자에게 스트레스 없는 완벽한 환경을 제공하는 것이 아니다. 따라서 DBT 팀은 팀원 간에 언제나 일관적일 수는 없다는 점, 모든 팀원이 내담자에게 동일한 내용을 가르칠 필요가 없다는 점, 치료에 대한 "적절한 규칙"이 무엇인지에 대해서는 동의할 필요가 없다. 팀원들은 DBT라는 틀 안에서 치료 진행 방법에 대해 스스로 결정을 내릴 수 있는 것이다. 치료기관 또는 클리닉의 모든 구성원이 규칙을 정확하고 명확하게 전달하면 좋겠지만, '혼란'을 피할 수 없는 이 세상과 동일한 구조로 인식하는 것과 비슷하다고 볼 수 있다. 팀원이나 치료팀 또는 치료기관이 비일관적인 방식으로 치료를 제공하는 경우에는(다른 치료자들과 자신들에게 모두), 내담자 뿐 아니라 팀원에게도 DBT 스킬을 연습할 수 있는 기회로 간주된다.

4. **한계 관찰 동의사항.** 치료팀은 팀원 모두가 개인적 한계와 전문가로서의 한계를 관찰해야 하는 것에 동의한다. 또한, 팀원들은 자신의 한계를 너무 좁거나 혹은 너무 넓다고 판단하지 않되, 다만 주어진 상황에서 그 한계가 효과적인지 살펴보아야 한다. 치료팀은 팀원이 더 효과적으로 행동하기 위해 한계를 조정하도록 제안할 수 있지만, 동시에 판단하지 않으며 개인마다 한계가 모두 다를 수 있음을 인정해야 한다. 팀원은 내담자과 팀원에게 자신의 한계에 대해 효과적으로 설명하기 위해 최선을 다해야 하며, 내담자 역시 치료자의 한계에 대해 궁금한 것을 질문하고, 이해하고, 수용하려 노력해야 한다.

5. **현상학적 공감 동의사항.** DBT 팀은, 모든 조건이 동일할 때, 내담자의 행동에 대한 폄하하지 않는 해석이나 현상학적으로 공감적인 해석을 찾아야 한다는 것에 동의한

다. 이는 내담자가 치료 방해적 행동을 한다거나 치료자와 "게임"을 하려는 의도가 있다는 전제가 아닌, 내담자는 최선을 다하고 있고 나아지기를 원한다는 근본적인 가정을 기반으로 한다. 팀원이 이러한 방식을 취하기 어려워할 때, 다른 팀원들은 이렇게 생각할 수 있도록 도와주면서, 동시에 그 팀원이 느끼고 있을 좌절감이나 기타 감정에 대해 수인해야 한다. 따라서 DBT 팀원은 DBT 틀 안에서 서로 무판단적인 태도를 취해야 한다는 것에 동의하는 것이다. 또한 팀원, 내담자의 가족 및 여러 관련된 사람들의 행동에 대해 폄하하지 않는 해석을 찾아야 한다는 것에 대해서도 동의한다.

6. **오류 가능성 동의사항.** DBT 팀에는 모든 팀원이 실수할 수 있다는 명시적인 합의가 있다. 따라서 모든 팀원이 문제가 될 만한 행동을 할 수 있다는 것에 미리 동의하고 있으므로 방어적일 필요가 없다. 치료팀이 해야 할 일은 바로 모든 팀원이 DBT라는 틀 안에서 함께 할 수 있도록, DBT 기본 원리를 서로에게 적용하는 것이다. 하지만 팀원들도 내담자와 마찬가지로 팀원들과 문제 해결을 할 때에는, 자신이 가진 고유한 지혜로운 마음에서의 수인하기와 균형을 이루는 것이 무척 중요하다. 원칙적으로 모든 팀원들이 오류를 범할 가능성을 가지고 있다고 동의하고 있기 때문에, 여기에서 논의된 모든 동의사항 역시 필연적으로 위반할 수 있다는 것에도 동의를 하게 되는 것이다. 모두가 위의 사항에 동의를 하면 팀원들은 서로에게 양극단에 치우칠 때 이를 알려주고, 통합을 찾아내기 위해 서로 노력하게 된다.

이러한 기존 핵심 동의사항에 더하여 팀의 기능성 향상에 도움을 주는 몇 가지 추가 동의사항*이 있다(자료 2 참조). 이는 DBT 팀 문화 유지에 도움이 되는 관찰자 업무와 기타 전략 및 지침을 통합하는 등의 내용이다. 추가 동의사항은 아래에 요약되어 있으며 책 전체에서 더 자세히 설명되어 있다.

7. DBT 치료팀은 스스로 내담자 커뮤니티를 치료하는 치료자들의 커뮤니티의 일부로 인식해야 한다. 이는 팀원 각자의 내담자들이 치료팀 모두의 내담자라는 것을 의미하며, 팀원이 효과적인 치료에서 벗어나려 할 때 이에 대해서 이야기해야 할 책임을 모두가 갖는다는 것을 의미한다.

---

* Marsha M. Linehan의 승인을 받아 아래 자료에서 발췌하여 수정하였음. 미출간, University of Washington Behavioral Research and Therapy Clinics.

8. 치료팀은 "치료자를 위한 치료"를 제공해야 한다. 즉, 팀은 팀원들 개개인이 갖고 있는 방해 요인을 다루어 DBT 매뉴얼에 충실한 치료를 해 나갈 수 있도록 해야 한다. 이는 자신과 팀원 모두에게 수용과 변화를 포함하여 팀의 DBT 철학과 전략을 구현하는 것을 의미한다. 다시 말해, 팀원들은 수인적이고, 온화하며, 수용적인 환경을 만들어야 하는 동시에 DBT 매뉴얼에 충실한 치료를 진행하는데 방해가 되는 요인을 다루고 피드백을 제공해야 한다. 이렇게 하기 어려운 경우에도 각 팀원들의 경험을 바탕으로 무엇을 수인할 수 있을지 찾겠다는 약속을 하는 것이다(예 : 어떤 팀원이 자신보다 치료 경험이 많거나, 언짢아 할 가능성이 있거나, 다른 팀원의 상사이거나, 무엇이 옳은 것인지 확신하기 어려운 경우 등). 팀원들은 DBT 팀 안에서 모두 유약한 존재이고, 서로 자신의 실수를 공유하며, 감정을 경험하고 표현한다. 그리고 수인을 받아들이고 변화에 초점을 맞춘 피드백 역시 받아들인다. 또한 치료 회기와 마찬가지로 팀 회의에 공개된 어떠한 내용도 철저히 기밀유지를 하겠다는 서약을 하게 된다.

9. DBT 치료를 한다. 효과적이고 마인드풀하게 수행하는 경우(예: DBT에서는 강박장애^{OCD} 또는 폭식 등 삶의 질 저하 행동을 다루기 위해서 인지행동치료^{CBT}를 추가하기도 한다)를 제외하고 다른 치료유형을 추가하거나 결합하거나, 대체하지 않는다. 이를 통해 DBT 치료의 공통 언어 및 개념화가 이루어지도록 하는 것이다.

10. 행동적 관점으로 내담자와 각 팀원의 행동을 개념화하되, 다른 이론적 모델을 결합하거나 추가하지 않도록 주의한다. 치료자들 중에는 하나의 이론적 접근을 하기 보다는 절충주의적 관점을 선호하는 경우가 많다. DBT에서는 DBT와 호환되는 이론과 함께 일관적이고, 통합적인 단일 철학적 접근 방식을 유지하며 이러한 접근에 대해 내담자와 치료자의 행동 및 치료적 결정을 개념화하는데 필수적이라는 점을 잘 인지하고 있어야 한다. 이 책에서는 DBT와 DBT 치료팀에게 가장 중요한 이론은 행동주의라는 것을 광범위하게 논의하게 될 것이다. 다이어렉틱스, 생물사회이론, 선^{Zen} 수행, 수용 전략 및 변화 전략은 모두 행동주의 렌즈를 통해 볼 수 있다. 내담자와 치료를 진행하는 도중에 이론을 바꾸게 되면 (예: 행동주의에서 정신분석으로, 그리고 다시 행동주의로) 행동에 대해 부정확한 설명을 할 수 있고, 해결방법을 고안해낼 때 효과적이지 않을 수 있다. 다시 말하면, 이러한 일관성은 치료팀이 동일한 언어로 말하고 명확하게 의사 소통하며 같은 관점으로 치료적 접근을 할 수 있게 한다.

11. 치료팀 회의를 여타의 치료 회기과 마찬가지로 중요하게 여긴다. 즉, 가능한 매주 회

의에 꼭 참석하고, 회의시간에 다른 일정을 잡지 않도록 하며, 정시에 도착하여 끝날 때까지 참여하도록 한다. 또한 회의준비를 한 상태에서 참여하고, 모든 팀 회의에서 자신의 생각을 말하도록 하며(모든 사람이 모든 안건에 참여할 필요는 없지만), 회의 리더, 관찰자 및/또는 팀에 필수적인 여러 역할들을 서로 공유하며 팀에 참여하도록 한다.

12. 자신이 팀에서 맡은 역할을 충실히 이행할 수 있도록, 항상 준비된 상태를 유지한다 (예: 개인치료자, 스킬훈련자, 약물치료자). DBT 팀의 모든 구성원은 내담자와 연락 할 책임과 임상적 책임을 갖는다. 어떤 팀원이 치료를 잠시 중단하게 되면, 팀 회의에 도 참여하지 않게 된다.

13. 다른 팀원들이 말하기 어려워하더라도, "방 안에 있는 코끼리" 에 대해 기꺼이 말한 다. 팀원은 팀이 어려움을 겪고 있거나 효과적이지 않을 때, 팀원들의 반응이 두렵더 라도 말할 수 있어야 하고, 자신과 팀이 이러한 주제를 다루지 못할 만큼 유약하다고 여기지 않도록 한다. 하지만 이는 치료팀이 가진 모든 문제 하나하나를 전부 다루어 야 한다는 뜻은 아니다. DBT 치료 진행이나 효율적인 팀의 기능성을 방해하는 문제 들에 대해 직접적으로 의사소통하는 것이 효과적인 경우에 이를 직접 다루는 것이 중 요하다는 것이다.

14. 팀에서 한 번에 한 가지 마음으로 참여한다. 예를 들어, 치료팀 회의 도중 전화, 문자, 기록 또는 기타 방해가 될 수 있는 행동을 하지 않으며, 팀 회의에서 수동적으로 행동 하지 않도록 한다.

15. 해결책을 제안하기 전에 충분히 평가한다.

16. 내담자에 대한 가정(Linehan, 1993) 및 치료에 대한 가정(아래 "DBT 가정" 참조)을 따 르기 위해 노력한다.

17. 팀원들이 팀 회의에 참석하지 못하거나, 내담자와의 치료 회기 약속을 지키기 어려운 경우, 대체 치료자 정책을 이행한다.

18. 번아웃, 좌절감, 피로, 과로, 과소평가 받는 느낌, 절망감, 효과적이지 않은 느낌이 들 때에도, 위의 모든 동의사항에 주의를 기울인다.

내담자에 대한 DBT 가정[*]

위의 동의사항에 더하여, DBT 팀원들은 내담자에 대한 가정과 치료에 대한 가정을 충실하게 따라야 한다(자료 3 참고). 이 가정을 받아들인다는 것은 팀원이 팀과 내담자, 그리고 치료에 대한 생각에 영향을 미치게 되어, DBT 팀 문화의 한 부분으로서 통합적 상태에 이르게 됨을 뜻한다. 하지만 이러한 가정은 사실, '참'이나 '거짓'이라 할 수 없으며, 오히려 팀원들이 더 효과적으로 치료를 제공하는데 도움이 될 만한 가정들을 모아둔 것이라 할 수 있다.

1. **내담자는 자신이 할 수 있는 최선을 다하고 있다.** 내담자가 치료자를 화나게 하거나 치료에 방해가 될 만한 행동을 할 때는 특히 이렇게 생각하기 어렵다. 하지만 내담자가 노력하고 있다는 가정으로 돌아가면 감정적 어려움과 번아웃을 줄일 수 있다. 팀원들은 서로 이러한 태도를 유지할 수 있도록 격려하며, 힘든 상황일수록 더욱 도우려 노력해야 한다. 팀은 내담자가 새로 배운 행동스킬을 지난 주에는 더욱 잘 사용했다고 하더라도, 이번 주에는 사용하지 못할 수 있다는 것을 상기시키도록 한다.

2. **내담자는 더 나아지기를 원한다.** 이는 첫번째 가정과 깊이 관련되어 있다. 내담자가 감정, 스킬 부족, 인지, 학습 이력 등의 저해 요인들로 인하여 더 이상 나아지지 않는 것처럼 느껴질 때, 이 가정을 떠올리는 것이 중요하다. 팀은 각 팀원들이 내담자가 스스로 나아지고 싶어한다는 것을 믿는 것이 효과적이라는 점, 그리고 치료적 진전을 방해하는 요인들이 있다는 것을 기억할 수 있도록 도와야 한다. 치료팀은 또한 치료가 정체되었을 때 문제해결을 위한 평가와 효과적 개입을 할 수 있도록 독려해야 한다.

3. **내담자는 더욱 잘하고, 더 열심히 노력하며, 변화를 위해 스스로 동기부여 할 필요가 있다.** 이는 앞서 소개한 두 가지 가정에 정반대되는 것처럼 보이지만, 양극단에 놓인 가정들은 모두 진실이다. 내담자가 최선을 다하고 나아지기를 원하고 있더라도, 현재 하고 있는 노력이 그들의 인생을 변화시킬 만큼 충분하지는 않을 수 있다는 것이다. 치료자는 이때 내담자의 진전을 방해하는 요인을 분석하고 이를 이해할 수 있어야 한다. 반대로 치료팀 역시 이러한 방해요인을 평가하고 문제해결방법을 독려하는 것이 중요하다.

---

[*] 전체 내용은 Linehan(1993) 참고.

4. **내담자가 모든 문제의 원인을 제공한 것이 아니더라도, 이미 발생한 문제는 스스로 해결해야 한다.** 이 가정은 내담자가 문제를 만들지 않았지만 스스로 이를 해결해야만 하는 상황에서 유용하다. 내담자가 자신의 힘으로 문제해결을 할 수 있다면(그렇다면 DBT치료를 받을 필요가 없을 것이다!), 또는 치료자나 이 세상이 자신의 문제를 대신 해결해 줄 것이라 기대한다면, 이는 결코 장기적 해결방법일 수 없다. 팀은 팀원들이 이 가정을 고수하며 내담자를 위해 열심히 문제를 해결해 나가는 것과 내담자 스스로 자신의 문제를 해결할 수 있도록 격려하는 것 사이에서 균형을 잡을 수 있도록 도와야 한다.

5. **내담자들의 삶은 참을 수 없는 고통으로 가득 차 있을 수 있다.** 내담자가 우리들이 원하는 것만큼 치료에 충분히 적극적이지 않을 때, 단순히 내담자가 변화를 원하지 않는다고 가정해버리고 싶은 욕구가 생길 수 있다. 팀원 모두는 내담자들이 고통 속에 있다는 것과 내담자의 변화를 가로막는 장애물들을 파악하여 문제를 해결할 수 있다는 것을 기억해야 한다.

6. **내담자는 새로 습득한 행동을 그 행동과 연관된 모든 상황에 적용하여 익혀야 한다.** 내담자는 그들이 경험하는 다양한 감정적 상황에서 뿐만 아니라, 가능한 모든 상황(치료실 밖의 상황을 모두 포함하여)에서 적용할 수 있는 새로운 스킬을 배우고 연습해야 한다. 내담자가 효과적이지 않은 도피행동을 하지 않고 고통을 감내할 수 있도록(예: 위기 상황에서 입원, 약물복용, 또는 기타 도피 전략을 사용하는 대신 효과적으로 이를 돌파하는 것) 하기 위해서는 치료자의 역할이 매우 중요하다. 내담자가 단지 치료실 안에서 만이 아니라, 실제 그들의 환경에서 스킬을 적용하기 위해서는 전화 자문, 구조적인 환경 변화, 기타 개입 등이 필수적이다. 이는 내담자는 치료 회기 밖에서 더 많은 시간을 보내므로 어쩔 수 없이 효과적이지 않은 행동이 강화 받는 상황에 더 많이 노출되기 때문이며, 이러한 경우 치료자는 번아웃 되기 쉽다. 따라서 치료팀은 최선의 치료 서비스를 위해 내담자의 요구와 치료자의 한계 사이의 균형을 잘 잡아갈 수 있도록 돕는 것이 매우 중요하다.

7. **내담자는 치료에서 실패할 수 없다.** 내담자가 치료적 진전이나 향상을 보이지 않거나 치료 목표를 달성하기 전에 치료를 중단하는 경우에, 이 가정은 치료가 내담자를 돕기에 충분하지 않았거나 치료자가 치료를 설계된 대로 적용하지 못했을 가능성에 대

해 지적한다. DBT에서는 내담자가 충분히 나아지지 않는 상황을 내담자의 '잘못'이라고 여기지 않는다. 이 가정은 팀원들에게 상당한 감정적인 부담이 될 수 있는데, 단순히 내담자가 변화를 위해 꼭 필요한 행동들을 하지 않고 있고, 그것이 치료자들에게 좌절감과 실망감을 준다고 생각하기 쉽기 때문이다. 치료자들 스스로 이 가정에 의해서 비난 받는다고 느낄 수 있다. 마치 내담자의 치료 몰입 부족이 치료자 자신의 잘못인 것처럼 느끼게 되는 것과 같다. 이 가정의 목적은 팀원 그 누구도 비난하려는 것이 아니다. 실제로는 서로를 비난하지 않기 위해 사용된다. 비난과 판단은 문제가 어디에 있는지 평가하고 판단하는 능력을 흐리게 할 뿐이다. 예를 들어, 만일 내가 내담자를 "그냥 변화하기 싫은 거야"라고 가정한다면, 나는 평가를 멈출 뿐만 아니라, 이전과 같은 행동을 유의미하게 강화하는 반면, 변화를 향한 행동은 강화하지 않고 있다는 것을 깨닫지 못할 것이다. 이러한 정보를 놓침으로써, 나는 내담자와 함께 유관성 관리를 통해 문제해결을 하지 못하고 오히려 좌절감을 느끼게 될 것이다. 최고의 DBT 치료자는 DBT 매뉴얼을 따르고 치료를 충실하게 제공하는 사람이다. 치료자가 매뉴얼을 충실히 따르고, 팀이 매뉴얼을 잘 지키도록 치료자를 지원한다면, 치료 효과가 미진할 때 그 이유는 치료가 내담자에게 충분하지 않기 때문이다. 모든 사람에게 효과적인 치료는 없다. 그리고 인간의 행동을 이해하는 우리의 능력에도 한계가 존재한다. 우리가 모든 사람과 모든 문제를 해결할 수는 없다. 우리는 단지 내담자가 치료에 적극적으로 참여하게 하는 방법을 모르거나, 내담자가 생존할 수 있게 하는 방법을 모를 뿐이다. 이는 치료의 실패이고 과학의 실패일 뿐, 내담자나 치료자의 실패가 아닌 것이다. 또 매우 중요하게 기억해야 하는 것은 바로 우리가 추구했던 목표에 "도달하지 못한 것"을 의미할 뿐, 윤리적 판단을 담은 "실패"를 뜻하는 것이 아니라는 사실이다. 치료팀은 이러한 비난이 행해지지 않도록 팀문화를 잘 살펴야 하고, 최선의 효과적인 치료를 제공하기 위한 견고한 평가에 초점을 맞추어야 한다.

8. **DBT 팀은 지지를 필요로 한다.** 이는 본서의 뼈대가 되는 가정이다. DBT 치료자는 실수를 범할 수 있고, 대체로 이 경우 내담자의 치료진전에 방해가 된다. DBT 치료자는 우리의 내담자들과 마찬가지로 단기적으로 고통을 경감시키기 위해 최선을 다할 뿐, 장기적으로 언제나 효과적일 수는 없는 것이다. 내담자는 치료자가 자신도 모르게 효과적이지 않은 선택을 하도록 행동조형 하는 경우가 많다. 노련한 팀원이라고 해도 DBT 팀원이라면 누구나 효과적인 DBT 치료를 제공하기 위해 감정적인 지지를 필요

로 한다. 홀로 있을 때 치료자는 매뉴얼로부터 떨어져 표류하게 되고 번아웃이나 다른 어려움을 겪게 될 가능성이 크다. 본서에서 지속적으로 논의하겠지만, DBT 치료팀의 가장 주요한 기능은 팀원들이 이 어려운 작업을 하며 충분히 동기부여가 될 수 있도록 하는 것 뿐 아니라, 가능한 그들이 최고의 서비스를 제공할 수 있도록 지속적으로 돕는 것이다.

치료에 대한 DBT 가정[*]

1. **DBT 치료자가 할 수 있는 내담자를 위하는 최선의 행동은 내담자가 자신의 궁극적인 목표에 가까워지도록 변화하도록 돕는 것이다.** 이는 내담자에게 어려울 수 있는 행동을 요구할 때나(예: 혐오감을 느끼는 상황에서도 노출을 지속하도록 격려하기), 내담자의 치료에 더 효과적이라고 판단될 때 변화의 속도를 늦출 수도 있는 것을 뜻한다. 치료팀은 이를 주요 목표로 삼아 팀원이 내담자를 자신의 목표에 더 가깝게 이끌도록 돕게 된다. 팀이 특정 행동을 목표로 정하지 않고 벗어나려는 것을 알게 되면, 치료팀은 불편하거나 어렵더라도 이 문제를 짚어야 한다. 치료팀에 대한 존중을 담아 이것을 다시 이해해보자면, "DBT 팀이 할 수 있는 최선의 행동은 바로 팀원들이 내담자가 자신의 궁극적인 목표에 더 가까워 질 수 있도록 변화하도록 돕는 것을 지원하는 것이다"라고 이해할 수 있다.

2. **명확성, 정확성 및 측은한 마음**Compassion**은 치료 과정에서 가장 중요한 요소이다.** 이는 치료자가 온화하고 지지적일 뿐만 아니라 명확한 개념화, 치료 계획, 그리고 매 단계마다 이론적 근거를 통해 가능한 정확하면서도 전략적인 개입을 해야 한다는 것을 의미한다. 예를 들어, 전체 치료 회기에서 수인적 태도를 취하는 것이 온정적인 것처럼 보일 수는 있으나 실제로 도움이 되지 않을 수 있다. 그러나 치료자가 한 번의 전체 회기에 대한 전략적 이유에 의하여 마인드풀한 마음의 상태로 내담자에게 변화에 대한 요구를 하지 않기로 결정했다면, 이는 효과적인 DBT라고 간주할 수 있다. 우리는 많은 DBT 치료자가 내담자에 대한 연민을 넘어 명확성과 정확성을 강조하는 것을 보았

---

[*] Marsha M. Linehan의 미출간된 자료를 저자의 승인 하에 수정, 인용하였음. University of Washington Behavioral Research and Therapy Clinics.

고, 그 반대의 경우도 많이 보아왔다. 이 때 팀원은 양극단의 입장을 통합할 수 있도록 도움을 주어야 한다. 치료팀은 내담자를 향한 공감을 쌓아가는데 초점을 둠과 동시에 가능한 가장 정확하고 명확한 개입 및 전략을 제공하는 것 사이에서 균형을 유지할 수 있도록 힘써야 한다. 치료팀은 또한 치료자를 위한 치료를 제공할 때, 치료팀 안에서의 균형을 유지하도록 노력해야 한다.

3. 치료적 관계는 동등한 관계에서 이루어지는 진정한 관계이다.

4. 행동 원리는 보편적이며, 내담자 뿐만 아니라 DBT 치료자에게도 영향을 미친다. 평등함에 대한 가정은 종종 DBT 치료자 대한 감정적 반응을 일으키게 된다. 가정 3번과 4번은 우리(치료자와 내담자)가 행동주의의 원리에 영향을 받는다는 점뿐 아니라, 효과적이거나 효과적이지 않은 행동을 할 수 있다는 점, 그리고 우리는 생물학적 요인과 환경적 요인의 산물이라는 것을 가정한다. 그러나 치료자-내담자 관계의 본질적 권력의 차이를 무시하는 것은 아니다. 이러한 차이는 치료자가 다양한 스킬과 개입 전략을 배울 기회를 가졌기 때문일 수 있고, 어쩌면 내담자와는 다른 생물학적 조건을 타고났기 때문에 발생할 수 있다. 즉, 치료자는 내담자가 갖지 않은 특정한 지식과 능력을 갖고 있다는 점에서 차이가 있을 수 있다. 팀은 구성원이 이러한 가정에서 벗어나지 않도록 모니터링하고, 내담자에게도 치료자와 동일한 원리가 적용되고 있기때문에 이점에서 상호 평등하다는 생각으로 돌아갈 수 있도록 돕는다. 이는 팀원의 측은한 마음과 사례 개념화하는 능력을 향상시킬 수 있다.

5. DBT 치료자도 실패할 수 있다. 이는 많은 DBT 치료자들에게 또 다른 도전이 되는 가정이다. 우리가 이 가정을 DBT 치료자들에게 교육할 때, 많은 치료자들은 언제나 완벽하게 치료를 수행하지 못할 때 마주하게 될 내담자의 자살과 법적소송 등을 걱정하기 시작한다(이는 정말 높은 기준이다!). 실패라는 개념은 우리 모두에게 강한 감정을 불러일으킨다. 하지만 DBT는 치료자가 완벽하기를 기대하지도 요구하지도 않는다. 내담자에 대한 가정에서 밝혔듯이, 우리는 "실패"라는 용어를 단순히 목표에 도달하지 못했다는 것(이 경우에는 매뉴얼을 정확히 따르지 않은 것)으로 무판단적으로 정의할 수 있다면, 이 가정을 이해하기 쉽다. 누구든 DBT 치료자로서 치료 매뉴얼에 기술된 바대로 치료를 수행하는데 실패할 수 있다. 이는 실제로 여러가지 방해 요인들이 있기 때문에 얼마든지 발생할 수 있다. 사실 DBT 치료팀을 만들게 된 주요 이유 중

하나도 이러한 염려 때문이었다. 팀은 팀원이 DBT를 하지 않을 때마다 이를 확인, 평가, 개입하는 역할을 한다. 즉, 이 치료가 설계된 대로 제공되지 않았다는 의미에서 실패로 간주되는 것이다. 이는 누군가의 능력이나 성격에 대한 평가나 잘못에 대한 비난이 아니라, 단지 사실을 진술하는 것이다. 팀은 이러한 실패가 실제로 존재한다는 것을 인정하고, 이를 인식했을 때 기꺼이 밝힘으로써, 팀원 각자가 피할 수 없는 감정을 견디고, 만약 치료방향으로부터 벗어났다면 다시 돌아올 수 있도록 돕는다.

6. **DBT 치료자가 실패하지 않았더라도, 치료는 실패할 수 있다.** DBT 치료자들이 치료를 효과적으로 수행하더라도, 항암치료가 모든 암치료에 효과가 있는 것이 아니듯, 우리가 최선을 다하여 치료를 수행하더라도 언제나 효과가 있는 것은 아니다. 이는 앞에서 설명한 것처럼 행동변화에 대한 현재 과학의 성과에는 한계가 존재하며, 만약 치료자가 매뉴얼과 치료팀을 최대한 활용했다고 해도 최대의 방해요인은 바로 모든 내담자에게 이상적인 개입방법이 존재하지 않는다는 점이다. 치료팀은 치료를 중단하거나 전략을 변경해야 할 때 이 가정 하에서 제안하고 팀을 지지해야 한다.

치료팀 구조의 기타 요소

DBT 팀은 이러한 동의사항과 가정을 바탕으로 자신의 역할과 안건을 정하고 DBT 문화의 구조를 유지하려고 노력한다. 팀 리더, 회의 리더 및 관찰자의 역할은 DBT 팀에서 가장 일반적이지만, 일부 팀에서는 구조와 문화를 유지하기 위해서 추가적 역할을 부여하기도 한다.

이러한 팀의 기능, 동의사항, 가정 및 구조 등 여기에서 논의하는 여러 요소들이 모두 한데 어우러져 팀의 핵심을 형성한다. 매우 복잡한 구조처럼 보일 수 있지만, 기본 원리는 DBT 치료에서 직접 가져왔기에 DBT 치료자들에게는 익숙하게 다가올 것이다.

이러한 원리와 전략의 기초에서부터 시작하여 치료팀은 자신들만의 필요사항에 맞게 수정할 수 있다. 팀이 이러한 요소 중 일부를 수정하거나 제거하려는 충동을 느낀다면, 기존 구조 유지와 변경에 대한 타당성 모두를 다이어렉티컬하게 고려하는 것이 매우 중요할 것이다. 팀은 구조를 변경하려는 충동을 주의 깊게 살피면서, 유연한 태도를 잃지 않도록 하며, 즉흥적으로 감정적 마음에서의 결정에 의한 변경이 일어나지 않도록 주의해야 한다. 이러한 요소들을 결정할 때 유연성과 전략적 태도 모두 도움이 될 것이며, 이렇게 하는 것이 쉽지 않을 때일수록 더욱 주의 깊게 따라야 한다. 따르기 어려울 때마다 변경하기 보다는, 매년 개최하는 팀 리트리트retreat 등을 통해 정기적으로 이를 검토하고 수정해 나가는 것이 유익할 것이다.

팀은 다음과 같은 구조를 추가할 수 있다. 예를 들어, 인턴들로 구성된 팀이라면 치료팀에서 교육과 모델링에 더 집중할 필요가 있을 것이다. 연구팀의 경우 특정 치료 대상이나 연구 프로토콜을 따르는 것에 대해 강조하고자 할 것이다. 입원시설이나 거주시설의 치료팀은 교대 근무로 인해 발생하는 문제에 대처해야 할 수도 있다. 즉, 여전히 개인 치료자가 주치료자이지만, 다른 직원들과의 효과적인 의사소통을 위한 시스템이 필요할 수도 있는 것이다. 추가 회의, 구조화된 의사소통 및 교대근무와 야간근무 시간에 정기 팀 회의 개설 등이 있다. 또한 팀이 영상회의를 통해 모임을 여는 경우 역시 효과적인 소통을 위한 전략이 필요할 수 있다.

DBT를 하지 않는 치료자들 역시 유사한 목표와 구조를 가진 팀 구성을 원할 수 있다. 우리는 경계선 성격장애 치료를 위한 정신화 기반 치료Mentalization-based treatment (Bateman & Fonagy, 2004), 우울증과 자살행동을 보이는 청소년을 위한 치료(Brent, Poling, & Goldstein, 2011), 외상후 스트레스 장애 치료(Saxe, Ellis, & Kaplow, 2007) 등에서 DBT와 유사한 팀 접근법(예: 불안장애 치료를 위한 CBT)을 활용한다는 것을 잘 알고 있다. 이 책에서 논의하는 원리와 구조 내에서 DBT 팀의 요소를 조정하여 특정 치료, 팀원 및 내담자에게 적용할 수 있는 방법은 매우 다양하다.

이 책의 구조

이 장에서 소개한 개념들을 확장하며, 제 2장에서는 DBT 팀이 잘 운영될 수 있도록 하는 시스템, 역할 및 과업에 대해 설명한다. 팀을 효과적으로 운영하기 위해 수행해야 할 과업과 회의 리더, 관찰자 및 기타 역할이 팀 문화를 유지하는 데 어떻게 도움을 주는지에 대해서도 다루게 된다.

제3장은 특히 팀 리더의 역할에 초점을 맞추며, 이 역할에 내재된 고유한 도전 과제에 대해 논의한다. 이 장에서는 프로그램 및 여러 명의 팀원을 리드하고 다양한 문제상황을 다루는 방법에 대해 설명한다. 팀 리더는 동시에 팀의 리더이자 구성원이기 때문에 특별한 주의와 관심을 기울여야 하는 딜레마에 놓일 수 있다.

제4장에서는 DBT 팀 회의의 구조와 효과적인 구조를 유지하기 위한 안건 활용 방법에

대해 다룬다. 회의시간 관리 및 우선순위 설정에 대한 논의도 포함된다.

제5장에서는 치료자를 위한 치료에 대한 개념을 더 깊이 다루며, 팀원이 서로 지지하고 변화를 촉진하는 방법에 대해 설명한다. 이 장에는 DBT 전략 및 스킬, 그리고 팀원이 내담자 뿐 아니라 서로에게 이 스킬을 적용하는 방법을 제안한다.

제6장에서는 효과적인 팀 프로세스를 방해하는 일반적인 DBT 팀의 문제에 대해 설명한다. 이러한 문제를 평가하고 이해하는 방법과 해결방안 제안도 함께 논의한다.

제7장은 팀에서 가장 어려운 상황 중 하나인 자살위기 상황에서 내담자, 치료자 및 팀 전체가 경험하게 되는 상황에 초점을 맞춘다. 자살 위기 상황과 이전과 이후, 팀이 수행해야 할 중요한 역할에 대해 논의한다.

마지막으로, 제8장에서는 새로운 DBT 팀을 시작하고 새로운 구성원을 추가하는 방법에 대해 설명한다.

각 장은 "팀 운영을 위한 연습"으로 끝을 맺으며, 각 장에서 소개하는 전략 및 개념을 연습하는 방법을 제안한다. 이 연습은 각 치료팀의 특징에 맞는 운영방식을 구성하기 위한 출발점일 뿐이다. 이 책은 규칙을 다루는 책이나 매뉴얼이 아닌 기본원리에 중점을 둔 책이다. 많은 팀에서 적용할 수 있는 예제와 연습 방법을 통해 다양한 상황에서 유연하고 전략적으로 문제를 해결할 수 있도록 설계되었다.

여기에서 제공하는 구조가 효과적인 팀 개발에 도움이 되지만, 팀 구조의 외적인 형태보다는 기본원리가 더욱 중요하다. 각 팀은 고유의 특징이 있기때문에 문제와 해결책이 크게 달라질 수 있다. 팀이 규칙에 과도하게 몰입해서 팀원, 내담자, 팀전체에 도움이 되는 것을 간과하면 문제 발생 가능성이 커질 수 밖에 없다. 우리는 가능한 전통적인 모델에서 시작하여 무엇이 효과적이고 효과적이지 않은지를 파악하고, 상황에 따라 마음가짐을 달리하며 그 효과를 모니터링할 것을 권장한다. 이 책에서는 이러한 기본원리 뿐 아니라 팀과 각 팀원들의 고유한 창의성과 반응성이 중요하다는 것을 강조한다.

대명사 사용에 대하여[*]

우리는 이 책에 성-중립 대명사를 사용하기 위해 많은 노력을 기울였다. 가능한 복수 대명사

---

[*] 역자 주: 이 주의사항은 저자가 영어 문장 주어에 붙는 성 구분 대명사 사용에 관한 것으로, 한국어의 경우에는 본래 "우리"나 성-중립 대명사가 일반화되어 있어 관련된 문제가 없음을 밝힌다.

를 주로 사용하고 단수 대명사가 필요할 때 "그 사람"을 사용했다. 유일한 예외("그"와 "그녀")는 특정 개인을 지칭하는 경우였다.

결론

숙련된 DBT 치료자가 효과적인 DBT를 제공한다는 전제하에서 DBT 치료팀은 DBT의 필수 요소로 간주된다. 이 장에서는 DBT 팀의 목적을 설명하며, DBT 매뉴얼을 충실히 따르는 것에 초점을 두고 치료자들의 동기와 능력을 강화하는 것을 다루었다. DBT 팀이 가진 전통적인 자문팀과의 차이를 설명하였고, 동의사항, 가정, 그리고 여러 구조적 요소와 함께 DBT 팀 문화를 지지하는 여러 요소를 소개했다. 앞으로 이 책에서 이러한 개념에 대해 자세히 다루게 될 것이다. 우리는 이러한 DBT 팀의 기본원리를 통하여 DBT 치료자들이 지식과 성장, 아이디어, 지지, 그리고 편안함을 찾을 수 있는 공동체를 만들고 유지할 수 있도록 돕고자 한다. 이를 통해 최상의 DBT를 제공할 수 있기를 바란다.

DBT 팀 과제와 역할
누가 어떤 일을 하는가?

제2장
DBT 팀 과제와 역할
누가 어떤 일을 하는가?

DBT 치료팀은 구성 방식, 참여하는 치료자의 수와 유형 등 여러 면에서 매우 다양하다. 그러나 대부분 팀에서 공통적으로 중요하게 여기는 특정한 역할들이 있다. 이러한 팀 과제의 목표는 DBT 매뉴얼을 충실히 따르도록 하기 위함이며, 팀 내에서 효과적인 문화를 유지하고, 치료자의 능력과 동기를 향상시키기 위함이다. 이 장에서는 이러한 과제에 대해 설명하겠지만, 각 팀마다의 필요사항에 맞게 조정하여 팀의 목표를 충족시키도록 해야 한다. 이러한 팀 구성 요소는 규칙으로 명시하기보다, 유연하게 따르는 원리로 인식하는 것이 좋다. 일부 팀은 이러한 과제를 비공식적으로 처리하는 경우도 있고, 반대로 전혀 필요치 않은 경우도 있지만, 규모가 큰 팀에서는 공식적으로 다루는 것이 좋다. 대부분의 팀에서 효과적이었던 것들은 다음과 같다.

1. DBT 팀 회의 시간 관리
2. DBT 매뉴얼과 치료팀 동의사항에서 벗어나는 행동이 발생할 때 이를 알리기
3. 팀 회의에서 내린 결정과 제안을 문서화하기
4. 팀 내에서 역할을 지정하고 순환시키기
5. 팀원이 팀 미팅 또는 치료 회기에 결석하는 행동 다루기

이러한 기능들은 팀원들이 특정 역할을 잘 수행하고 있을 때 원활하게 운영된다. 다시 말하지만, 팀의 여러 역할과 직무는 조정되거나 통합될 수 있고, 일부 역할을 배제하거나 추가할 수 있다. 이러한 전략의 효과를 지속적으로 모니터링함으로써 가장 효과적인 길을 찾을 수 있는 것이다. 우리를 포함하여 많은 팀이 다음과 같은 역할을 통해 팀 구조와 치료의 전반적인 충실성을 향상시킨다.[*]

---

[*] Marsha M. Linehan의 미출간된 자료를 저자의 승인 하에 수정, 인용하였음. University of Washington Behavioral Research and Therapy Clinics.

- 팀 리더(3장에서 논의함)
- 회의 리더
  - 안건을 설정한다.
  - 팀이 핵심 DBT 팀이 동의사항을 기억하도록 돕는다.
  - 안건에 대한 시간 관리를 한다.
  - 팀 미팅을 마무리한다.
- 관찰자
  - DBT 팀의 논의과정을 모니터링한다.
  - 팀원이 확장된 DBT 팀 동의사항에서 벗어날 때 팀에 알린다.
  - 변화가 필요할 때 이를 요청한다.
- 서기
  - 팀에서 논의한 내용을 문서화한다.
  - 치료자들이 후속 조치를 수행할 수 있도록 독려한다.
- 역할 관리자
  - 원활히 역할을 교대할 수 있도록 이를 추적 기록한다.
- 대체 치료자 정책coverage /팀 출결 관리자
  - 팀 참여 및 결석에 대한 체계를 만들고 점검한다.
  - 내담자를 위한 대체 치료자 정책을 유지하며, 팀원이 결석한 경우 이에 대한 의사소통 체계를 만든다.
  - 팀원이 리페어repair*를 수행하는지 점검하고, 기억하지 못할 때 이를 알려준다.

이 장에서는 위에 언급한 각각의 역할의 주요 직무와 이를 완결하기 위한 여러 방법에 대해 논의할 것이다. 앞서 말한 것처럼 치료팀은 이러한 역할들을 매우 유연하게 활용한다. 회의 리더와 관찰자는 필수적이고, 이외의 역할 역시 중요하지만 팀원들이 서로 분담하여 수행할 수 있다. 다시 말해, 서기, 역할 관리자 및 대체 치료자 정책/ 팀 출결 관리자와 같은 특정한 역할로 할당하지 않을 수 있는 것이다. 추가적인 역할을 만드는 치료팀도 많다. 각 팀의 고유한 문제 상황을 고려하여 필요에 따라 추가 역할을 만들게 되는데, 아래에 예시를 참고할 수 있다. 대부분의 팀은 주요 직무 중 회의 리더와 관찰자를 포함하여 많은 역할을 교대로

* 역자 주: 리페어repair란, DBT에서 대인관계 갈등 상황이 발생했을 때 이를 회피하는 행동을 감소시키기 위해서 진솔하게 사과하거나 마음을 담은 적절한 선물을 주는 등 관계 회복을 위한 행동 스킬을 말한다.

맡으며, 이를 통해 모두가 팀 회의를 주도하고 관찰자 역할을 수행하는 경험을 할 수 있다. 팀은 역할 교대가 얼마나 자주 일어나는지 또한 선택할 수 있다. MML 팀은 한 달에 한 번 교대하며, JS 팀은 매주 교대한다. 한 사람이 여러 역할을 수행하기도 한다. 팀 리더의 역할은 3장에서 논의하게 되므로 이곳에서 자세히 다루지는 않도록 하겠다.

회의 리더 Meeting Leader

회의 리더는 팀 회의 시간을 어떻게 사용하고 있는지 관리하는 역할로서, 팀 리더의 역할과는 다르다. 회의 리더 역할은 정기적으로 교대하며 맡을 수 있으며, 항상 같은 사람이 맡을 필요는 없다. 회의 리더는 회의 안건을 설정 관리하고(4장에서 자세히 다룸), 팀이 안건을 다룰 수 있도록 이끌어가며, 마인드풀니스 연습을 진행하거나 다른 팀원에게 그 역할을 할당한다. 또한 회의리더의 동의사항 중 하나를 읽고, 이전 회의에서 기록한 내용을 읽거나 알리도록 서기에게 요청하며, 남은 안건을 다루며 회의를 진행한다. 회의 리더는 필수적인 항목을 모두 다루었는지 확인하고, 각 안건에 할당된 시간을 초과하지 않도록 관리한다. 회의 리더는 발언 차례를 알리고, 각 안건에 소요되는 시간을 모니터링하기 위해 시계나 타이머를 사용하며, 각 대화 차례가 거의 끝나갈 때 팀원들에게 알린다.

회의 안건 설정하기

리더가 회의 안건을 설정하는 방법에는 여러가지가 있다. 팀원들이 회의실에 모일 때 리더가 간단하게 팀원들의 요구 사항을 적어 나가며 구두로 회의 안건을 설정하기도 한다. JS의 팀 중 하나는 (예시는 4장 참조) 팀원들이 회의실에 들어오면 즉시 작성하는 안건 양식을 사용한다. 이를 통해 회의에서 안건을 설정하는 데 걸리는 시간을 줄일 수 있다. 이 양식을 보면서 회의 리더는 회의의 전반적인 구조를 설정한다. MML 팀의 경우에는 안건을 화이트보드에 적어서 요청 사항을 팀원들이 모두 볼 수 있는 곳에 기록해둔다. 프로젝터나 다양한 기기를 활용할 수도 있으나, 방법에 관계없이 안건 설정을 할 때 회의 리더가 회의 시간을 조직하는 구조를 만드는 것이 중요하다.

핵심 팀 동의사항 상기시키기

회의 리더는 또한 핵심 DBT 팀 동의사항을 팀이 기억하도록 돕는 역할을 한다(자료 1 참조). 나(MML)는 특정 동의사항들이 팀 문화에 있어 중요하기 때문에 더 자세하게 설명했다. 회의 리더는 매 회의를 시작할 때마다 핵심 DBT 팀 동의사항 중 하나를 선택하여 전체내용을 읽어 팀이 이를 잘 숙지하도록 하고 있다. 회의 리더는 동의사항 중 어떤 것을 선택해도 관계없다. 핵심은 팀 회의에서 동의사항들을 중요하게 인식하고 이를 따르도록 독려하여 이탈을 최소화하는 것이다. 요약하면, 핵심 DBT 치료팀 동의사항은 다음과 같다.

1. 다이어렉티컬 동의사항
2. 내담자 자문 동의사항
3. 일관성 동의사항
4. 한계 관찰 동의사항
5. 현상학적 공감 동의사항
6. 오류 가능성 동의사항

일반적으로, 팀은 이러한 동의사항들의 전체 내용을 인쇄하여 팀 회의에서 항상 사용할 수 있도록 한다. 각 동의사항에 대한 자세한 내용은1장을 참고하도록 한다.

회의 안건의 시간 관리

치료팀마다 회의 안건에 대한 시간 관리를 엄격하게 하는 정도는 다양하다. 작은 규모의 팀이나 시간적 여유가 있는 팀의 경우, 회의 리더는 시간을 엄격하게 모니터링하지 않아도 괜찮다. 그러나 대규모 팀이나 안건이 많은 경우, 회의 리더는 각 팀원이 원하는 시간을 구체적으로 제시하도록 요청하고, 각 우선순위가 높은 안건에 좀더 많은 시간을 배정하며 비교적 엄격하게 모니터링한다. 우선순위는 제4장에서 더 자세히 다루도록 하겠다. 우선순위가 결정되면(어떤 팀원이 먼저 발언할지 등) 회의 리더는 발언 순서를 정하고, 다음 안건으로 넘어가야 할 시간을 알려주며 회의를 진행시킨다.

팀 회의를 진행하다 보면 일부 팀원이 발언 시간이 지나도 멈추지 않는 경우가 발생한다. 해당 안건에 대한 시간이 남아있지 않을 때도 발언하고 싶은 강한 욕구를 느끼는 팀원들이 있을 수 있다. 이런 상황에서는 회의 리더가 이 문제를 지적하면서 다음 팀원에게 발언 기회를 주려고 노력해야 한다. 하지만 팀원이 여전히 다음 안건으로 넘어가지 않을 경우에는 이 문제 자체를 해결해야 한다. 회의 리더, 관찰자, 또는 다른 팀원은 시간 관리에 대한 논의를 회의 안건으로 등록하거나, 팀이 동의한다면 해당 발언 주제를 계속 다루기 위해 다른 팀원들의 시간 일부를 양보해달라고 부탁할 수 있다.

팀 회의 종료하기

마지막으로, 회의 리더는 지정된 시간에 팀 회의를 마무리한다. 팀의 문화와 상황에 따라 다양한 방법을 사용할 수 있는데, 마인드풀니스 벨을 울리거나, 치료자 또는 내담자의 효과적인 행동을 주제로 다루거나, 또는 회의가 종료되었다는 것을 팀에 알리는 등의 방식으로 이루어진다.

관찰자^{observer}

관찰자는 팀 회의를 모니터링하는 중요 과제를 두 번째로 지원하는 역할을 한다. 이 역할은 팀원 중 누구든지 DBT 팀 동의사항에서 벗어나려고 하거나, 내담자, 팀원 또는 팀 문화에 유익하지 않은 행동을 하려고 하는 순간(예: 팀이 양극단으로 나뉘거나, 해결되지 않은 문제가 있는 경우)에 주목하여, 필요한 경우 변화를 요구하는 것이다.

관찰자는 팀 회의를 진행할 때 '관찰자 유의사항'을 앞에 두고, 팀 동의사항 중 특정 사항들에 주의를 기울이는지 확인한다. 회의 리더와 유사하게, 관찰자는 이 동의사항의 부분들을 염두에 두며 팀 프로세스를 지속적으로 모니터링하고 효과적으로 치료팀이 기능할 수 있도록 독려해야 한다. 이 목록은 동의사항에 정의되어 있듯이, 팀이 어떤 식으로 DBT 틀에서 벗어나게 되는지 보여주는 일반적 예시들이다. 이것은 우리를 힘겹게 하는 내용이라기보다는, 우리가 치료팀에서 자주 겪었던 문제들이다. 다음은 관찰자가 유용하게 사용할 수 있는 유의사항 목록이지만, 각 팀은 자신들이 가진 고유한 문제를 해결하기 위해 다른 동의사항 및 행동목록을 추가할 수 있다. 자료 4는 관찰자가 팀 회의 중 사용하도록 만들어졌고, 자료 5는 이러한 문제가 발생할 때 팀이 개입하는 방법을 모니터링하는 관찰자용 체크리스트이다.

관찰자 유의사항에는 다음이 포함된다.*

1. 회의에서 발언하지 않는 팀원이 있는가?
2. 마인드풀하지 않은 마음의 상태로 임하고 있는가? 팀원이 동시에 두 가지 일을 하는가?
3. 팀원이 늦거나 준비가 되어 있지 않았는가?
4. 팀원이 방어적인 태도를 취하는가?
5. 팀원이 판단적이거나, 측은함이 없는 태도로 발언하는가?
6. 문제에 대한 정의 및 평가가 충분히 이루어지지 않은 상태에서 해결책이 제시되었는가?
7. 팀원을 너무 유약하다고 여겨서, 논의하지 않고 피하고 있는 중요한 주제나 감정이 있는가?
8. 의견이 양분화 되었는가?

관찰자와 팀은 위의 유의사항에 주목해야 하는 상황이 발생하였을 때 관찰자가 이를 어떻게 알릴지 결정하는 것이 좋다. 우리 팀에서는 관찰자가 이러한 행동을 인지할 때마다 마인드풀니스 벨을 울린다. 또한 관찰자가 종을 울리지 않고 "벨을 울립니다."라고 말하는 것만으로도 충분히 전달할 수 있다. 팀은 다른 팀원들에게 알리기 위해 특정 단어나 소리 또는 제스처를 이용하기도 한다.

관찰자 유의사항은 다음과 같이 차례대로 논의된다.

1. **팀원이 팀 회의 중에 발언하지 않았을 때.** 팀원이 회의내내 말을 하지 않는 행동은 팀 전체에 영향을 미치게 된다. 발언하지 않음으로써 정보를 덜 공개하게 되고, 결과적으로 팀에게 자신의 유약한 부분을 덜 공개하게 되는 것이다. 팀원이 발언하지 않는 이유는 다음과 같이 다양하다.

   - 마인드풀하지 않은 상태
   - 팀에 대해 부정적 감정을 느끼는 경우
     ◦ 경험 부족 또는 "적절한" 말을 하지 못할 것 같아서, 또는 충분한 지식이 없어서 의견을 내기 어려운 경우
     ◦ 지쳐 있을 때
     ◦ 먼저 누군가가 발언할 것을 기대할 때
     ◦ 대화가 끊이지 않아 발언할 기회를 찾지 못하는 경우

* Marsha M. Linehan의 승인을 받아 아래 자료에서 발췌하여 수정하였음. 미출간, University of Washington Behavioral Research and Therapy Clinics.

팀원들은 매 회의마다 자신을 회의 안건에 올리지 않아도 된다. 그리고 그저 말을 해야 하기 때문에 발언하는 것 역시 도움이 되지 않는다. 규모가 큰 팀에서는 말할 기회를 얻기가 더 어려울 수 있다. 여기서 중요한 원리는 각 팀원이 대화에 적극적으로 참여하고, 서로 수인하며, 평가 및 해결책 제시에 참여해야 한다. 관찰자는 어떤 팀원이 발언하지 않는 상황을 지켜보며 문제가 있는지 판단해야 하고(예: 다른 사람이 이미 말했던 내용이라서 말하지 않는 것은 문제가 되지 않지만, 다른 팀원들에게 짜증이나 실망감을 느끼기 때문에 말하지 않는 것은 팀 문화에 부정적인 영향을 미칠 수 있다), 그 후에 그 상황을 효과적으로 처리하도록 노력해야 한다.

팀원이 말하지 않는 것을 인지한 관찰자는 개입이 필요한지 판단해야 한다. 개입을 해야 한다면, 마인드풀니스 벨을 울리거나, "오늘은 별로 말씀이 없네요. 혹시 무슨 일이 있나요?" 라고 말하거나, 그 팀원의 의견을 직접 묻는 것 등의 방법을 사용한다.

2. **마인드풀하지 않은 상태, 팀원이 동시에 두 가지 일을 할 때**. 마인드풀하지 않은 마음의 상태로 회의에 참여하는 팀원은 보통 다음과 같은 행동을 한다.

- 멍하게 바라보며 주의를 기울이지 않음
- 핸드폰 확인, 문자 보내기, 이메일 확인
- 다른 팀원들과 대화하기
- 서류 작성

팀회의에 참여한다는 것은 온전히 그곳에 참여하기로 서약하는 것이다. 만약 어떤 팀원이 온전히 참여하지 않는다면, 관찰자나 다른 팀원들이 이를 알리고 다시 팀에 집중하도록 요구해야 한다. 관찰자는 "오늘은 마인드풀하지 않은 것 같아요! 자, 다같이 집중해봅시다!" 또는 "어려운 점이 있어요! 여러분의 도움이 필요해요!" 또는 "핸드폰 사용은 자제하면 좋겠어요" 또는 "혹시 내담자 중에 문제가 있는 분이 있나요? 오늘 핸드폰을 자주 보는 것 같아서 그래요"와 같이 여러 가지 방식으로 대처할 수 있다.

3. **팀원이 늦거나 준비가 되지 않았을 때**. 치료팀은 내담자와의 치료회기 약속과 동일한 수준의 중요성을 팀 회의 참여에도 부여한다. 즉, 다른 회의나 업무가 팀 회의보다 우선시되지 않는 것이다. 전화, 이메일, 식사, 커피를 마시러 가거나, 치과에 가는 것은 팀

회의를 놓치는 대표적인 이유이다. 하지만 이는 자신이 팀에 기여할 수 있는 기회를 박탈하고, 팀 분위기에 영향을 줄 수 있으며, 하나의 팀 문화가 되어 여러 사람이 자주 결석하는 상황이 발생할 수 있게 한다.

지각한 팀원은 체인분석과 문제해결 분석을 하는 것이 일반적이다. 팀회의에 지각하면 팀원들의 불편함과 주의분산을 증가시키므로 이는 매우 심각한 문제이다. 하지만 팀 내에서 체인분석과 문제해결 분석을 실시하는 것은 시간 낭비가 될 수 있다. 팀원이 팀 전체의 시간을 빼앗지 않고 분석을 완료하거나 팀 내에서 빠르게 논의할 수 있도록 하는 것이 효과적인 팀 활용을 극대화하는 방법이다. 여기에도 다이어렉틱스가 존재한다. 한편으로는 팀원 모두가 함께 지각 문제를 평가하고 해결하는 시간을 투자하는 것이 중요하다. 그러나 팀은 치료자를 위한 치료에 그 시간을 쓰고자 할 수도 있다. 만약 팀원이 팀의 시간을 사용하지 않고 지각 문제를 해결할 수 있다면, 그것이 최선의 선택이다. 그러나 지각이 반복된다면, 전체 팀에 영향을 미치므로 팀 회의에서 우선 순위를 높여서 이 문제를 해결해야 한다. 관찰자는 지각 문제를 인지하고 필요한 경우 문제해결 방법을 식별하는 데 도움을 줄 수 있다.

반면에, 몇 달에 한 번씩 조금 늦게 도착하거나 휴가 때 불참하는 것과 같이 팀에 해를 끼치지 않는 경우, 팀은 이를 중요하게 여기지 않을 것이다. 내담자를 대할 때와 마찬가지로 팀에 부정적 영향을 미치지 않는다면 팀은 이를 무시하거나 문제가 심각한지 여부를 결정할 때까지 기다릴 수도 있다. 우리 팀에서는 팀원이 예정된 일정 이전에 팀에 문자 또는 이메일을 보내지 않은 경우나 일관적인 결석 패턴이 나타나는 경우에만 평가/해결하도록 요청한다. 지나치게 엄격한 규칙을 고수하면 팀에서 즐거운 경험을 할 기회가 줄어들게 될 것이다. 따라서 출석의 중요성과 유연함의 필요성을 균형 있게 고려하여, 다이어렉티컬하게 대처하고 개입이 필요한 순간을 결정하는 것이 바람직하다.

회의 준비를 충분히 하지 않고 참석하면 나머지 팀원들은 부정적 감정을 느낄 수 있다. 예를 들면,

- 내담자에 대해 논의할 사항을 잊어버리거나 준비하지 않은 경우
- 며칠 전에 논의 했던 내담자에 대한 사항을 기억하지 못하는 경우
- "이 주의 팀원"을 위한 준비를 하지 않은 경우 (45쪽 참조)
- 자문 사항에 대해 준비를 하지 않은 경우
- 회의 시작 전에 식사, 화장실 등의 개인적인 일을 처리하지 않아 회의에 집중하지 못하는 경우

팀은 각 팀원이 필요로 하는 사항에 대해 다룰 시간을 충분히 확보해야 한다. 팀원들은 준비할 시간을 미리 정하고 모두가 팀 시간을 최대한 활용할 수 있도록 노력해야 한다. 관찰자는 이러한 약속을 일깨우는 역할을 부담하며, 부드러우면서도 직설적인 방식으로 팀원들에게 알려줄 수 있다.

4. **팀원이 방어적 태도를 보일 때.** 관찰자는 팀원들이 팀에서 제시한 피드백에 대해 방어적인 태도를 보일 때 이를 주목할 것이다. 다음의 행동들이 여기에 해당한다.

- 팀 피드백에 마음을 열지 않고, 변명하며 다른 팀원의 제안이나 강조하는 바를 듣지 않는 경우
- "예, 하지만..."이라고 하며 모든 제안을 거부하고 이미 모두 시도해봤다고 말하는 경우
- 반대편 극단의 타당한 점들을 고려하지 않고, 오류 가능성을 부인(다이어렉티컬하지 않은 반응)하는 경우
- 공개적으로는 동의하지만, 실제로는 동의하지 않아서 이 피드백을 고려하거나 실행할 의지가 없는 경우

팀원들이 치료팀의 자문을 통해 배우고 도움을 받는 것보다 자신을 방어하거나 다른 사람들의 생각을 바꾸는데 더 집중한다면, 팀전체가 그 팀원과 함께 기꺼이 논의하려는 마음에 부정적인 영향을 미치게 될 것이다. 팀원들이 임상적 문제의 양쪽 측면을 모두 공개적으로 검토하고 논의하는 것이 중요하다. 만약 어떤 팀원이 자신의 의견이 옳다고 주장하면서 한쪽 극단으로 치우칠 때 팀 역시 반대편 극단을 강조하게 되면, 팀 전체가 양분화되는 상황에 놓이기 쉽다. 팀원이 피드백과 평가를 함으로써 팀과 치료진 간의 상호작용을 통해 대화를 시작하는 계기를 마련할 수 있다. 예를 들어, 관찰자는 가볍게 "혹시 피드백때문에 방어적인 느낌이 들었나요?!" 또는 "지금 이 방에 '방어적인 감정'이 들어온 것 같은데요!"와 같이 말하면서, 팀원들이 어려운 피드백을 받는 것의 어려움을 수인해줄 수 있다.

물론 방어적이지 않다는 것은 수동적이 되거나 자신의 관점을 포기하는 것을 뜻하는 것이 아니다. 이는 단지 피드백에 대해 열린 마음을 가지려 노력하고 다른 사람들의 견해를 탐구하는 것을 의미하는 것이며, 이를 통해 팀원은 현명한 결정을 내릴 수 있다. 팀은 치료자가 치료를 진행하는 상황에서 무엇을 하는지 제어할 수 없다. 팀의 역할은 피드백과 고려할 만한 추가적 관점을 제공하는 것이다. 이 동의사항은 각 팀원이 대안적 생각, 해석 및 제안에

열려 있는 태도를 취하는 것에 초점을 맞추고 있다.

또한 팀은 팀원의 설명을 방어적이라고 잘못 받아들일 수도 있다. 팀이 팀원으로부터 정보를 받아들이지 않고, 그 팀원이 반복하여 설명하려고 할 때, 팀은 이를 방어적이라고 가정하게 되는 것이다. 이러한 경우에 관찰자는 이 문제를 강조하면서 팀이 치료자의 생각을 천천히 들어보도록 권할 수 있다(방어적으로 보이는 것을 대해 다루는 것의 정반대 행동).

5. 판단적이거나, 측은함이 없는 태도로 발언을 한 팀원이 있을 경우. 아래 내용이 여기에 포함된다.

- 내담자에 대한 발언
- 내담자의 가족 구성원(부모, 배우자 등)에 대한 발언
- 팀원들에 대한 발언
- 내담자 상황과 관련된 학교, 정부 프로그램 또는 기타 기관에 대한 발언
- 치료자 자신의 행동이나 성격에 대한 발언
- 기관의 행정부서에 대한 발언

다시 말해, 팀원들은 내담자에 대한 올바른 정보를 얻고, 내담자에게 도움을 줄 수 있는 상태를 유지하며, 번아웃을 예방하기 위해서 측은한 마음을 유지하는 것이 중요하다는 것에 동의한다. 어떤 상황에서 강렬한 분노를 느끼는 팀원이 있는 경우, 이에 대한 판단적인 발언을 하고 싶은 충동이 강하게 일어날 수 있다. 동시에 판단적 발언은 매우 미묘하기에 놓치기 쉽다. 따라서 관찰자는 주의 깊게 모니터링하고, 발견하면 판단한 것에 대해 강조하면서 DBT 팀 동의사항을 다시금 생각할 수 있게 독려해야 한다.

또한 팀은 특정 발언을 판단한 것으로 오해할 수 있다. 의견, 의문, 감정 또는 염려는 사실로 대하지 않는 한, 반드시 판단이라고 할 수는 없다. 예를 들어, "그 전략을 내담자에게 사용하면 안되요."는 판단이다. '안되요'라는 표현은 옳고 그름이 있다는 것을 전제하기 때문이다. 대신 "그 전략으로 인해 내담자를 비수인하게 될까 염려가 되네요. 더 수인적인 해결책이 있을지 여러가지 대안을 같이 생각해보면 좋겠어요."라고 말할 수 있다. 팀원들이 더욱 명확하고 정확하게 기술할수록 판단적 태도를 취하게 될 가능성은 줄어들게 된다.

팀원들이 스스로를 판단하는 것도 역시 팀에서 다루어야 할 중요한 문제이다. 자신을 판단하는 것은 문제에 대해 부정확한 설명을 하는 것이므로 문제에 대한 중요한 정보들을 놓

치기 쉬워진다(예: "저는 너무 바보같아요"는 실제 통제변인에 대한 식별을 방해한다). 스스로를 판단하는 것은 팀 전체의 사기에 강한 영향을 미칠뿐 아니라, 문제를 제대로 이해하지 못하게 만들 수 있다.

자신에 대한 판단적 표현은 다음과 같다.

- "더 잘 알았어야 했는데", "다른 방법을 적용했어야 했는데" 등
- 의지로 감정을 통제하려고 하기 (예: "내가 이렇게 반응하지 말고, 그냥 멈추면 돼", "내가 지나치게 과잉반응을 하고 있어, 내가 조절해야 해!")
- 임상적 상황에서 다른 반응을 보이거나 다른 감정을 경험할 때, 자신을 비난하거나 폄하 혹은 판단하기
- 상황을 나아지게 하기 위해 어떤 것이 최선인지 잘 모르거나 답을 알지 못할 때 스스로를 판단하기

판단은 여러 형태로 나타난다. 관찰자는 판단적 발언이나 연민이 담기지 않은 발언을 모니터링하며, 이를 팀에 간단하게 알리거나 판단적 상황이 있었는지 물어볼 수 있다. 관찰자는 그저 마인드풀니스 벨을 울리거나, "좀 판단적인 것 같아요!"라고 말하거나, 혹은 무판단적으로 다시 기술해달라고 요청할 수 있다. 팀원 또는 팀 전체는 바로 판단적이었다고 결정하기도 하고, 판단적인지 여부를 확인하기 위해 시간을 좀 더 갖기도 한다.

DBT 팀 문화를 유지하는 데 판단적 태도를 주의 깊게 살펴보는 것이 중요하지만, 때로는 판단을 잠시 미뤄두거나, 다시 발언할 것을 요청하기 전에 기다리는 것이 효과적일 때도 있다. 감정이 과하게 고조되거나 "제가 말도 안되는 행동을 했네요. 너무 한심해요."와 같은 발언을 할 때, 판단적 태도에 집중하는 것이 나을 수도 있다. 또는 우선 문제 자체에 집중하고, 필요하면 판단적 태도로 되돌아가는 것도 좋은 방법이다. 다시 말해, 팀은 지나치게 완고해지지 않도록 주의하면서 서로에게 임상적 스킬과 대인관계 스킬을 사용하여, 완벽함보다는 효과성에 초점을 두어야 한다.

6. **문제에 대한 정의와 평가가 충분히 이루어지기 전에 해결책이 제시된 경우.** 팀 내에서 가장 크게 감정적 반응이 나타나는 경우 중 하나는 어떠한 문제에 대해 충분히 이해하지 않은 채로 해결책을 내놓는 것이다. 이는 팀 전체가 소중한 시간을 낭비하게 만들고, 도움을 요청한 팀원이 압도당하는 느낌을 받거나 오해 받았다고 느낄 수 있

게 한다. 치료자, 관찰자 또는 다른 팀원은 다음과 같은 경우에 팀에 주의를 환기시키는 것이 좋다.

- 팀이 즉각적으로 여러 가지 해결책을 제시하기 시작하는 경우
- 팀이 진짜 문제가 무엇인지 모르고 있음이 드러나는 경우다
- 팀이 치료자의 요청에 대해 반응하지 않는 경우
- 팀의 해결책이 체계적이지 않거나 문제의 초점에서 벗어나는 경우

팀이 이미 시도해 본 해결책을 제안거나, 안건에 제시된 문제와 다른 문제를 해결하려 할 때, 모든 팀원에게 상당한 감정적 부담을 줄 수 있다. 그러므로 팀이 문제의 핵심에 집중하고 있는지, 그리고 효과적인 방식으로 해결책을 제시하기 위해 세부정보들을 충분히 알고 있는지 확인하는 것이 필수적이다. 팀이 섣부르게 문제 해결 단계로 진입하려는 것이 확인되면, 관찰자는 다음과 같이 팀에게 주의를 줄 수 있다. "잠시 짚고 넘어가야 할 것이 있어요. 문제를 정확히 평가하는 것을 도와 달라고 요청했는데, 우리는 이미 해결책을 제시하고 있는 것 같아요. 어떻게 생각하세요?" 또는 "잠시 멈춰야 할 것 같아요. 저는 문제가 무엇인지 아직 잘 모르겠어요. 더 많은 해결 방안을 이야기하기 전에 문제에 대한 평가를 좀 더 해보는 게 어떨까요?"

팀은 치료자가 제시한 것 이외의 다른 문제가 있다는 것을 알아차릴 수도 있다. 이런 경우에 팀은 "선생님이 고민하는 내용에 대해 함께 이야기 나누도록 해요. 그리고 치료 계획에 대해 몇 가지 의견을 드리고 싶은데, 이야기할 시간을 조금 남겨 두면 좋겠요."라고 할 수도 있다.

7. **특정 팀원을 "지나치게 유약한" 사람으로 여길 때, 방 안에 코끼리가 있지만, 아무도 말하지 않을 때.** 팀은 피드백을 제공하지 않거나 특정 문제에 대해 이야기하지 않게 된다. 이러한 예시는 다음과 같다.

- 논의되지 않은 중요한 주제나 감정이 있지만, 이에 대해 이야기하지 않는 경우
- 어떤 팀원은 중요하다고 여기는 주제에 대해 말하기를 원하지만, 팀이나 특정 팀원의 반응이 걱정되어 말하지 않는 경우
- 팀원 사이에 긴장이 있지만 아무도 이를 인식하지 못하는 경우

자신이나 팀, 특정 팀원이 너무 유약해서 어려운 주제를 다룰 수 없을 것이라고 가정하여 스스로를 "유약하게 만들지" 않아야 한다. 치료팀의 발전을 위해서는 난감한 문제라도 무판단적인 태도로 다루고, 직접적으로 이야기할 수 있는 분위기를 형성해야 한다. 팀원들이 어떤 팀원과 특정 주제에 대해 나누는 것을 회피하면, 문제는 지속될 것이고 치료자는 치료 모델에서 벗어나게 되어 효과적이지 않은 치료를 제공할 가능성이 높아지며, 팀 문화에도 부정적인 영향을 미칠 수 있다. 팀원들은 팀원에게 수인적 태도를 취하면서도 동시에 행동변화를 요청하는 것이 중요하다(수용과 변화의 다이어렉틱스를 유지).

이 동의사항은 피드백을 받아들이기 어려울 정도의 직면적인 태도를 취하라는 뜻이 아니다. 피드백을 회피하는 것만큼이나 지나치게 강요하는듯한 피드백 역시 문제라는 의미이다. 또한 이는 팀이 효과적인 치료를 위해 필요한 특정 주제에 대해 이야기하는 것에 동의한다는 것을 의미한다. 온정적인 태도 또는 직설적인 태도 어떤 것이든지, 자세히 기술하고 구체적이어야 하며 무판단적인 것이 가장 중요하다. 다음은 지나치게 강한 피드백의 예시이다. "어떻게 그런 행동을 하셨어요!"(강압적이면서도 판단적인 표현), "팀이 하는 말을 전혀 듣고 있지 않네요!", "치료자가 지금 하고 있는 행동을 바꾸지 않으면 내담자가 아주 큰 위험에 빠질 거예요!" (그러나 팀원의 주의를 집중시키기 위해 강한 언어를 사용해야 할 때도 있을 것이다.) 판단적 태도를 취하지 않는다면, 치료팀은 주제에서 벗어나지 않고 명료한 상태로 회의에 임할 수 있다. 팀은 무판단적인 태도를 취하며 직접적으로 피드백을 전달하는 것과 상대방이 피드백을 마인드풀하게 듣고 수용할 수 있는 방식으로 전달하는 것 사이에서 균형을 유지하려고 노력해야 한다. 직접적이면서도 무판단적인 피드백의 예시는 다음과 같다. "내담자에게 그렇게 말씀하신 이유를 잘 알 것 같고, 너무 이해돼요. 하지만 자칫 자살행동을 강화할 수도 있을 것 같은데, 다른 대안들을 같이 찾아보는 것이 어떨까요?" 효과적인 의사소통은 팀원의 스타일, 팀 문화, 팀에 대한 신뢰 수준 등 여러 가지 요인에 따라 달라질 수 있다.

새로운 팀원들이 DBT 치료팀의 직접적 의사소통에 잘 적응할 수 있도록 사전에 오리엔테이션을 해주는 것 역시 중요하다. 행동조형을 필요로 하는 팀원들이 있을 수 있다. 보다 직접적으로 소통하고 피드백을 받는 것이 효과적이라는 데 동의하더라도, 실제로 적절한 스킬을 모두 갖추고 있는 것은 아닐 수 있다. (숙련된 DBT 치료자라 해도, 격투기 선수의 펀치 같은 피드백은 원치 않을 것이다!) 어떤 경우에는 팀이 새로운 팀원에게 너무나 직접적이고 강한 어조로 피드백을 할 수도 있다. 간혹 효과가 있을 수도 있지만, 홍수법flooding과 비슷하므로 팀에서 조기 탈퇴하거나 또는 쉽게 해소되지 않는 원망감을 갖게 할 수도 있다. 그러므로 각 팀은 특정 상황에서 팀 전체 및 각 팀원에게 모두 효과적인 균형점을 찾도록 노력해야 한다.

8. **의견이 양분화된 경우.** DBT 팀 회의에서는 다양한 다이어렉틱스가 발생하게 된다. 내담자가 즉각적으로 변화해야 한다는 것과 이미 최선을 다하고 있다는 것, 내담자가 DBT를 중단해야 한다는 것과 계속 DBT 치료를 받아야 한다는 것, 또는 치료자가 더 많이 노력해야 한다는 것과 내담자가 더 노력해야 한다는 것 등과 같이 팀 전체의 의견이 양분화 될 수 있다. 팀은 극단에 치우쳐 양분될 수도 있고, 한쪽 극단에 집중될 수도 있다. 또한 한쪽 극단에 치우쳐 반대편 입장이 가진 타당성을 간과할 수도 있다. 다이어렉틱스의 개념을 적용하면 팀은 양극단을 동시에 유지하며 문제를 해결할 수 있는 새로운 맥락을 만들어 낼 수 있다. 예를 들어, 내담자가 열심히 노력하고 있고, 그리고 목표를 달성하기 위해서는 더욱 노력해야 한다는 것에 동의한다면, 팀원과 팀은 논쟁에서 벗어나 다이어렉틱한 상태로 나아갈 수 있다. 그룹이 양분화될 가능성, 양쪽 극단 모두가 진실일 수 있다는 진리를 놓칠 가능성, 또는 어느 쪽 극단이 옳은지 판단하려고 할 가능성은 치료팀에서는 지속적으로 발생한다. 관찰자와 팀 전체는 이러한 순간을 주시하고, 팀이 더 다이어렉틱한 방향으로 나아갈 수 있도록 이끌어야 한다. 관찰자는 "팀이 양분화되어 있는 것 같아요!" 또는 "다이어렉틱한 상태를 유지할 수 있도록 반대편 극단에 대해 이야기할 분 계신가요?"와 같이 말하여 팀에 알릴 수 있다.

관찰자로서 팀을 관찰할 때에는 유연함과 마인드풀한 마음 상태를 갖는 것이 중요하다. 만약 관찰자가 DBT 모델을 완벽하게 따르지 않는 행동을 알아차릴 때마다 개입하려고 한다면, 팀의 기능성이 저하되고 모두 큰 불편감을 느낄 것이다! 관찰자는 특정한 행동에 대해 그냥 넘어가는 것이 효과적인지, 패턴이 명확해질 때까지 기다리는 것이 좋은지, 또는 각 상황마다 대응하는 것이 좋은지를 결정해야 한다. 예를 들어, 팀원 중 한 명이 팀에서 잠시 관심을 잃은 것처럼 보일 수 있다. 관찰자는 그것이 만성적인 문제인지 관찰하고, 잠시 일어나는 일이며 팀에 영향을 미치지 않으면 그대로 두는 것도 괜찮다. 팀원 중 한 사람이 판단적인 발언을 할 때, 관찰자는 팀 동의사항을 일깨우기 위해 판단적 표현에 대해 주목하거나, 보다 효과적인 방법으로 수정하여 다시 실행하라는 요청을 할 수도 있다(예: 무판단적인 표현으로 다시 말하기). 현재 진행되는 토론이 팀원의 행동을 수정하는 것보다 중요한 경우도 있을 것이다. 관찰자와 다른 팀원들은 개입이 필요하지 않은 상황에 대한 기준을 정할 수 있다. 관찰자는 또한 각 팀원들의 발전해가는 과정에 주목해야 한다. 덜 판단적인 태도를 보였다거나 혹은 정시에 도착한 것 등 의미 있는 진전을 보이고 있다면 완벽을 요구하는 것보다 이러한 행동조형이 더욱 효과적일 것이다.

관찰자 유의사항 내용 역시 상당한 유연함이 존재한다. 팀은 특정 변화를 목표로 설정하거나 팀 문화의 구성 요소를 다루기 위하여 동의사항 또는 행동을 추가하기도 한다. 예를 들어, 우리 팀(JS)의 수련생들은 초반에 수퍼바이저와 함께 팀 회의에 참여할 때 발언하는 것을 주저하였고, 그 결과 수퍼바이저들이 훨씬 많이 발언하게 되었다. 그래서 팀은 모든 팀원이 발언하는 것에 관한 동의사항을 좀더 확장하여, 관찰자가 수련생 및 수퍼바이저가 한 발언들을 모니터링하도록 하였다. 우리가 만든 새 관찰자 유의사항은 경험이 적은 팀원이 더 자주 이야기하도록 하는 것에 초점을 두었다. 즉, 새로운 팀원들에게 더 큰 비중을 두어서 이들이 적절하게 행동조형과 행동교정을 받을 수 있도록 했다. 또, 팀에서 팀원들 자신에 관한 사안을 안건에 오르도록 만들기 위해서, 관찰자 유의사항에 "팀원이 치료자 자신보다 내담자에 관한 안건을 올리고 있다"라는 문구를 추가했다. 관찰자 유의사항은 팀에서 변화에 대해 논의하고 이를 구조화하는 기회가 된다. 각 팀에 잘 맞게 조정된 DBT 팀 관찰자 유의사항은 관찰자와 전체 팀이 일반적인 팀 문화 이외의 구체적인 팀 목표를 인식하고 마인드풀한 태도를 가지도록 도와준다.

관찰자 유의사항에 대한 중요성이 팀에서 감소하거나, 팀원들이 해당 내용에 둔감해질 수 있다. 이러한 상황에서는 유의사항의 항목이 그룹 행동에 더 이상 영향을 미치지 않게 되며, 팀원들 또한 팀회의에서 자신과 다른 이들의 행동을 바꾸기 위해 더 이상 노력하지 않게 된다. 관찰자는 유의해야 하는 상황에서 적절하게 알리지 않을 수도 있으며, "판단적이었어요"라고 형식적으로 발언할 뿐 실제로는 판단적인 표현을 바꾸려 하지 않을 수도 있다. 이러한 가능성에 대해 인식하는 것 자체가 팀에 도움이 될 수 있다. 이를 위해 우리는 정기적으로 팀회의에서 관찰자 유의사항을 함께 검토하고, 내용을 변경하거나, 팀의 변화에 맞춰 항목을 추가하는 방식으로 이를 마인드풀하게 다루어 관심을 새로이 하고 이에 더욱 전념하게끔 하였다. 예를 들어, 3-4개월에 한번씩 15분 정도의 팀 시간을 활용하여 관찰자 유의사항을 검토하여 팀의 상황에 맞게 추가사항이 필요한지 논의하거나, 매년 개최하는 연례 리트리트 retreat 에서 안건으로 정하여 다룰 수도 있다.

또 다른 어려움은 관찰자의 피드백이 팀원들에게 불쾌감을 주어서, 관찰자의 코멘트에 강한 부정적인 반응을 보일 수 있다는 것이다. 팀원들은 방어적인 태도를 취하거나, 불쾌한 표정을 짓거나, 기존의 문제 행동을 지속하는 등의 반응을 할 수 있다. 이 문제에는 여러 가지 원인이 있을 수 있는데, 관찰자의 피드백이 판단적이거나, 팀원이 충분히 수인 받지 못해서 팀 내 긴장이 발생하는 경우도 있다. 이럴 때는 해결책을 결정하기 전에 문제를 정확히 평가하는 것이 문제해결에 있어 팀의 효율성을 높이게 된다. 이에 대해서 6장에서 자세히 논의하도록 하겠다.

서기|notetaker

서기는 회의에서 논의한 주제들을 기록하는 역할을 한다. 회의록은 팀 회의 간의 지속성을 높여줄 수 있다. 이전 회의에서 다룬 안건으로 돌아가야 할 필요가 있을 때 이를 알려주는 기능을 하거나, 해결책이 팀 전체에 도움이 되었는지를 묻거나, 추가 도움을 요청하거나, 어떤 형태이든 회피를 막기 위해 사용할 수 있다. 치료자가 이전에 회의에서 팀원들이 제안했던 내용을 기억하지 못할 경우에도 유용하게 활용될 수 있다. 치료팀이 내담자 커뮤니티를 치료하는 치료자들의 커뮤니티임을 고려하였을 때, 기록은 특정 문제에 대해 어떠한 진전이 있는지 나머지 팀원에게 알려주는 유용한 도구가 된다. 팀원들은 이 역할을 교대로 맡는 것을 선호할 수도 있다. 회의에 참여하면서 동시에 기록하는 것은 쉽지 않기 때문에 이 역할을 교대로 맡으면 서로 부담을 덜 수 있다. 물론 이 역할은 선택적이어서, 일부 팀에서는 치료자 스스로 팀에서 주어진 과제에 대한 자신의 서약 및 진행 과정을 기록하기도 한다. 이렇게 하는 것이 좀 더 간단할 수 있지만, 팀원의 회피나 진행 과정에서 발생하는 다른 어려움에 대해 인식하지 못할 위험성을 안고 있다. DBT 팀에서 서기의 역할이 유용한지에 대해 논의하여 정하는 것이 좋다.

치료적 내용에 대해 문서화할 때, 내용은 최소한의 범위에서 작성되어야 하므로, 팀에서는 회의 간 지속성을 촉진하는 데 도움이 되는 치료적 정보의 범위를 정해야 한다. 우리(JS) 팀에서는 필요한 경우에만 후속 조치를 위해 최소한의 세부 정보만을 문서화한다. 어떤 팀은 보다 더 자세하게 기록하는 것을 선택할 수 있다. 예시는 자료 6(단순한 형식)과 자료 7(상세한 형식)에서 확인할 수 있다. 일반적으로 회의록에는 다음의 내용이 포함된다.

1. 안건 및 문제상황(치료자에 초점을 맞춤)
2. 팀에서 제시한 아이디어와 제안
3. 해결방안 실행을 위하여 팀원이 동의한 구체적인 실행단계(필요한 경우)

회의록은 정보보호를 위하여 안전한 장소에 저장해야 한다. 서기는 다음 팀회의에서 이전 회의록을 리뷰하고, 계속 진행 중인 주제들이 누락되지 않도록 주의하도록 한다.

회의 기록 역시 팀에서 나누는 대화와 마찬가지로 DBT 기본원리가 적용된다. 예를 들어, 서기는 행동적으로 구체적으로 기술하려 노력하면서, 무판단적인 용어를 사용하려고 노력한다.

우리는 치료자들이 법적 상황에서 회의록을 통해 보호받을 수 있는지 혹은 회의록의 내용에 대하여 법적 책임을 져야 하는지에 대해 자주 질문을 받는다. 법적 책임의 측면에서 치료팀 회의록을 통해 추가적인 보호를 받을 수 있는지 여부는 분명하지 않다. 자문을 요청한 사실에 대한 기록은 치료자가 특정 문제에 대해서 신중하게 처리하려 했음을 증명하는데 도움이 되며, DBT 팀에 참여한 것은 근거 기반 치료를 제공하고 있다는 것을 증명하는데도 도움이 될 수 있다. 앞서 언급한 사항들이 이론적으로 도움이 될 수 있지만, 이러한 법적 상황은 매우 드물기 때문에 이러한 요소가 필수적인지 여부를 알기는 어렵다.

지금까지 치료팀 회의록을 법적 상황에 제출하도록 요구 받았던 팀은 없는 것으로 알고 있다. 치료자들은 법적 책임과 법적 보호에 대해서 염려하기 마련이다. 하지만 법적 책임에 대한 두려움이 크면 치료자들은 비효율적인 결정을 내릴 수 있다. 우리가 법적 자문을 제공할 수는 없지만, 두려움에 의한 결정을 내리기보다는 DBT 기본원리와 매뉴얼을 준수하여 최대한 효과적인 치료를 제공하는 데 초점을 맞추도록 권하고 있다.

팀 회의록을 작성할 때의 개인정보보호 인식 향상을 위해, 나(MML)는 팀 회의록을 "치료 기록"으로 간주할 수 있는지에 대하여 자문을 구했다. 이는 내담자의 의료 기록과 동일한 수준의 기밀성을 가지고 개인정보보호를 할 수 있는지에 관한 질문이었다. 첫번째로는 팀원들에게 기밀유지 동의서에 서명을 받으라는 제안이 있었다. 이렇게 하면 팀 기록이 내담자에 대한 기록이 아닌 치료자 자신의 치료 기록으로 간주될 가능성이 높아질 수 있는 것이다. 이러한 기밀유지 동의서의 예시는 자료 8에 있지만, 이러한 동의서를 작성했다고 하더라도 어떤 상황에서는(예: 법원 명령) 제출해야 할 수도 있다. 법적 문제에 대해서는 치료자들이 자신의 보험 관계자나 변호사에게 자문을 구하는 것이 좋다.

회의록은 내담자가 아닌 팀원들을 위한 것이므로, 특정 내담자와 관련된 치료팀 자문을 기록하고자 한다면 치료자는 해당 내담자 차트에 직접 기록하는 것이 좋다. 팀 회의록은 일반적으로 내담자의 공식적인 의료 기록으로 간주되지 않으므로, 치료자가 직접 내담자의 차트에 기록을 남기지 않는 경우에 팀 자문이 공식적으로 문서화되지 않을 수 있다. 치료자는 "DBT 팀에서 (일시)에 자문을 요청함. 다음 치료 계획에 동의함: ..."과 같이 해당 내담자의 의료 기록에 작성해야 한다. 그런 다음 치료자는 해당 치료 계획을 이행하는 것을 문서화해야 한다.

또한 회의록을 작성하는 사람은 누군가의 명령이나 요구에 의하여 기록하지 않도록 해야 한다. 팀원들 서로가 자문을 주고 받는 DBT 팀의 정신에 비추어 보았을 때 그다지 어울리지 않기 때문이다. DBT에서 개인 치료자와 내담자는 함께 치료 과정을 지휘하는 "바퀴의 중심"이며, 팀의 역할은 어떠한 문제를 강조하고 해결방안을 제안하는 것뿐이다. 팀은 다른 치료자의 행동을 변화시키기 위하여 매우 직접적으로 참여할 수는 있지만, 내담자의 치료에 대해 어떠한 명령을 내리지는 않는다. 회의록은 치료자가 명령이 아닌 제안으로써 자문을 받는 것을 반영하여 작성하고, 팀원이 실행하기로 동의한 행동을 문서화해야 한다. 물론 구성원 중 한 명이 다른 팀원의 수퍼바이저나 고용주인 경우나, 다른 팀원의 자격면허 하에서 작업하는 경우와 같이, 위기 평가의 차원에서 특정 행동에 대한 요구 사항이 존재할 수 있다. 기관 정책, 연구 프로토콜, 자격면허 요건, 법률 및 윤리 규정에 따라 팀원의 행동에 대한 요구 사항을 생성할 수 있다(예: 서류 작성, 특정 평가, 고위험 상황 대응 등). 이러한 요구 사항은 치료팀에서 함께 치료 서비스를 시작하기 전에 명확히 설명되어야 한다.

역할 관리자 Role Manager

역할 관리자는 DBT 치료팀의 네 번째 기능을 맡는다. 역할 관리자를 맡은 팀원은 미리 팀원들의 역할을 할당하고 공지하여 어떤 역할을 맡을지 결정하는데 쓰이는 시간을 절약할 수 있다. 앞서 밝힌 바대로 이 역할이 모든 팀에 꼭 필요한 것은 아니다. 이러한 구조와 조직이 작은 규모의 팀에서는 대개 필요하지 않지만 큰 규모의 팀에서는 도움이 될 수 있다. 역할 관리자는 아래의 책임을 맡는다.

1. 역할과 업무 분담에 대한 문서화(팀 또는 팀 리더에 의해 결정됨)
2. 역할 교대에 대한 일정 공지
3. 필요한 경우 팀원에게 알림을 보냄

역할 관리자는 이번 주에 어떤 팀원이 회의 리더, 관찰자, 서기 등의 역할을 맡게 되는지 이메일을 통해 알리는 것도 유용하다. 이는 팀에 "이 주의 팀원"(선택적인 역할; 설명은 42쪽 참조)이 있을 경우, 이 역할을 맡게 될 팀원이 미리 준비하는데 특히 도움이 된다.

이 역할을 맡는 사람은 팀원들이 팀 또는 임상 업무에서 빠지게 되는 상황을 관리한다. 팀에 따라서는 이 역할을 담당하는 사람의 업무가 상당히 중요할 수 있어서, 이 역할을 특정 팀원에게 할당하기보다는 기존의 역할을 맡고 있는 사람이(예: 팀 리더, 회의 리더) 이 역할을 맡는 것을 선호하기도 한다. 담당하는 업무는 아래와 같다.

1. 팀원의 참석 여부를 확인하기 위한 시스템 생성 및 모니터링
2. 대체 치료자 정책 유지 및 팀원이 결석한 경우 대체 치료자 관련 의사소통
3. 결석 후 팀에 리페어 여부를 모니터링하고, 잊었을 때 알림

팀 출결

팀은 만성적인 결석 또는 기타 출석 문제를 파악하기 위해 DBT 팀 출결 모니터링 시스템을 갖추는 것이 좋다. 팀 출결 관리자 및/또는 서기가 회의록에 출결 사항을 기록하는 경우도 있고, 팀 리더나 다른 팀원이 이 역할을 담당할 수도 있다. 작은 규모의 팀은 공식적인 시스템이 필요하지 않을 수도 있다.

대체 치료자 정책Back-up Coverage

팀 내에 대체 치료자 정책 시스템을 필요로 하는 경우가 많으며, 이는 각 팀의 상황에 따라 다양하다. 어떤 팀의 경우 이 시스템이 필요하지 않을 수 있으며(예: 거주 시설), 어떤 팀의 경우에는 필요할 때마다 서로 대체 치료자 역할을 할 수도 있다(예: 개인 상담 기관, 동일한 기관 내의 치료진). 팀의 필요에 따라 대체 치료자 요청 및 의사소통 시스템을 갖추는 것이 좋다. 이 역할을 맡은 팀원은 팀이 관련 정책을 잘 따를 수 있도록 도와야 한다.

우리(JS) 팀에서는 치료자들이 자신의 내담자를 맡아줄 팀원을 구하는 것에 대한 책임을 지며, 자리를 비우기 전에 이를 정해 두어야 한다. 팀 회의에서 간단하게 물어보거나 이메일로 요청하여 대체 치료자를 찾는다. 팀원들은 요청을 들어주면 다음에 자신이 필요할 때 쉽게 도움을 받을 수 있으므로 서로 자원하여 맡게 된다. 모든 팀원이 자리를 비우는 경우에는 (예: 컨퍼런스나 휴가 기간 등) 내담자에게 전화자문을 할 수 있는 시스템을 갖추어 두고, 해당 지역의 응급 대체 치료자를 제공할 수 있는 자격을 갖춘 DBT 치료자를 확보하는 것이 좋다.

또한 몇 가지의 대체 유형도 구별해 두어야 한다. 팀원이 자리를 비우는 상황이지만 필

요시 내담자와의 전화자문이 가능한 경우에, 내담자가 어떠한 이유로 연락을 원하는 상황에 (예: 치료 회기 또는 직접 연락이 필요한 경우) 대비하여 우리 팀에서는 팀원 한 명이 "지역 내 대체 치료자 역할"을 하도록 정해두고 있다. 자주 일어나지는 않지만 필요할 경우에는 매우 중요하다. 팀원이 자리를 비운 상황에서 전화 연락이 어려운 경우에는, 전화 자문과 치료 회기를 포함하여 모든 치료를 대체하는 역할을 할 수 있는 한 명 이상의 팀원을 확보하도록 하고 있다.

팀은 또한 어떤 팀원이 대체 치료자 역할을 하는지 확인할 수 있는 체계를 갖추어야 한다. 예를 들어, JS팀은 보안이 잘 되어 있는 전자 달력을 이용하여, 대체 치료자가 담당할 내담자를 언제 만나야 하는지 명확하게 알 수 있도록 하고 있다. 물론 이 정보는 행정 직원에게도 제공된다. 내담자가 자신이 만날 대체 치료자가 누구인지 모르는 경우 직원은 담당 치료자가 누구인지 바로 알려줄 수 있다. 마지막으로, 자리를 비우는 담당자가 내담자와 전화 연락을 할 수 없는 경우, 대체 치료자가 효과적으로 대응할 수 있도록 충분한 정보를 알려주어야 한다. 우리 팀에서는 치료자가 문서를 남기도록 하는데, 이를 기관 서버에 저장하거나 안전한 곳에 인쇄물로 보관할 수 있으며, 암호화하여 다른 전자 장치(예: 휴대폰)에 저장할 수도 있다. 이 문서에는 내담자 정보(이름, 주소, 전화번호, 자살 위험도, 전화 또는 회기 자문에서 가장 효과적인 스킬들, 약물, 다른 치료 제공자 등)가 자세히 담겨 있어 대체 치료자가 긴급 대응자와 효과적으로 의사소통 할 수 있다. 또는 공유 전자 의료기록에 접근할 수 있는 방식이 있다면 이 방식으로 진행할 수도 있다.

어떤 방식을 선택하는지 관계 없이, 팀이 대체 치료자 시스템을 운영한다면 대체 담당자를 요청하고, 지역 내 대체 치료자 in-town coverage와 완전 대체 치료자full coverage를 할당하며, 내담자의 정보를 대체 치료자에게 기밀 유지 하에 전달할 수 있는 체계를 확립해 두어야 한다. 팀 리더가 이에 관한 정책을 개발하더라도, 이 체계를 지키기 위한 개별적인 모니터링이 부족한 경우도 많다. 하지만 이 기능은 어떤 팀원이라도 수행할 수 있으며, 심지어 행정부서에서 담당할 수도 있다. 팀이 대체 치료자 시스템을 갖추고 있는 한, 절차와 방식은 상당히 유연할 수 있다. 각 팀은 상황에 맞게 어떠한 요소들이 팀에 도움이 될지 결정하도록 한다.

결석에 대한 리페어

이 역할의 담당자는 팀 회의에 불참한 팀원이 리페어 하도록 도와야 한다. 여기에서의 핵심 원리는 팀 참석의 중요성을 전달하고, 치료 회기에 참석하는 것만큼 중요하게 여기는 것이다. 이는 빠짐 없이 모든 팀 회의에 참석해야 하는 것을 의미하는 것은 아니다. 휴식 또한 매우 중요하다! 하지만 가능한 한 팀 회의 때에는 내담자와의 약속, 병원 예약, 전화 통화 또는 기타 회의를 잡지 않도록 노력해야 한다. 이는 팀에 처음 참여할 때 진행하는 오리엔테이션과 서약하는 과정에서 주로 다뤄지지만, 이러한 팀 문화가 정기적으로 잘 유지될 수 있도록 해야 한다. 우리는 팀원이 결석할 때 팀에 리페어하는 것을 권하는데, 이는 결석이 팀에 영향을 미쳤음을 인정하는 것이다. 리페어는 진심 어린 사과, 음식(직접 구운 쿠키, 여행 중에 산 작은 선물, 불참하였지만 팀을 생각하고 있음을 보여주는 여러 가지 방법), 또는 워크숍이나 컨퍼런스에서 습득한 새로운 지식을 공유하는 것 등 다양하게 할 수 있다. 팀원들이 원한다면, 팀 리더나 서기가 출결을 확인하고 리페어를 잊었을 경우 알려주는 역할을 겸할 수 있다.

추가적인 역할의 예시

우리가 협업했던 여러 팀들 중 상당 수는 특정 기능을 하도록 추가적인 역할을 설정했다. 이는 물론 선택적이어서 어떤 팀에게는 매우 유용할 수 있는 반면, 어떤 팀은 전혀 필요하지 않을 수도 있다. 이러한 선택적인 역할의 예시를 참고하여 치료팀이 구조를 설정할 때 유연성과 창의성을 발휘하기를 바란다.

회의실 준비담당^{Room Set-up}

이 사람은 팀 회의실 준비에 대한 책임을 지며, 다음의 업무를 담당한다.

1. 필요한 모든 양식을 복사하여 준비해두기(예: 안건 기록지, 회의 리더 동의사항 리마인더, 관찰자 유의사항, 회의록 양식 등)
2. 필요한 모든 자료 및 도구들을 준비해두기(마인드풀니스 벨, 필기 도구, 이전 회의록 디스플레이 기기 [예: 컴퓨터 및 프로젝터 등]).
3. 컴퓨터를 켜두기
4. 필요한 경우 회의가 끝난 후 안건 및 보안 문서를 분쇄 처리하기

"이 주의 팀원" "Team Member of the Week"

- 이 역할은 각 팀원들이 자신이 경험하고 있는 문제(치료자의 특정 스킬 부족이나 어려움, 덜 위급하거나 팀 회의에서 잘 다루지 않았던 내담자에 대한 개념화 등)를 보다 자세하게 발표하는 것으로 모두가 번갈아 가며 맡는다. 팀원이라면 누구든지 이 역할을 담당할 수 있다. 따라서 팀에서 이를 회의 안건에 추가할 경우 각 팀원은 "이 주의 팀원" 역할을 돌아가며 맡게 된다. "이 주의 팀원"은 보통 15분 정도의 시간을 부여 받아, 효과적인 치료를 제공하는 데 있어 느끼는 어려움에 대해 좀 더 자세하게 이야기한다. 이를 통해 위급성이나 위험이 적은 회의 안건 등과 같이 적은 빈도로 논의되는 상황에 대한 팀 자문을 얻을 수 있다. 또한, 이를 통해 팀원들은 치료자의 사례 개념화case formulation, 문제에 대한 개념화conceptualization, 스킬 및 대처 방식을 더욱 잘 이해하고, 학습이나 연습이 필요한 영역을 파악할 수 있다. 이 역할은 회의 리더, 관찰자, 서기와 함께 매주 번갈아 가면서 맡거나, 작은 규모의 팀은 한 달에 한 번씩 진행할 수 있다. "이 주의 팀원"은 회의 안건에 자기 자신을 추가해야 하며, 다음의 사항을 나누게 된다.

- 특정 내담자와 치료자의 상호작용을 담은 비디오 또는 오디오
- 어려움을 겪은 상황이나 스킬을 적용하는 역할극 (해당 팀원은 치료자 및/또는 내담자 역할을 할 수 있음): 특정 내담자와 혹은 여러 내담자 간에 발생하는 문제 모두 다룰 수 있음
- 사례 개념화(Rizvi & Sayrs, 2020; Koerner, 2012; 및 Koerner & Linehan, 1997 참조)를 통해 피드백과 행동조형을 받을 수 있음
- 위험도가 높고 시급한 문제를 해결하기 위해 팀원은 추가 시간을 활용할 수 있음

예를 들어, 내담자가 치료자의 제안에 동의하지 않을 때 반복적으로 어려움을 겪는 팀원은 그 문제를 역할극으로 보여줄 수 있고, 팀은 이에 대한 해결책을 제시하고 새로운 행동을 시연하여 팀원을 도울 수 있다.

결론

우리 경험상, 팀이 잘 운영되기 위해서는 특정한 기능들이 필요하다. 다시 말해, 팀에서 시간을 관리하고, DBT 매뉴얼과 팀 동의사항에서 벗어나는 행동을 하는 경우 팀원에게 이를 알

리며, 팀에서 내린 결정과 제안을 문서화하고, 팀 내 역할을 지정하고 교대하며, 팀원의 결석 행동을 다룰 구조를 형성하고, 그 외에도 각 팀의 고유한 상황에 맞게끔 시스템을 조정하는 것 등이 필요하다. 팀이 이를 잘 개발하고 유지하기 위해서 유연성을 갖추는 것은 상당히 중요하다. 우리는 기능적으로 잘 운영되는 DBT 치료팀의 경우, 위에 언급했던 역할들을 무척 효과적으로 적용하고 있다는 것을 발견했다.

팀 운영을 위한 연습

- 자신이 속한 DBT 팀에서 어떤 역할이 필요할지에 대해 논의한다.

- 팀 회의에서 각 치료자들의 순서가 끝나면, 팀이 함께 관찰자 유의사항 항목을 함께 읽는다. 그리고 팀 회의에서 어떤 항목을 중요하게 다루어야 할지 간단히 논의하도록 한다.

- 각 회의에서 팀은 오직 한 가지 관찰자 역할에만 집중하도록 한다. 팀 회의가 진행되는 동안 특정 행동에 대해 지속적으로 주의를 기울이는 것이다. 예를 들어, 회의가 진행되는 동안 무판단적인 태도에 대해서만 주의를 집중한다.

- 팀원들에게 동의사항을 숙지하고 따를 것을 알리는 연습을 한다. 각 팀원은 다른 팀원의 주의를 환기시키는 말을 연습한다. 연습할 때는 실제 발생하는 문제를 다룰 필요는 없으며, 그저 서로에게 어떻게 말하는지를 연습하면 된다. 예를 들어, 각 팀원이 "지금 좀 판단적으로 느껴져요"라는 문장을 말한다. 팀 전체가 이를 돌아가면서 연습한다.

- 팀 문화를 유지하는 행동을 강화할 책임자를 지정하도록 한다. 예를 들어, 그 책임자는 한 팀원이 다른 팀원에게 도전이 될 만한 이야기를 할 때 "꺼내기 쉽지 않은 이야기를 해주어서 고마워요"라고 말할 수 있다.

DBT 팀 리더

제 3 장
DBT 팀 리더^{DBT Team Leader}

DBT 팀에는 회의 리더 역할과는 별도로 팀 리더가 필요하다(2장에서 논의한 바와 같이). 팀 리더는 시간에 따라 변화하는 다양한 목표와 문제들뿐 아니라, 치료팀과 프로그램 전체를 포괄적으로 바라보아야 한다. 팀 리더는 팀 구성요소들이 잘 작동하고 유지되며 향상되도록 함과 동시에, 지속적으로 치료팀의 비전 및 가치관과 합치되는 방향으로 팀을 이끌어야 한다. 또한 팀 리더는 치료팀의 효과적인 기능성을 방해할 수 있는 요소들을 미리 예방하고 다루어야 한다. 만약 이러한 역할이 적절하게 수행되지 않으면 대인관계 문제, 구조적 문제, 그리고 행정적 문제가 발생할 수 있다.

리더십 역할을 공유하는 것은 규모가 작은 팀(예: 2-3인)에서는 문제가 되지 않을 수 있다. 물론 치료팀이 잘 운영될 수 있도록 자주 의사소통하고 명확하게 책임을 위임한다는 전제 하에 가능하다. 예를 들어, 작은 팀에서는 팀 리더십 업무를 구성원들이 고르게 나누어 맡을 수도 있다. 그러나 치료팀과 프로그램이 성장하면 이러한 리더의 업무를 조율하고 추진해 나가는 한 사람의 팀 리더가 필요하게 될 것이다.

"리더십"은 무엇을 의미하나?

리더십 모델의 여섯 가지 영역(Sitkin, Lind, & Siang, 2006; Sitkin & Lind, 2007)은 DBT 팀 리더십 구조를 정립하는데 있어 상당히 유용하다. 이 모델은 조직에서 리더와 매니저 간의 차이를 보여준다. 이 모델의 정의에 따르면 매니저는 직원들에 대한 권한과 통제를 실행하며, 직원들 각각의 이해관계를 활용하여 인센티브나 기타 수단을 통해 특정한 방식으로 행동하도록 유도하는 사람이다. 이 역할이 중요한 조직도 있지만, DBT 팀의 팀 리더에게 해당되지는 않는다. 반면에, 리더는 구성원들을 공동의 이익과 공통의 비전에 초점을 맞추도록 이끄는 사람이다. 팀과 공유하고 있는 목표에 중점을 두도록 하여 통제에 의존하기보다는 구성원들이 특정한 방식으로 행동하도록 영감을 주고 설득하기 위해 노력해야 한다. DBT 팀에서는 이러한 형태의 리더십이 필수적이다. 만약 구성원들을 일정 부분 관리해야 하는 상황이라면, 수퍼비전이나 고용인-피고용인 간의 관계 등 다른 방식으로 운영하는 것이 좋다. DBT 팀에서 신뢰를 쌓고, 서로의 유약성을 인정하며, 존중하는 문화를 구축하기 위해서는 관리가 아닌 리더십이 필요한 것이다.

하지만 이것이 팀 리더가 행동에 영향을 미치기 위하여 유관성 전략 및 여러 방법을 사용하지 않는다는 뜻은 아니다. 리더가 매니저, 상사, 고용주 및 수퍼바이저의 역할을 수행하지 않는다는 의미 역시 아니다. DBT 팀에서 리더가 단순히 팀원을 통제하는 매니저로서의 역할만을 한다면, 팀원들은 실수를 숨기려 하거나 의사소통을 하지 않고, 결국 팀의 목표와 합의를 저해할 수 있다.

리더십 모델의 여섯 가지 영역에서 제안하는 리더에게 필요한 스킬들은 DBT 팀을 이끄는 데에도 유용하며, 그 내용은 다음과 같다.

1. 개인적 리더십Personal Leadership: 자기 자신의 성격과 가치관에 기반하여 진정성과 전문성을 가지고 리더십을 발휘한다.
2. 관계적 리더십Relational Leadership: 리더는 자신이 이끄는 사람들을 존중하고 이해하며 상호 신뢰를 형성함으로써 팀원들을 소중하게 여긴다는 것을 전달한다.
3. 맥락적 리더십Contextual Leadership: 공동체 의식을 형성함으로써 일관된 팀 정체성을 구축한다.
4. 영감을 주는 리더십Inspirational Leadership: 기대수준을 상향 유지하며, 열정과 낙관주의적 태도를 격려한다.
5. 지지적 리더십Supportive Leadership: 각각의 팀원이 문제에 효과적으로 대응할 능력을 가지고 있다고 믿으며, 이를 위하여 필요한 교육과 자원을 제공하고 격려한다. 해결책이 효과적이지 않은 경우 팀원을 비난하거나 팀원들이 자기 비난을 하지 않도록 노력한다.
6. 책임 있는 리더십Responsible Leadership: 윤리적으로 리더십을 발휘하며, 공적인 자리에서 팀의 가치를 대표하고, 개인과 팀의 요구사항 사이에 성공적으로 균형을 잡도록 노력한다.

위에서 나열한 리더십 스킬 이외의 DBT 리더에게 유용한 특징 몇 가지를 소개한다. 먼저, DBT 팀을 이끌기 위해서는 특정한 유약성과 기꺼이 하는 태도, 그리고 "우리는 함께 이 어려움을 헤쳐나가고 있다"는 접근방식이 필요하다. 이러한 평등성은 DBT와 DBT 치료팀 고유의 기본 원리 중 하나로, 다른 환경에서는 찾아보기 어려울 수 있다. 이 가운데 유약성에 대해서는 이 장의 뒷부분에서 논의할 것이다.

둘째, 팀 리더는 열정을 가지고 서약하는 마음으로 리더 역할을 기꺼이 받아들일 수 있어야 한다. 가장 경험이 풍부하고 고도로 훈련 받은 DBT 치료자라 하더라도 DBT 팀을 이끌어 감에 있어 진정한 서약이 없으면 팀 리더 역할을 효과적으로 수행하기 어려울 것이다. 리더 역할을 수행하기 위해서는 어려운 문제 해결을 하기 위해서 치료팀을 이끌어 갈 수 있는 인내심과 기꺼이 하는 마음이 매우 중요하다. 그러므로 치료자로서 고도의 전문성을 갖춘 사람이라고 할지라도, 최고의 팀 리더는 아닐 수 있다.

마지막으로, 가장 중요한 것은 팀 리더가 DBT 원리와 치료전략을 충분히 활용하여 리더십을 발휘해야 한다는 것이다. 치료환경에 따라 팀 리더 역할을 수행하기 위해서는 여러 가지 역량이 필요하다. 아래 예시를 통해 DBT에 대한 전문성이 리더와 치료팀에게 어떻게 도움이 될 수 있는지 살펴보도록 하겠다.

- DBT에 대한 종합적인 지식과 치료경험은 치료팀원들과 더 큰 기관으로부터 인정과 신뢰를 얻는데 상당히 큰 도움이 될 수 있다.

- 다이어렉티컬한 태도를 유지하며 팀과 프로그램 전체를 대한 수용과 변화의 균형을 이루며 이끄는 능력은, 팀과 팀원, 그리고 내담자들의 다양한 요구를 관리하는데 도움이 될 것이다.

- 마인드풀니스 스킬은 리더가 치료팀에 온전히 주의를 기울이고, 무판단적 태도로 명료하고 지혜로운 마음으로 팀 전체를 바라볼 수 있도록 도와주며, 어려운 상황에 적절히 대응하고, 팀과 내담자들을 효과적으로 대할 수 있게 도와준다. 또한 이러한 스킬은 팀 리더가 팀원들 마다 각기 다른 학습 과정을 마인드풀하게 인식하고, 이들을 능숙하게 지원하며, 팀원들이 실수를 하거나 도전이 되는 상황에 처했을 때 효과적으로 대응할 수 있게 한다.

- 고통감내 및 감정조절 스킬은 리더가 치료팀 문제에 효과적으로 대응할 수 있게 도와준다. 예를 들어, 리더십에 대한 불만이나 어떤 사건이 진행되는 과정에서 발생하는 실망

감 또는 상실로 인한 슬픔 등과 같은 문제를 다룰 때 도움이 된다. 리더는 팀과 구성원 각자 자신의 감정과 고통을 다룰 수 있도록 이끌어 가면서 동시에 자신의 고통 역시 감내할 수 있어야 한다.

- 대인관계 효율성 스킬은 리더가 팀원의 동기를 크게 손상시키지 않으면서 그들의 행동을 조형하는데 도움이 될 수 있다. 또한 행정기관이나 단체로부터 지원을 얻는 데 반드시 필요한 스킬이다. 또한 팀 내에 여러 분야의 전문가가 함께 하는 경우에 서로의 의견이 강하게 부딪히기도 하는데, 이러한 상황을 관리함에 있어 매우 중요한 스킬이라고 할 수 있다.

위에서 언급한 바와 같이, 팀 리더의 역할은 회의 리더의 역할과는 구분되어 있다. 회의 리더는 회의 시간과 안건을 모니터링하는 반면, 팀 리더는 프로그램 전체를 관장한다. 이 역할은 주 단위 또는 월 단위로 교대하여 맡을 수 없으며, 일반 팀원들에게 요구되는 것 이상의 팀에 대한 서약과 지속성이 필요하다. 팀 리더는 행정적 역할을 동시에 맡을 수 있고, 다른 치료팀 팀원의 상사 또는 수퍼바이저일 수도 있으며, 재정 혹은 다른 종류의 권한을 가진 사람이 될 수도 있고, 팀 내에서 가장 경험이 풍부한 사람이 맡을 수도 있다. 이와 반대로 그야말로 DBT에 대한 열정이 있고 리더 역할을 수행할 의지가 있는 사람이 팀 리더를 맡기도 한다.

DBT 팀 리더가 해야 할 일

리더의 핵심 역할은 내담자와 팀원들의 웰빙 및 전체 프로그램의 효과성을 모니터링하며 향상시키는 것이다. 리더십의 범위와 구체적인 직무 내용은 팀의 목표에 따라 상당히 다를 수 있다. 다시 말하면, DBT 치료팀은 다른 팀의 구조를 그대로 복제하거나 어떠한 "규칙"을 따르기보다, 마인드풀하면서도 전략적으로 리더의 임무를 정할 때 가장 좋은 결과를 얻을 것이다. 가장 이상적인 것은 리더가 DBT를 강화하면서 팀원에게 방해가 되는 요소들을 제거하는 구조를 설정하고 이를 유지함으로써, 그들이 가능한 효과적이면서도 능숙하게 임상 업무를 수행할 수 있도록 하는 것이다. 리더는 프로그램이 성공적으로 유지되고 각 팀원들이 효과적으로 치료할 수 있도록 시스템을 조율해야 한다. 문제가 심각해지지 않도록 미리 주의를 기울이고, DBT를 원활히 진행할 수 있는 환경을 조성해야 한다. 리더는 물론 이러한 문제들을 혼자 해결할 필요는 없지만, 어떻게 하는 것이 팀과 프로그램 및 기관에 도움이 될 것인지에 초점을 맞추어 문제들을 파악하고 해결해 나가야 한다. 즉, 팀 리더의 역할은 팀원들에게 통제와 제한이 아닌 자유로움과 유연성을 느낄 수 있도록 노력하는 것이라 할 수 있다.

리더의 역할은 또한 팀의 기능적 환경에 따라 다를 수 있다. 팀이 개인 클리닉의 치료진들로 구성되어 있는 경우에는, 팀 리더의 책임이 상대적으로 적을 것이다. 반대로 프로그램의 행정적 리더 역할도 겸한다면 팀 리더는 더 많은 책임을 맡게 될 것이다. 기관이나 큰 규모의 회사에 소속된 경우, 팀 리더의 업무 일부는 행정부서에서 관장하여 리더나 팀의 직접적인 통제 밖에 있을 수 있다. 치료 환경은 다양하지만 공통적으로 리더의 임무는 다음과 같다.

1. 팀의 화합, 열정, 건강 및 문제들에 대해 다루기
2. 팀원의 웰빙 다루기
3. 팀 운영 및 관리 문제 다루기
4. 프로그램 운영 및 내담자의 불편사항 다루기
5. 대외 홍보 관리
6. 기관 및 시스템의 행정부서와 기타 관계자들과의 협의 및 소통
7. 새로운 팀원 모집
8. 팀원을 팀에서 나가게 하기
9. 유관성 모니터링하고 관리하기

위의 영역들은 서로 관련 있는 경우가 많지만, 보다 명확히 다루기 위해 순차적으로 논의하기로 한다.

치료팀의 화합, 열정, 건강 및 각종 문제 다루기

팀 리더는 팀원들 간에 서로 배려하고 지지하는 분위기를 가꾸어 나가는 데 중요한 역할을 한다. 이렇게 함으로써 문제가 발생했을 때 팀이 회복력을 발휘할 수 있다. 성공적으로 치료가 된 내담자에 대해 함께 이야기하거나 DBT가 많은 이들에게 긍정적인 영향을 주고 있다는 것을 나누며 팀 전체에 동기를 부여할 수 있다. 물론 다른 팀원들과 마찬가지로 팀 리더역시 내담자와 자신의 일에 대한 애정을 표현하거나, 특정한 임상적 상황에서 어려움을 겪고 있을 때 이를 공개적으로 나눌 수도 있다. 팀원에게 칭찬, 지지 및 초콜릿 선물을 주는 것도 좋다. 특정 팀원이 어려운 상황에 처했을 때는 전화로 마음을 나눌 수도 있다. 또한 리더

는 팀에 재미 요소를 더할 수도 있다. 때로는 DBT 치료가 얼마나 고귀하고 효과적이며 치료자들의 노력이 얼마나 소중한지 떠올리게 하는 것도 좋은 방법이다. 치료자 동의사항의 이론적 근거에 초점을 두는 것 역시 유용하다. 팀원들은 무판단적 태도를 취하라고 반복하여 지시를 받는 것보다는, 판단을 내려놓는 것이 어떻게 도움이 되는지 떠올리게 하는 것이 동기부여에 효과적일 것이다. 무엇이 효과적인지는 각 팀원들마다 다양하다. 팀원들이 무엇에서 영감을 받고, 동기 부여가 되며, DBT 치료를 계속하게 하는지에 대해 팀에서 함께 이야기 나누는 것 또한 큰 도움이 된다. 하지만 이렇게 리더가 팀에 영감을 주고 동기를 부여하는 것은 매우 중요하지만, 리더가 이 역할을 홀로 해내기를 기대하기보다는 팀원 전체가 서로에게 영감을 주려고 노력하는 것이 더 나을 것이다. 이 주제는 이 장에서 팀 리더로서 효과적으로 행동하는 '방법'에 대해 논의할 때 다시 다루도록 하겠다.

이와 관련하여 팀 리더가 자신의 정서적 고통을 잘 다룰 수 있다면 팀 전체에 큰 도움이 된다. 리더가 정서적 소진 상태에 놓였거나, 치료팀이나 내담자 혹은 치료에 대해 판단적이거나, 열정적이지 않은 태도를 모델링하는 경우, 팀 전체에 이러한 분위기를 확산시킬 수 있다. 그렇다고 해서 리더는 강한 카리스마가 있어야 한다거나, 팀원들의 행복을 전적으로 책임져야 한다는 것을 뜻하는 바는 아니다. 다만 헌신적이고 열정이 느껴지는 리더가 있는 팀의 구성원들은 이러한 마음 상태를 함께 가꾸어 가는 역량을 가질 수 있을 것이며, 반면에 소진되어 힘겨워 하는 리더가 있는 팀이라면 이러한 감정이 팀내에서 더 쉽게 유발될 것이다.

현재의 문제를 해결하고 미래의 문제를 예측하는 것은 팀 리더의 중요한 역할이다. 팀 리더가 팀의 컨디션이 어떠한지 자주 확인하다 보면 문제가 심각해지기 전에 조기 개입을 할 수 있다(6장에서 논의). 뿐만 아니라 리더는 팀 내의 문제를 발견하게 되었을 때 다룰 만한 가치가 있는지를 결정해야 하는데, 이 때 발생하는 문제 모두를 해결할 필요는 없다는 점을 잊지 않는 것이 중요하다. 팀 리더는 시간이 지나면서 나타나는 패턴들을 조망하는 위치에 있기 때문에 (관찰자 역할은 서로 돌아가며 맡기 때문에 사안에 대해 각기 다른 관점을 가지게 될 수 있음), 문제를 해결하기 위해 어떻게 접근해야 하는지에 대한 마스터 플랜을 만들 수 있다. 까다로운 문제가 잘 풀리지 않을 때, 팀 리더는 이 상황을 관리하고 해결책을 찾을 수 있도록 지속적으로 이끌어야 한다. 필요할 때마다 팀의 의견을 반영하여 이 모든 과정을 수행하게 된다.

예를 들어, 때로 DBT 치료팀은 수용과 변화, 좀더 구체적으로는 동기와 충실성의 통합으로부터 멀어지는 상황에 놓이기도 한다. 치료팀이 충실성에 너무나 집중한 나머지 온정적이고 지지하는 마음이 약해지거나, 이와 반대로 서로 변화할 것을 요구하지 않은 채 수인하기만을 할 수도 있다. 이상적으로는 전체 팀이 이러한 잠재적 문제를 모니터링하는 것이 좋겠지만 결코 쉬운 일은 아니다. 따라서 리더가 조기에 문제 상황을 식별해내고 팀이 문제 해결을 할 수 있도록 돕는 것이 중요하다. 치료팀이 수인하기와 정서적 지지에 의존하는 경향이 있다면, 리더는 변화 전략의 필요성을 강조하는 편이 유익할 것이다. 반대로 변화에 집중하여 팀원의 사기가 저하되는 경우에 리더는 정서적 지지와 수인하기의 필요성을 강조하여 균형을 이루어야 한다. 어떠한 경우에도 리더는 팀의 불균형을 해결하기 위해 토론하고, 구조를 변경하며, 연습하는 등의 다양한 방식으로 개입해야 한다. 관찰자와 다른 구성원들도 이 문제에 대해 주의 깊게 살피며, 다이어렉티컬한 균형을 유지하는 것이 팀 전체의 일이라는 것을 인식하는 것이 중요하다.

대인관계 문제 역시 흔히 나타날 수 있는데, 예를 들어, 한 팀원이 반복적으로 할당된 시간보다 더 많은 시간을 쓰고 회의 리더가 다음 사람에게 차례를 넘기려고 할 때마다 이 팀원이 눈에 띄게 힘들어하는 상황을 가정해보자. 처음에는 팀원들이 유연하고 지지적인 태도를 보일 수 있겠지만 이러한 패턴이 반복적으로 나타나게 되면, 불만족감이 증가하여 불편해하는 모습이나 미묘하게 판단적 태도를 보일 수 있다. 관찰자 역할은 교대로 돌아가며 담당하기 때문에 문제가 심화되는 패턴을 인식하지 못할 수 있지만, 리더와 다른 구성원들은 서서히 변화하는 것을 알아차릴 수 있을 것이다. 처음에는 개입이 필요하지 않을 수 있지만, 명확하게 문제 패턴이 드러나면 그때 문제를 강조하는 것도 좋은 방법이다. 또는 지금 이 방에 '코끼리'가 있는지 팀에게 물어보거나, 팀원들에게 무판단적 마음갖기 스킬을 사용하도록 요청하거나, 그 팀원에게 좀 더 많은 시간을 요청하라고 제안하거나, 혹은 시간 제한이 있다는 사실을 감내할 것을 요청하는 등의 다양한 전략을 시도할 수 있다. 물론 상황에 따라 팀에 가장 효과적인 방법을 선택하고, 리더와 다른 구성원들은 보다 유연하게 반응하려고 노력해야 한다.

리더는 또한 팀이 특정 주제에 대해 의견이 극단적으로 양분화되거나 상황을 진전시키기 어려운 상태에 놓였을 때 이를 개선하는 역할을 하게 된다. 예를 들어, 두 팀원이 내담자의 치료 과정에 대해 의견이 다르고 합의점을 찾을 수 없는 상황이 발생할 수 있다. 이때 팀은 서로 직접 대화하고 관찰자 역할을 활용하는 등 여러 메커니즘을 활용할 수 있지만, 어떤 경우에는 상황을 개선시키기 위해 리더가 직접 개입해야 할 수도 있다. 리더는 팀의 건강상태를 지속적으로 모니터링하고, 팀원들이 문제에 봉착했을 때 리더에게 도움을 요청하기 쉬우므로, 리더는 다른 팀원들보다 문제를 먼저 인식하는 경우가 많다. 그 후에 리더와 해당 팀원은 그 주제를 팀 안과 밖 어디에서 논의해야 할지 결정해야 한다.

가장 중요한 것은 문제가 있을 때 이를 잘 해결해내지만, 함께 즐거움을 느끼지 못한다면 누구도 그 팀에 만족하기 어렵다는 사실이다. 리더는 팀 내에서 공동체 의식을 고취시키고, 즐거움을 느끼게 할 뿐 아니라 때로는 재치와 위트로 좋은 분위기를 조성할 수 있다. 또한 회식, 워크샵, 해피아워 등과 같이 팀이 화합하고 즐길 수 있는 일정을 만드는 것이 좋다. 팀원 모두가 최선을 다해 이러한 문화를 만들어가는 것에 동참하여 노력해야 하며, 리더는 팀원들이 기대하는 DBT 팀이 되도록 단지 문제 해결을 넘어, 예산을 확보하고, 조직을 체계화 하며 헌신할 수 있어야 한다. 팀원들과 함께 어떻게 하는 것이 행복감을 증진시킬 수 있을지 대화를 나누고, 합리적인 범위 내에서 대응해 나가면 각각의 팀원과 팀 전체가 만족감을 느낄 수 있고 생산성을 높이는 데 큰 도움이 될 것이다.

팀원들의 웰빙 다루기

어떠한 치료환경에서는 팀 리더가 팀원 개인의 웰빙과 문제 상황을 다루기도 한다. 리더는 팀 전체에 도전이 될 만한 문제, 예를 들어 지속적으로 팀원들을 판단하거나, 반복적으로 내담자를 비행동적 용어로 기술하는 등의 행동을 하는 팀원을 인지하게 될 수 있다. 또한 판단받았다고 느끼거나, 치료팀이나 특정 팀원을 대해 좋지 않은 감정을 갖고 있는 팀원이 있을 수 있다. 물론 쉽지 않지만, 이러한 상황에서 리더(및 팀의 다른 구성원)는 문제 패턴을 강조하고 평가하며 해결책을 찾는 데 집중하면서 이를 매우 명확하게 다루어야 한다.

팀 내에서 개인적인 문제를 모두 다루는 것은 가능하지 않을 뿐 아니라 지혜롭다고 보기 어렵다. 오히려 팀 리더와 개인적인 문제를 개별적으로 논의하면서 의견을 공유하며, 불만족감이나 정서적 소진에 대해서 다루고, 직무분석표, 내담자의 수, 또는 기타 요소들을 조정하는 데 도움을 받는 편이 나을 것이다. 모든 문제를 리더와 상의해야 하는 것은 아니지만, 불만족감을 느낄 때 리더와 대화할 수 있다는 것을 알고 있는 것은 매우 중요하다. 이는 특히 팀 리더가 팀원의 수퍼바이저이거나 상사인 경우에는 더욱 중요하며, 이 때 리더는 주의를 기울여 관련 정보를 다루어야 한다. 팀원은 팀 리더에게 프로그램을 떠날 생각을 하고 있다거나, 내담자에게 심각한 실수를 했다는 등의 상당히 민감한 기밀 정보를 전할 수도 있다. 만약 팀 리더가 불쾌하게 반응하거나, 리더가 관련 정보를 해당 팀원의 동의 없이 팀에 공개한다면 팀원들은 더 이상 정보를 공유하지 않을 수 있으므로, 팀 리더는 마인드풀한 상태를 유지하며 이러한 상황에 대응할 수 있어야 한다.

팀원 중 한 명이 리더에게 특정 팀원의 행동에 대해 느끼는 어려움을 개인적으로 논의하러 찾아오기도 한(DBT 치료 프로그램 준수 여부에 문제가 있는 경우도 있고, 해당 팀원에 대한 불편한 감정일 수도 있다). 이러한 상황은 내담자에 대한 자문과 환경 개입에 관한 DBT 다이어렉틱스에 매우 적절하게 들어맞는다. DBT 치료에서 치료자는 내담자에게 자문하는 역할을 하는데, 이는 가능한 한 내담자를 대신해 직접 개입하기보다 전문가로서 조언하고, 다양한 제안을 하는 것을 뜻한다. 반면에 치료자가 직접 환경개입을 하는 것이 내담자가 스스로 환경을 변화시키는 방법을 배울 기회를 놓치는 것보다 더 나은 상황도 있다. 이에 관해서는 Linehan 박사의 저서에 상세히 논의되어 있다(Linehan, 1993). 이 핵심 원리는 DBT 팀 리더에게도 도움이 되는데, 대부분 팀원이 다른 구성원에 대한 도움을 필요로 할 때 팀 리더가 자문가 역할을 할 수 있기 때문이다. 즉, 여러 제안과 아이디어를 나누려 노력하되, 그 문제를 직접적으로 해결하는 것은 피하는 것이 좋다. 그러나 권력, 지위, 성격, 이전 해결방안의 실패 또는 기타 요인 등으로 인하여 리더가 직접 환경 개입을 하는 것이 나을 때도 있을 것이다. 이를 결정할 때는 환경개입을 하였을 때의 결과에 대해 모든 팀원들이 마인드풀한 마음을 가지고 신중하게 접근해야 한다.

예를 들어, JS의 치료팀에 들어온 새로운 팀원이 경험이 많은 팀원과의 관계에서 상처를 받은 일이 있었다. 그 팀원은 나와 함께 상대방에게 직접 이 문제를 이야기하는 것에 대해 장단점 비교하기 스킬을 실행했고, 어떻게 말할지 역할극을 통해 연습하여, 팀 외부에서 직접 말할 수 있었다. (팀 밖에서 말하는 것을 선택했지만, 어디서든 논의할 수 있다. 이러한 이야기를 하는 장소에 대한 엄격한 규칙은 없다.) 또 다른 상황을 살펴보자. 어떤 팀원이 화를 내며 특정 팀원으로부터 상처받았다고 반복적으로 호소하는 일이 있었다. 팀 내에서 이 문제를 직접 다루어 보려고 여러차례 노력했지만, 상황은 나아지지 않았다. 이때 팀 리더가 그 팀원과 따로 만나서 어떤 문제가 있는지 물었고, 이렇게 일대일 대화가 진행되고 나서야 효과적으로 해결되었다.

리더는 팀원들에게 방해가 될 수 있는 요소들을 제거하는 역할을 하기도 한다. 팀원에 대한 자문과 환경개입 간의 다이어렉틱스는 여전히 매우 관련성이 높지만, 리더가 방해요소를 제거하는 등 팀원들에게 도움이 될만한 행동을 한다면, 팀원들은 더 많이 동기부여 되고, 활기를 느끼며, 더 열정적으로 임상적 업무를 수행하게 될 것이다. 예를 들어, 어떤 팀원이 치료상황에서 스트레스를 받고 있다면, 리더는 그 팀원이 내담자와 만나고 있을 때 현장에서 자문을 하거나, 대체 치료자로서 그 팀원의 다른 내담자를 만날 수도 있다. 또한 점심 식사를 같이 하거나, 팀에서 다양한 도움을 줄 수 있다. (다시 한 번 강조하지만, 팀 전체가 도움을 줄 수 있다!) 문제를 조기에 식별하고 해결방안이 원활히 실행되도록 지원하며, 팀원들이 치료자로서의 삶을 더욱 원활하게 만들 수 있다면, 팀원의 웰빙을 증진시키는데 큰 도움을 줄 될 것이다.

치료팀 운영 관리

때로는 팀 리더가 치료팀의 운영을 담당하기도 한다. 팀 회의 시작 시간과 진행기간을 설정하고, 각 치료자들에게 내담자를 배정하며, 팀 구조를 설정하는 업무 등을 맡는 것이다. 리더는 특정 치료 안건 형식을 선택하거나 팀의 일정을 설정하며, 팀원들이 맡은 여러 역할이 잘 배당되었고 이행되었는지 확인하는 역할을 한다. 리더는 치료 상황에서 필요한 소품이나 책 등의 물품을 구매하고 재고를 확보하여 원활하게 운영되도록 할 책임 또한 갖는다. 예산이 있는 팀의 경우, 리더는 재정을 점검하고 사용처에 대해(팀 교육 훈련, 회식 등) 팀과 논의하는 업무를 담당할 수 있다. 휴가 일정을 위한 예비 치료자를 마련하기 어려운 팀에서는 리더가 대체 치료자 시스템을 개선하거나, 대체 치료자에게 인센티브를 제공하여 팀원들이 정기적으로 휴가를 보낼 수 있게 한다.

프로그램 운영 관리

이러한 업무들은 기관 및 시설 유형에 따라 크게 다를 수 있다. 리더는 어떤 유형의 내담자를 치료하고, 외부 기관의 이첩에 관한 정책을 설정하거나, 프로그램의 역량에 따라 내담자 인구집단을 추가하는 등의 팀 목표를 추진시키거나, 고용, 해고, 치료비 및 재정 지침에 관한 정책을 설정하고, 법률 문제/자문 관리를 하며, 기관 내부 규칙을 만들 수 있다. 독립적인 치료기관의 경우, 팀 리더는 이러한 모든 업무를 담당하게 될 것이며, 마케팅, 세금, 급여 등과 같은 추가 업무를 담당할 수도 있다. 병원 환경에서는 팀 리더의 역할 범위가 좁을 수 있지만, 프로그램 개발과 변경을 위해 행정부서와 의사소통하는 데 상당한 시간을 할애할 수 있다. 개인 클리닉 운영자 그룹의 경우에는 리더가 이러한 업무를 수행하지 않을 수도 있다. 어떤 환경이더라도 리더는 내담자의 만족도 및 치료결과 또는 프로그램이 실제로 효과적인 서비스를 제공하고 있는지 확인하기 위한 여러 방법을 이용하여 프로그램의 효과를 모니터링하는 방법을 찾을 수 있다. 내담자의 불편사항 처리 또한 리더에게 할당될 수 있는 업무 중하나이며, 효과적이라고 판단되는 경우 내담자가 개인 치료자나 스킬 그룹을 변경하는 데 도움을 줄 수 있다.

행정부서 및 환경/시스템과의 상호작용

팀 리더는 또한 DBT 팀과 행정부서 및 프로그램의 더 큰 시스템 내의 구성원들 사이의 연락담당자 역할을 수행할 수 있다. 이러한 위치에서는 팀 리더가 행정부서로부터 DBT 프로그램의 일부를 변경하도록 요구 받기도 한다. 팀 리더는 팀을 대신해서 결정을 내릴 수는 없으나, 기관 내 정책이나 예산 결정을 내리는 부서로부터 승인을 얻어야 할 수 있다. 예를 들어, 팀 리더는 DBT 스킬 그룹에는 리더와 공동 리더가 필요하고, 팀원 및 내담자는 모두 반드시 자발적으로 참여해야 하며, 모든 내담자가 DBT를 필요로 하는 것은 아니라는 점, 그리고 전화 자문은 치료의 필수 요소이며, 스킬 그룹에는 크기 제한이 있어야 한다는 내용 등에 대해 행정부서를 설득해야 할 수 있다. 제한된 예산이나 정책들은 DBT 치료팀이 매뉴얼을 준수하는 데 방해 요소가 될 수 있다. 따라서 팀 리더는 관리부서와 의사소통할 때 DBT에 대한 지식과 스킬을 적용해야 하는데, 이는 기관 예산 심의위원회, 치료기관 대표(소유자), 이사회 또는 DBT를 훈련 받지 않은 사람들이 프로그램을 설계한 경우라도 DBT 프로그램을 준수하도록 하기 위한 것이다. 팀 리더는 시스템이 팀의 효과적 운영에 필요한 것을 제공하도록 역할을 하며, 팀 문화를 보호하면서도 행정부서의 요구에 대응하고, 필요한 경우 관리부서에 요청해야 한다. 이러한 많은 요소들을(때로는 매우 어려울 수 있는) 관리하기 위해서는 아래와 같은 다양한 스킬이 필요하다.

1. **대인관계 효율성 스킬.** 행정부서에 팀이 필요로 하는 것을 능숙하게 요청하기, 효과적으로 의사소통 강도를 조절하기, 원하는 것을 얻으면서도 관계를 유지하기와 같은 다양한 대인관계 효율성 스킬은 매우 유용하다.

2. **행정부서의 동기 및 강화물에 대한 이해.** 즉, 정책을 만들고 예산을 운영하는 이들에게 어떠한 것이 동기부여가 하는지 이해해야 한다. 팀 리더는 행정부서와 시간을 보내며 관계를 형성하고, 그들이 겪고 있는 외부 압력 및 부담을 이해하며, 그들의 관점에서 DBT 팀을 바라볼 필요가 있다. 리더는 또한 행정부서들에게 부담과 어려움을 가중시키는 대신 강화물을 제공할 수도 있다. 일반적인 관계와 마찬가지로 그들에게 강화물과 동기가 무엇일지 가정하기보다 평가해야 한다. 강화물에는 아래의 내용이 포함될 수 있다.

   a. **우수한 치료 제공.** 많은 정신건강센터의 대표(소유주) 및 행정부서들은 다른 기관에서 효과적 치료를 받지 못한 사람들에게 우수한 치료를 제공하기를 원한다. 행정부서에게 DBT의 우수한 효과성을 보여주는 연구결과를 전달함으로써, 치료에 대한 지원을 강화할 수 있다. 효과성에 대해서는 치료 매뉴얼 및 권위 있는 연구결과

를 참고할 수 있다. 또한, 내담자나 다른 치료자로부터의 피드백, 교육, 출판물, 초청 발표 및 외부 프로그램 개발 등 치료팀의 성과를 알리는 것 역시 매우 유용할 것이다.

b. **우수한 치료 결과의 문서화.** 내담자의 응급실 방문 횟수, 자살 시도, 자해 등 DBT 프로그램의 자체 내담자에 대한 데이터는 정책 및 예산 결정을 내리는 행정부서들에게 상당한 동기부여가 될 수 있다. 초기 면접이나 이전 기록 등 DBT 치료를 받기 전 내담자의 문제행동 비율과 비교함으로써, DBT 프로그램의 영향력을 보여줄 수 있다. 이들 대부분은 비-DBT 내담자보다 높은 수준의 자원을 필요로 한다.

c. **책임 경감.** 행정부서가 비용을 절약하기 위해 DBT 프로그램의 일부를 줄이려고 시도한다면(예: 팀 미팅이나 스킬훈련 그룹 시간, 또는 그룹 리더 중 한 명 줄이기), 행정부서에게 DBT가 근거 기반 치료임을 강조하는 것이 중요하다. 치료에서 일부 요소가 제거되면 과학적 근거에 따라 치료를 제공할 수 없기 때문이다. 예를 들어, 기관 또는 특정 팀원에 대한 소송이 발생할 경우 매뉴얼에 설명된 대로 그리고 근거에 따라 치료를 제공하는 경우 부분적으로 보호를 받을 수 있다. 팀 리더가 DBT 매뉴얼과 DBT 연구 결과를 아주 잘 이해하고 있어야 이러한 주장을 행정부서에게 전달할 수 있을 것이다.

d. **비용 절감.** 보통 행정부서는 비용 절감 문제에 매우 민감하다. 어떤 치료환경의 행정부서들은 특정 내담자들에게 매뉴얼화되지 않은 대체 치료보다 DBT를 제공하는 것이 실제로 비용을 절감할 수 있다는 것을 알게 되면 매우 흥미를 가질 것이다. 이들도 일정한 예산 내에서 프로그램을 운영하도록 압박을 받고 있기 때문이다. DBT의 비용 대비 효과성에 관한 자료(예: Krawitz & Miga, 2019; Haga, Aas, Groholt, Tormoen, & Mehlum, 2018; Pasieczny & Connor, 2011; Linehan & Heard, 1999)를 그들에게 제시하면 DBT 팀에 자원을 할당할 가능성을 높일 수 있다.

e. **수익 창출.** 행정부서들은 비용을 절약하려고 노력하는 것 뿐만 아니라 더 많은 수익을 창출하는 것에도 관심이 많다. 그러므로 DBT 팀이 조직 전체의 재정 건전성에 기여하고 있다는 점을 증명하는 것이 필요하다. 예를 들어, 치료자들의 케이스로드를 충분히 유지하고, 프로그램을 기관 예산이 지원할 수 있는 규모로 유지하

며, 기관 내 다른 치료자에게 이첩하고, 프로그램이 기관의 경제적인 측면을 돕도록 치료비용을 설정하는 것 등이 행정부서가 DBT 프로그램을 지원하고 보호하도록 만드는 중요한 사항이다.

f. **직원의 이직률 감소.** 직원의 이직은 모든 비즈니스에서 비용에 해당되므로, 직원들이 소진되거나 외부의 이직 제안에 관심을 가지게 될 때 재정적으로 부정적 영향을 미칠 것이다. 기관 구성원들의 정서적 행복감을 유지하고 생산성을 높일 수 있는 방법에 행정부서들은 많은 관심을 가지고 있다. 팀 리더가 DBT 및 특히 DBT 치료팀이 외부 이직 제안에 영향을 최소화하고 팀원의 정서적 안정성과 성과를 높이며, 이로 인해 치료자를 교체할 필요가 줄어드는 결과에 대해 자신감 있게 설득할 수 있다면, 행정부서들은 팀에 유익한 정책을 지원하는 것에 대해 동기부여가 될 것이다. 합리적인 급여, 충분한 휴가, 팀 미팅, 유급 교육, 회기 외에서 내담자 자문 등 대한 급여 책정 등에 대하여 마인드풀하게 요청할 수 있어야 한다.

g. **지역사회에서 기관의 명성 향상시키기.** DBT 팀이 최신 과학을 따르며 앞선 치료를 제공하고 이로써 지역사회 내에서 기관 전체의 명성이 향상되고 있다는 것을 증명할 수 있다면, 행정부서가 DBT 프로그램을 지원하는 것은 더욱 쉬워질 것이다. DBT 팀 리더는 지역에서 프레젠테이션, 자문 및 다른 치료자들과의 만남 등을 통해 이들을 교육하며 명성을 증진시키는데 중요한 역할을 할 수 있다. 자신의 기관이 최고의 치료를 제공하는 곳으로 알려지게 되면, 기관 전체 역시 혜택을 받게 될 것이며, 이로 인해 더 많은 지원을 얻을 수 있을 것이다.

3. **무판단적인 마음으로 다이어렉티컬한 자세를 유지하고, 무엇이 빠져 있는지 찾기.** 행정부서의 결정이 비논리적으로 보인다면, 팀 리더가 정보를 놓치고 있을 가능성이 높다. 행정부서들은 DBT 팀의 치료자들과 다른 목표와 가치를 가질 수 있지만, 상위 행정부서들이 내린 결정에는 비록 팀 리더가 동의하지 않더라도 그 결정에 대한 나름의 이유가 있을 수 있다. 팀 리더가 판단적이며 양극화되면 귀중한 정보를 놓치기 쉽고, 팀 전체에 불만을 퍼뜨릴 수 있다. 어떤 정보가 누락되고 있는지 무판단적으로 질문하고, "올바름"에 집착하기보다 그러한 결정이 어떠한 의미가 있는지 묻는 것은 팀 리더가 정책과 예산 결정에 대한 이해를 높이는 데 도움이 된다. 이렇게 하면 주어진 변수들 내에서 팀 문제를 해결할 수 있는 새로운 대안이 열리며, 중요한 변화의 길을 열 수 있다.

홍보 관리

어떤 프로그램이든 내담자 유입은 필수적이다. 어떤 팀에서는 리더가 지역전문가들과 소통하면서 프로그램을 널리 알리고 홍보하며 내담자를 유치하는 역할을 한다. 프로그램의 규모에 따라 부담이 크고 스트레스가 많은 역할일 수 있는데, 대도시의 유명 의료기관에서는 상대적으로 덜 필요하겠지만, 독립된 개별 프로그램의 경우 리더는 내담자 유입 상황을 모니터링하고 다른 전문가들과 연결하며 팀원들에게도 네트워킹을 요청 할 수 있다. 이러한 업무에 대해 리더가 간접적 역할을 하거나 팀원들의 도움을 받을 수 있지만, 특정 치료환경에서는 이 업무를 모니터링하고 조직화하는 리더가 필요할 것이다. 개인 클리닉 환경에서 팀은 케이스로드를 충분히 유지하기 위해 어떤 유형의 네트워킹이 유용할지 논의할 수 있다. 잘 정립된 프로그램/치료자의 경우에는 이러한 업무가 필요하지 않을 수도 있다.

새로운 팀원 모집

치료 환경에 따라 팀 리더가 새로운 팀원을 모집하는 책임을 갖는 경우도 있다. 여기에는 구인광고 게재, 면접 준비 및 최종 선발 및 8장에서 논의할 서약 회기 진행 등이 포함된다. 팀리더는 새로운 팀원을 선발할 때 다양한 의견들을 고려해야 한다. 기관에서 선발 과정에 관여할 수 있으며, 팀원들도 이상적으로는 선발 과정에 긴밀하게 참여할 수 있다.

팀원 탈퇴시키기

흔하지 않은 경우지만, 팀원 중에 팀의 동의사항을 따르는 것을 꺼려하거나 따를 수 없는 경우가 있다. 팀 리더는 DBT 치료 진행을 할 때처럼 구성원 모두가 함께 그 상황을 변화시키기위한 여러 전략을 시도하고, 이러한 전략들을 모두 시도한 이후에도 개선이 되지 않는 경우에는 그 팀원에게 팀을 떠나도록 요청할 수 있다. 이렇게 문제를 평가하고 해결하려고 시도하면 더 심각한 조치를 취하지 않을 수 있는 여지가 생긴다. 팀원이 동의사항을 따르지 않을때 적용할 수 있는 전략은 다음과 같다.

1. 팀에서 문제를 제기하거나 팀 리더가 직접 일대일로 문제를 제기할 수 있다.
2. 문제가 되는 행동을 매우 구체적으로 정의하여 식별하고 이와 관련된 팀 동의사항을 파악한다.
3. 평가한다. 통제 변수를 식별한다.

4. 해결책을 파악한다.

5. 서약을 하도록 요청한다.

6. 문제를 해결한다.

7. 이러한 전략이 성공적이지 않은 경우, 팀은 문제 해결을 위한 개입을 용이하게 하기 위해 일정 기간 동안 외부 자문가가 팀에 합류하도록 요청할 수 있다.

팀 리더는 이러한 전략들이 효과가 없을 때 해당 팀원에게 팀을 떠나도록 하는 시기를 결정하여야 한다. 경우에 따라 치료팀 전체의 건강 상태가 이러한 결정을 내리는 리더에게 달려 있을 수 있다(예: 해당 팀원이 팀 전체와 치료 또는 내담자들에게 해롭다는 인식을 충분히 하게 되었을 때). 친절하며, 측은한 마음을 갖고, 지지적인 방식으로 이 과정을 진행하는 것은 관련된 모든 사람이 받게 될 감정적 충격을 완화하는데 도움이 될 것이다.

팀 리더는 문제를 무시하거나 갈등을 피하고 싶은 유혹을 받을 수 있지만, 이로 인하여 팀의 사기가 크게 떨어지는 경우도 생긴다. 이러한 문제의 대부분은 팀 리더가 팀에 합류할 사람에 대해 신중한 선택을 하고, 효과적인 서약 전략을 구현하며, 건전한 팀 문화를 구축함으로써 예방할 수 있지만, 이러한 전략들조차도 심각한 문제를 일으키는 팀원으로부터 팀을 완전하게 보호하지는 못한다. 또 다른 측면으로 어떤 문제들은 안전하게 무시해도 되는 경우가 있다. 리더는 특정 문제 행동이 팀의 기능성을 방해하는지, 다른 방법으로 해결할 수는 없는지 등을 판단하여 결정하여야 한다.

예를 들어, 우리는 정서적으로 소진되어 화를 내거나 괴로워하는 팀원으로 인해 고민하는 치료팀에게 자문을 제공한 적이 있다. 해당 팀원은 매우 판단적이었고 팀으로부터 분리되어 있었으며 팀원들의 피드백을 무시했다. 또한 주의 집중을 잘 하지 않았고 판단적인 말과 표정(예: 눈동자 굴리기)을 보였으며 팀원들에게 자문을 요청하지도 수용하지도 않았다. 관찰자와 다른 팀원들은 그의 판단적 태도와 여러 행동들이 팀의 기능성을 방해하고 있다고 보았다. 팀은 문제를 평가하려고 시도했지만 그 팀원은 팀에서 문제를 논의하기를 꺼려했다. 팀 리더는 이 모든 행동이 팀의 기능성을 심하게 방해하고 있고 추가적 개입이 필요하다고 판단하여 그를 개별적으로 만났다. 팀 리더는 팀에 참여하는 데 방해가 되는 장애물을 정확히 찾아내려고 시도했지만, 그는 다시 문제를 논의하거나 해결하려고 하지 않았다. 많은 숙고 끝에 리더는 특정 행동을 바꾸기 위해 기꺼이하는 모습을 보여줘야 한다고 말했고, 그렇게 하기 어렵다면 팀을 떠날 것을 요청할 수밖에 없다고 말했다. 결국 그 치료자는 진지하게 고민한 이후 팀을 떠나기로 결정했다. 팀 리더의 스킬 덕에 그 팀원은 우호적인 상태로 떠날 수 있었고, 새로운 개인 치료자에게 자신이 담당하고 있던 내담자들이 충분한 시간을 갖고 인계될 수 있도록 배려하였다.

이 과정에서 DBT의 치료적 방학과 유사한 일시적인 휴식을 고려할 수도 있다. DBT 치료에서 내담자가 임상적 목표를 향해 노력하는 것을 꺼려하는 경우, 개인 치료자는 팀과 함께 치료를 완전히 중단하기 전 최후의 수단으로 내담자가 기꺼이 참여할 때까지 치료를 일시적으로(영구적이 아닌) 중단할 수 있다. 이와 마찬가지로 팀 리더는 문제가 해결될 때까지 팀에서 일시적으로 나가 있도록 하는 방안을 선택할 수 있다.

팀원을 잃는 것은 팀과 내담자에게 고통스러운 일이기에 이러한 결정은 매우 신중하게 이루어져야 한다. 그러나 DBT 팀의 구성 체계와 목표가 모든 사람을 위한 것은 아니며 팀 동의사항을 준수하며 일하기 어려운 사람들에게 팀과 함께 할 수 있는 선택권을 줄 수는 없다. 팀 전체가 이러한 문제를 자각할 책임이 있지만 팀 리더가 최종적으로 어려운 결정을 내릴 수밖에 없다. 기관 특성에 따라서, 내담자가 팀을 떠나게 되는 치료자에게 치료는 받지만 더이상 치료팀의 도움을 받지 못하는 경우가 있으며 (예: 개인 클리닉과 같은 독립적인 치료적 환경의 경우), 내담자가 팀의 다른 DBT 개인 치료자에게 이첩되는 경우가 있다 (모든 DBT 내담자가 이 치료팀에서 관리하는 그룹이나 기관의 경우에, 팀원은 팀을 떠날 때 내담자를 남겨 두고 가야 한다).

DBT 팀에 합류하는 것은 자발적이어야 하며 DBT 가정과 동의사항 및 DBT 자체를 수용하는 기꺼이함이 있어야 한다. 때때로 치료기관은 직원이 자발적으로 들어오지 않을 때 합류하도록 요구할 수 있다. 이때 리더는 매우 적극적이어야 한다. 가장 중요한 첫 번째 단계는 그 직원과 만나 팀 동의사항을 따르기 위한 기꺼이함의 수위를 결정하는 것이다. 또한 행정 부서들에 비자발적 구성원이 팀에 함께하는 것에 대한 단점을 알리는 것도 필수적이다(예: 내담자 케어의 질적 수준, 팀 만족도 및 직원 유지율에 상당한 영향을 미칠 수 있음). 팀원의 자발적 참여에 대한 논의는 8장을 참조하도록 한다.

완전히 자발적인 팀이라고 하더라도 사람에 따라 동의사항에 대한 서약이 점차 약화될 수 있다. 따라서 이러한 경우 리더는 적극적으로 개입하여 내담자와 팀을 보호해야 한다. 누군가에게 떠나라고 요청하는 것은 최후의 수단이어야 하지만 특정 상황에서는 필요한 조치일 수 있다. 팀에서 탈퇴하는 것은 처벌이 아니라 팀의 사명에 대한 관심과 헌신이 약화되면서 나타난 결과인 것이다.

유관성 모니터링 및 관리

팀 리더는 다른 팀원들에 비해 상대적으로 권력을 가지는 경우가 많고 주목받는 위치에 있기 때문에 이에 대한 팀원들의 인지 여부와 관계없이 팀 전체에 유관성을 제공한다. 따라서 이러한 유관성에 대해 마인드풀한 자세로 임하고, 이를 스킬을 활용하여 관리하는 것이 중요하다. 리더의 행동은 팀원들에게 강력한 강화물로 작용하기도 하고(예: 리더의 칭찬이 다른 팀원의 칭찬보다 더 강할 수 있음), 리더가 반대하는 경우 더욱 강력한 처벌로 작용할 수 있다. 리더가 이러한 유관성을 인식하지 못하는 경우, 의도치 않게 팀원들의 효과적이지 않은 행동을 조형shaping할 수 있다.

내(JS)가 개방성과 유약성을 공유하는 DBT 팀 문화를 만들어가는 데 어려움을 겪고 있는 팀에 자문했던 예시를 살펴보도록 하겠다. 이 새로운 문화를 구성하는 과정에서 한 팀원은 내담자에게 실수를 했다는 것을 솔직히 말하면서, 앞으로 이러한 문제를 예방하기 위해 도움을 받고 싶다고 말했다. 팀 리더는 곧바로 팀원이 내담자에게 문제가 되는 말을 했다는 사실에 놀라서(이 반응도 어느 정도 이해가 된다), 그 팀원에게 왜 그런 일이 일어나면 안 되는지 설명하고 다시는 그러면 안 된다고 말했다. 이렇게 함으로써 팀 리더 자신은 다소 안심하게 되었지만, 실제로는 팀원들로 하여금 자신의 실수를 인정하는 것이 팀 안에서 안전하지 않다고 느끼게 하는 처벌적 결과가 초래되었다. 이 과정에 대해 함께 논의하면서 팀 리더는 자신이 감정적 마음상태에 치우쳤다고 하며, 자신이 만들어낸 혐오적 결과와 팀원들에게 전달한 메세지에 대해 마인드풀하지 못하였다고 말했다. 우리는 팀 리더가 차분한 태도로 자신의 실수를 인정한 행동을 강화하고, 치료자가 팀에 기꺼이 열린 마음을 보여준 것에 대해 감사를 표하며, 효과적으로 제안하는 방법에 대해 논의했다. 이를 통해 누구라도 실수를 했을 때 팀에 솔직히 공유하고 도움을 요청할 가능성을 증가시키게 된다.

팀에서 특정 행동을 강화하는 것은 꽤나 어려운 일이다. 예를 들어, 팀원이 "치료 모델에서 벗어난 것 같아요"라고 말하면 팀 리더와 모든 구성원은 "그렇게 말해줘서 고마워요. 좀 더 자세히 말씀해 주시겠어요?" 또는 "알려줘서 고마워요!"라고 말하며 강화해주어야 할 것이다. 팀 리더가 팀원들이 서로 정서적 지지를 제공하는 것뿐만 아니라 좀 더 어려운 것에 도전하기를 원한다면, 누군가가 우려 사항을 강조할 때마다 강화하고 다른 팀원에게도 그렇게 하도록 격려하는 것이 좋다. 팀원이 다른 관점에서의 타당한 점을 들어 다이어렉틱스를 강조할 때, 팀 리더는 곧바로 동의하지 않는다는 것을 표현하는 대신 다이어렉티컬한 태도를 취한 것에 대해 알아차리고 고마움을 표현할 수 있다. 팀 리더는 특히 팀 동의사항에 부합하는 팀원들의 행동을 식별해내고 이를 팀 전체에 효과적인 행동이라고 강조할 때 마인드풀니스 스킬을 사용해야 한다. 또한 팀 리더는 팀 전체에게 이를 위해 마인드풀한 상태를 유지하도록 제안해야 할 수도 있다.

팀 리더가 팀원들의 "외관상 능숙함^{Apparent Competence}"(Linehan, 1993)에서 나온 행동 또는 명백하게 스킬을 적용한 행동을 강화하는 데 있어 미묘한 과정이 있을 수 있다. 외관상 능숙함은 말과 겉으로 보이는 모습이 그 사람의 경험과 일치하지 않을 때를 일컫는 DBT에서 사용하는 용어이다. 다시 말해, 어떤 사람이 실제로는 곤란을 겪고 있지만 겉으로는 "괜찮아" 보이거나 능숙해 보이는 것을 말한다. 이러한 현상으로 인해 팀 리더 앞에서 자신의 어려움을 알아차리지 못하는 팀원이 있을 수 있다. 리더(다른 팀원과 마찬가지로)는 자신이 무엇을 해야 하는지 잘 알고 있는 것처럼 보이는 팀원을 보며 안심할 수 있으며, 의도적이든 아니든 팀원들은 자신이 느끼는 것보다 더 능숙하거나 실제보다 더 유능한 것처럼 보일 수 있다는 사실을 깨닫지 못할 수 있다. 다른 구성원들은 유능해 보이는 개인이 팀 리더와 팀으로부터 많은 강화를 받는 것을 보며 자신도 유능한 사람처럼 보여야 한다고 느낄 수 있는데, 이는 팀에서 팀원들의 실수, 감정 및 기타 유약성이 충분히 표현되지 않는다는 것을 의미하다. 이것은 다시 팀 전체의 기능성에 문제를 일으킬 수 있다. 그러므로 이러한 상황에서 팀 문제에 대한 팀 리더의 반응은 반드시 모니터링되어야 한다. 유약성을 보이는 팀원에게 정서적 고통을 표현하거나, 이를 고치려고 하거나, 또는 비수인적 태도로 대응하는 경우, 반대로 유약성을 보이지 않는 팀원에게 더 많은 관심과 칭찬을 하는 경우 모두 의도치 않게 특정한 반응을 행동조형 할 수 있다. 팀 리더 뿐 아니라 팀원들 모두 이러한 패턴을 관찰하면서 각자의 능력 뿐만 아니라 유약성 또한 강화하는 것을 목표로 해야 한다.

팀원의 행동에 유관성 원리를 적용할 때는 팀 리더를 전문가, 교사 또는 일회성 기타 역할로 전환시킬 수 있다는 점에 주의해야 한다(68-69쪽의 다이어렉티컬 딜레마 참조). 팀 리더는 자신이 팀원들의 행동에 적용하는 유관성(예: 팀 내 직접적인 소통 강화, 지각에 대해 논의)을 팀원들도 다른 구성원에게 동일하게 적용할 수 있기를 기대한다. 하지만 다른 팀원들이 지각한 팀원에게 이의를 제기하거나 팀 동의사항을 강조하는 것을 대체로 기피하기 때문에, 이는 결코 쉬운 일이 아니다. 그러나 팀이 이러한 역할을 팀 리더에만 의존하여 팀 리더 혼자 이 역할을 수행하는 경우, 팀은 더 이상 DBT 팀 구조 내에서 기능하기 어려워진다. 팀 리더와 팀원들은 필요할 때 DBT에서 표류하고 있다는 사실을 강조할 수 있어야 하며, 팀 전체가 팀 구조 및 동의사항을 준수하기 위해 함께 노력해야 한다.

리더가 할 일이 아닌 것은?

팀 리더는 DBT 팀 내에서 많은 책임을 맡고 있지만, 모든 것을 다 해결할 수는 없다. 문제가 생겼을 때 이를 강조하고 해결하는 역할은 치료팀을 활성화하고 다양한 전략을 사용하는 것과 마찬가지로 팀 리더 뿐만 아니라 전체 팀이 함께 부담해야 한다. 팀 리더의 임무는 팀이 스스로 문제해결을 하지 못할 때, 팀 전체에 문제가 있음을 알리고 어떤 유형의 개입이 필요한지 계획하는 것이다. 모든 팀원은 팀이 효과적으로 기능하는 데 도움이 되는 방식으로 문제해결을 하기 위해 노력해야 하다. 팀 리더는 팀이 변화하도록 촉진하기 위해 경계를 늦추지 않아야 하지만, 모든 것을 혼자서 해결하려고 해서는 안 된다.

다시 말해, 다른 구성원을 통제하는 것은 팀 리더의 역할이 아니다. 실제로 내담자나 리더 자신에 대한 불안함으로 인해 팀원이 임상적 상황을 처리하는 방식을 통제하고 팀을 지배하고자 하는 충동을 느끼는 리더들도 많다. 하지만 이것은 팀 문화에 영향을 미치게 되고 여러가지 문제를 일으킬 수 있다. 리더는 치료자가 효과적인 치료에서 벗어났다고 생각할 때 이에 대하여 언급할 의무가 있지만, 통제를 하면 팀 내 역학이 크게 바뀔 수 있다. 리더가 상사나 수퍼바이저인 경우, 그리고 팀원의 행동에 대해 책임이 있거나, 더욱이 법적 책임을 갖는 경우에는 방향을 잡는 것이 훨씬 더 어렵다. 따라서 이러한 역할은 팀 외부에 두는 것이 가장 좋다. 팀 리더가 자신의 면허자격으로 누군가를 수퍼비전 하는 경우, 팀 리더와 수퍼바이저는 팀 외부에서 정기적으로 만나 수퍼비전을 하는 것이 바람직하다. 팀에서 팀 리더는 여러가지 제안을 할 수 있고, 누군가에게 무언가를 하거나 하지 않도록 요구할 수도 있지만, 팀원을 통제할 수는 없다. DBT 팀은 자문을 주고 받으며 치료자를 위한 치료를 하는 장이기 때문이다. 팀의 주요 목표는 팀원들이 피드백을 주고받으며 내담자과 함께 현명한 결정을 내릴 수 있도록 돕는 것이다. 팀원들을 통제하면 치료자가 스스로 생각하는 것과 팀의 기능성을 모두 방해하게 될 뿐이다.

또한 법적 책임에 기반하여 결정을 내리는 것 또한 팀 리더의 일이 아니다. 우리가 경험한 바에 따르면, 팀 리더가 DBT 팀의 리더 역할이 갖는 책임에 대해 두려움을 느끼면 스킬을 사용하기 어렵고 감정적인 마음에 따르는 결정을 내리기 쉽다. DBT 치료를 하고 DBT 치료팀을 운영하는 것은 팀원들이 최첨단의 과학적 치료를 제공하고, 내담자들에게 최상의 근거 기반 치료를 제공한다는 측면에서 스스로를 보호할 수 있다. 그러나 두려움은 여전히 존재하기 마련이다. 두려움의 감정이 어떠한 결정을 내릴 때 과도하게 영향을 미치도록 두어서는 안 된다. 팀 리더나 팀원들은 특정 팀원이 내담자 관리나 위험 상황 등에서 중요한 것을 놓치고 있을 때, 이에 대해 이야기하고 특정한 치료적 개입의 중요성을 강조하기 위해 팀원과 일대일로 만날 수도 있으며, 이때 팀 리더는 감정적 마음이 아닌 지혜로운 마음을 갖도록 노력해야 한다. 팀 리더는 책임이나 기타 우려 사항과 관련된 감정을 조절하기 위해 가능한 모든 DBT 스킬을 사용하고, 지혜로운 마음을 유지하며, 이러한 상황에는 필연적으로 약간의 위험이 따를 수밖에 없다는 것을 철저히 수용한 다음, 명확하게 DBT 치료를 제공하고 효과적인 DBT 팀을 운영하는 데 다시 초점을 맞춰야 한다.

그리고 마지막으로, 이러한 모든 권장 사항은 팀 리더가 완벽할 것이라고 기대하지 않아야 한다는 개념과 균형을 이루어야 한다. 우리 모두가 임상 상황에서 다양한 실수를 할 수 있다고 가정하는 것처럼 팀 리더도 DBT 팀을 이끄는 과정에서 역시 실수할 수 있다고 생각해야 한다. 강도가 높고, 어려운 일을 하는 이들로 구성된 팀을 이끄는 것은 매우 어려운 일이며, 모든 사람을 항상 만족시키는 것은 불가능하다. 팀 리더과 팀원은 실수를 용인하고, 대인관계 긴장을 경험하며, 문제 해결을 위해 노력하고, 불완전함을 허용하는 것을 연습해야 한다. 또한 이 장의 모든 권장 사항을 수용하지는 않더라도, 우선 순위를 정하고 가장 중요한 우선 순위의 문제를 해결하기 위해 최선을 다하며, 모든 문제의 해결책을 찾는 것은 어렵다는 것과 적어도 즉각적인 해결책을 찾지 못할 수 있다는 것을 철저히 수용하는 것이 중요하다는 점을 기억해야 한다. DBT 팀은 팀 리더가 가능한 가장 효과적인 팀을 운영하기 위한 방향을 설정하고 피드백, 제안 및 불만사항에 대해 열려 있는 태도를 유지하면서, 설정한 방향을 향해 일관성을 유지하고 행동 조형을 해간다면 좋은 성과를 얻을 수 있을 것이다.

팀 리더의 다이어렉티컬 딜레마

팀 리더는 해결 방법이 보이지 않는 정반대의 양극단을 직면하게 되는 것과 같이 다양한 다이어렉티컬 긴장을 경험하게 된다. 팀 리더는 양쪽의 무게를 측정하여 한쪽 극단을 선택하고 반대편은 그냥 놔두어야 한다는 압박감을 느낄 수 있다. 그러나 다이어렉티컬 구조 내에서 팀 리더는 양극단 사이에서 타당한 점을 찾아야 하며, 그렇게 함으로써 문제를 종합적으로 또는 새롭게 바라볼 수 있는 관점을 가질 수 있다. 통합은 앞으로 나아가기 위한 새로운 아이디어, 해결방안 및 목표로 이어질 수 있다. 통합은 타협과는 다른 개념으로 각각의 강렬함을 희석시키는 것 역시 아니며, 오히려 양극단을 전부 포함하여 공존의 길을 연 다음 앞으로 나아가는 것을 뜻한다. 또한 앞으로 나아간다는 것은 언제나 해결을 뜻하는 것이 아니다.

때때로 팀 리더와 팀은 그저 양극단을 유지한 채로 둘 사이의 긴장을 특별히 해결하지 않은 채 공존하도록 허용하기도 한다.

DBT에서 가장 자주 언급되는 다이어렉틱스는 수용과 변화이다. 앞서 논의한 바와 같이 DBT 치료자는 수용과 변화 사이에서 둘 중 하나를 선택해야 하는 것도 아니며, 어떤 때에는 수용하고 어떤 때에는 변화를 요구해야하는 것도 아니다. 대신, DBT 치료자는 내담자를 있는 그대로, 완전하고 무조건적으로 깊이 이해하고 받아들인다. 그리고 매 순간 변화의 필요성을 충분히 인식하고 있을 뿐이다.

DBT에서는 양극단 모두 분명히 진실이다. 이러한 긴장이 표현되는 방식은 치료의 여러 지점에서 각기 다르게 보일 수 있지만(예: 치료자는 전체 회기 동안 변화를 위해 노력할 수 있고, 수인과 문제해결 사이를 빠르게 오갈 수 있으며, 오랜 기간 동안 수인할 수도 있음), 치료자는 양극단 중에서 어떤 하나를 선택하는 대신 매 순간 두 가지를 모두 구현해야 한다.

팀 리더 또한 리더 입장에서의 긴장을 느끼게 될 것이며, DBT 치료에서와 마찬가지로 한쪽 극단을 선택하는 것 대신 양극단을 모두 포함하여 구현하는 것이 가장 효과적일 것이다. 그림 3.1에서 팀 리더의 다이어렉티컬 딜레마는 정반대의 극단으로 정의하여 각 차원으로 잘 설명하고 있다. DBT 팀 리더에게 가장 중요한 딜레마는 팀 내 수용 VS 변화의 딜레마이기도 하다. 다이어렉틱스 내에서 공통적인 긴장은 다음과 같다. (1) 유약성 모델링 VS 전문성 모델링, (2) 팀원이 되기 VS 팀 리더가 되기, (3) 기타 요구 사항(예: 특정 팀원 또는 내담자, 기관)에 주의를 기울이기 VS 팀의 요구 사항에 주의를 기울이기. 모든 팀 리더가 여기에서 제시한 다이어렉티컬 딜레마를 경험하는 것은 아니다. 팀 리더의 역할 및 치료환경의 범위에 따라 이러한 긴장 중 일부만을 경험할 수도 있고, 이외의 추가적인 긴장이 발생하기도 한다.

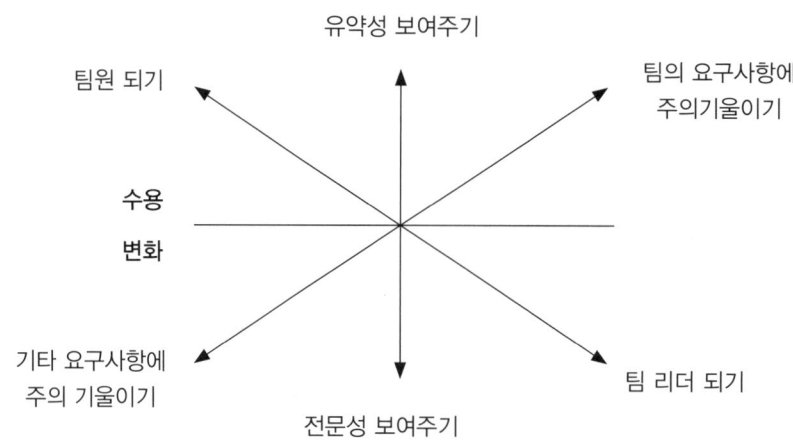

그림 3.1. DBT 팀 리더의 다이어렉티컬 딜레마

팀원을 수용하기 vs 변화 요구하기

DBT 팀의 핵심은 변화 지향적이라는 점이다. 팀의 목적과 기능은 가능한 가장 효과적인 DBT 치료를 위해 노력하고 다이어렉티컬한 관점을 유지하는 것이다. 이를 위해서는 팀원들이 끊임없이 서로에게 도전하고, 서로의 결정에 의문을 제기하고, 서로에게 동의사항을 상기시키며, 발전할 수 있는 기회를 발견할 때마다 이를 강조해야 하다. 따라서 팀은 자연스럽게 변화 중심의 본성을 가진다. 이러한 변화에 대한 책임은 대부분 관찰자와 팀원 모두에게 있지만, 팀 리더는 목표 달성을 위해 필요한 경우 팀 문화와 구조를 조정하는 중요한 역할을 수행해야 한다.

그러나 팀과 팀 리더가 변화에 다이어렉티컬하지 않은 방향으로 초점을 맞춘다면, 팀은 다이어렉티컬한 상태에서 벗어날 것이다. 수용과 변화의 통합을 이루어 내지 못하면 팀원들은 수인이나 지지를 받지 못한다고 느끼거나, 변화에 중점을 두지 못하거나, 혹은 발전하지 못할 것이라는 생각에 무망감을 느낄 수 있다. 팀원들은 반복해서 자신의 특정 행동을 변화하기를 요청받는 것을 원하지 않을 수 있고, 토론에서 팀 리더가 늘 최종 결정을 내리는 것에 불만을 느낄 수도 있다. 팀원들이 자신의 경험을 공유하지 않을 수도 있는데, 이는 팀 동의사항에 위배된다. 팀원들은 또한 현재 직면하고 있는 어려움, 변화의 속도가 느린 점, 그리고 내담자와 자신이 처한 여러가지 문제상황을 하룻밤 사이에 해결할 수 없다는 사실을 받아들여야 한다. 팀 리더는 팀원들의 노력에 대한 칭찬 뿐만 아니라 그들이 처한 어려움이 타당하며 일반적 범주에 속한다는 점에 대해 수인해야 한다. 팀원들 역시 기꺼이 하는 마음으로 자신의 유약성을 보여주고, 실수에 대해 논의하며, 감정을 표현하고, 팀 회의에 최선을 다하여 참석하며 이를 기대할 수 있는 환경을 제공하기 위해 수용에 초점을 맞추는 것은 필수적이다.

반면에, 다이어렉티컬하지 않은 방식으로 수용만을 한다면 DBT 팀에 문제를 야기할 수도 있다. 문제를 강조하고 변화를 제안하는 메커니즘이 없는 경우에 팀원들은 치료 매뉴얼로부터 멀리 떨어져 표류하게 될 것이다. 비효율적인 치료 방식이 강화될 수 있는 것이다. 동의사항과 매뉴얼은 변화 없이 수용만을 제공하는 팀의 경우 결국 영향력을 잃게 될 것이다.

수용과 변화의 통합은 전적으로 팀 리더만이 아닌 팀 전체의 책임이지만, 팀 리더는 팀 문화에 지대한 영향을 미치기 쉽다. 팀 리더와 다른 구성원이 모든 팀 회의에서 수용과 변화를 통합할 수 있을 때 이는 팀 문화의 핵심적 요소가 된다. DBT 치료자가 내담자에게 하는 것처럼 팀 리더는 팀원이 겪는 어려움을 깊이 이해하고 수용하는 동시에 팀원을 변화시키고, 해결하고, 앞으로 나아가는 것의 중요성을 강조하는 모델이 되어야 한다. 하지만 이 역시 상황마다 다를 수 있다. 예를 들어, 수인 받는 것만을 필요로 하는 팀원이 있을 수도 있고, 수인이 아닌 해결책만을 원하는 경우도 있을 수 있다. 이렇게 다이어렉틱스를 강조하는 것은 팀 전체가 효과적이고 유연하게 균형을 맞추는 데 매우 중요하다.

유약성 보여주기 vs 전문성 보여주기

한쪽 극단에서, 팀 리더는 필요할 때마다 전문성과 매뉴얼을 충실하게 따르는 모습을 보여주는 것이 좋다. 팀 리더는 팀원들이 인지하지 못하더라도 팀에서 모델 역할을 하게 된다. 치료팀은 DBT 기본 원리를 구현하면서도, 까다로운 질문에 대한 아이디어와 답을 가지고 있는 강력한 팀 리더를 보며 위안을 얻고 안심할 수 있을 것이다. 정시 도착과 같은 동의사항을 따르는 것은 다른 팀원들에게 팀의 가치를 전달하고 문화적 규범을 확립하는 데 도움이 될 것이다. 팀 리더는 가능한 모든 동의사항을 모니터링하고 관리함으로써, 팀 문화 내에서 이를 유지할 수 있도록 노력해야 한다. 또한 팀원들은 리더가 얼마나 DBT 매뉴얼을 충실히 따르는지, 얼마나 유연한 태도를 보이는지, 팀 동의사항을 얼마나 진지하게 받아들이는지, 그리고 DBT 및 팀 매뉴얼을 엄격하게 지키는지 혹은 마인드풀하게 따라야 할 기본 원리로 간주하는지 파악하기 위해 팀 리더의 결정에 주목할 것이다. 다른 사람들에게 정시에 도착하라고 말하면서 시간을 지키지 않는 팀 리더는 정시에 도착하는 것이 중요하지 않다는 메시지를 보내게 된다. 무판단적 마음을 가지려는 노력을 하지 않는 팀 리더는 판단적 태도가 팀에서 받아들여질 수 있다는 것을 전달하게 된다. 데이터를 따르고 DBT 매뉴얼에 대해 마인드풀한 자세 유지하기를 강조하지 않는다면, 팀 전체가 DBT에서 멀어지는 결과로 이어질 수 있다.

그러나 팀이 치료팀 기본 원리와 DBT 매뉴얼을 따르는 데 전문성과 성공만을 모델로 한다면 팀은 의도하지 않았더라도 완벽주의적 기대치를 설정하게 된다. 이러한 다이어렉티컬하지 않은 면모는 DBT 치료자로서 잘 기능하는데 필요한 '유약성 보여주기'를 모델링할 기회를 앗아간다. 앞서 언급했듯이 팀에서 실수를 공유하고 도움을 요청하는 것이 바람직하지 않다고 생각하게 될 수 있으며, 어려움을 숨기려 할 수도 있다.

반대편 극단에서 어떤 리더들은 자신의 유약성을 보여주는 데 능숙할 수 있다. 그들은 팀 동의사항을 따르는 데 어려움이 있다는 것을 팀에서 보여주며 자신의 실수를 빠르게 인정하고 도움을 요청한다. 이로써 치료자를 위한 팀 동의사항과 치료자를 위한 치료가 팀 전체에 어떻게 도움이 될 수 있는지, 모든 팀원이 각자 유약성을 어떻게 드러내는지 모델링하고, 팀 동의사항을 따르는 것이 쉽지 않음을 타당화하게 된다. 그러나 팀 리더가 스킬, 전문성 및 지식을 보여주지 않은 채 다이어렉티컬하지 않게 유약성만을 보여주면, 특히 팀 리더가 팀에서 가장 경험이 많은 경우에, 팀은 팀 리더를 역할 모델로서 인식하지 않게 되고 그의 전문성 및 경험을 통해 배울 수 있는 기회를 갖기 어렵다. 또는 팀원이 팀 동의사항이나 DBT 매뉴얼 준수를 진지하게 받아들이지 않거나, 실수를 인정은 하지만 수정하지 않는 경우 팀원들이 이 행동을 모방하기 쉬워진다. 결국 팀원들은 동의사항이나 매뉴얼을 준수하는 것이 불가능하다고 생각하게 될 것이다. 심각한 경우 리더가 지각하거나 팀의 제안을 치료 회기에 통합하지 않는 등 문제를 안건으로 제시하지 않고, 또 해결하지 않는 행동을 통해 팀원들의 존중하는 마음을 잃을 수 있다.

양극단을 통합하는 것은 팀 리더 역할의 방향을 잡는 데 매우 중요하다. 리더는 팀 동의사항을 따르는 좋은 모델이 되어야 하는 동시에, 동의사항을 따르면서도 동시에 문제를 관리하기 위해 겪을 수밖에 없는 어려움을 팀에서 보여주어야 한다. 팀과 실수를 공유하면서도 언제나 이를 개선하기 위해 스킬을 적용하고, 안건에 자신을 배치하며, 방어적이지 않은 태도로 피드백을 수용하고, 팀의 제안을 구현할 뿐만 아니라, 팀과 성공 경험을 공유함으로써 이러한 실수를 능숙하게 관리하는 것이 바로 통합인 것이다. 즉, 팀 리더는 자신감 있게 능력을 보여주면서도 DBT 스킬과 유약성을 함께 공유하여 팀이 모델링 하도록 도와야 한다. 팀원들이 리더가 공개적으로 어려움을 겪고 실수를 인정하며 앞으로 나아갈 길에 대해 고민하는 모습을 보면, 이와 같은 태도를 본받게 될 것이다. 리더가 언제나 답을 가지고 있지 않다는 사실을 팀이 인식하는 것은 의외로 큰 도움이 된다. 실제로, 리더가 팀 내에서 가장 실수할 가능성이 높은 사람이면서도 동시에 피드백을 수용하고 이를 실행하는 모습을 보여준다면, 팀 전체에 긍정적인 영향을 주게 된다. 이는 팀의 목표(치료자를 위한 치료, 가능한 최상의 DBT 제공)와도 부합하며, 팀원들이 가장 효과적으로 행동할 수 있는 기준을 마련하게 되어 팀과 내담자 모두에게 유익하다.

팀 리더가 되기 VS 팀원이 되기

팀 리더가 된다는 것은 필연적으로 어떤 면에서 나머지 팀원들과 분리되는 상황을 피할 수 없다. 팀 리더는 프로그램의 형식과 팀 문화를 모니터링하고 행동조형하는데 책임을 지게 된다. 팀 리더는 다른 팀원에 비해 팀 구조, 팀 멤버십 정책 및 내담자 할당 등을 결정할 때 더 많은 권한을 갖게 된다. 팀 리더는 또한 (꼭 그런 것은 아니지만) DBT 치료 경험이 더 많거나 트레이닝을 더 많이 받았을 가능성이 있기 때문에, 다른 팀원에게 교정을 요청하거나 지침을 줄 수 있는 입장에 놓이는 경우가 많으며, 이로 인하여 팀원들과 분리되기도 한다. 특히 팀 리더가 팀원의 행동(예: 팀 리더 면허자격 하에서 수련 받는 수련생, 팀 리더가 클리닉 대표인 경우)에 대해 책임을 지게 되는 경우, 팀 리더는 팀원들을 교정, 모니터링 및 통제하려는 강한 충동을 느낄 수 있다. 팀 리더의 지침은 팀 전체에 큰 도움을 줄 수 있다. 큰 그림을 보고, 팀의 나아갈 방향을 조정하며, 팀의 기능성을 향상시키기 위해 팀과 프로그램의 구조를 유지하려 노력하는 팀 리더의 역할은 대단히 중요하다. 팀 리더의 경험과 멘토링 역시 매우 중요한 요소이다. 때때로 팀 리더는 다른 팀원의 행동에 영향을 미치며 변화의 중요성을 강조하거나 직접적으로 요구하기도 한다. 그러나 지나치게 양극화된 방식으로 리더십을 발휘하면, 팀 동의사항과 관련된 다양한 문제를 야기시킬 수 있다. 첫째, 팀원은 이러한 권한과 역할의 차이로 인해 자신의 유약성을 숨기거나 팀 리더에게 도전하는 것을 주저할 수 있다. 둘째, 팀원들은 리더의 강력한 리더십을 강화하여, 결국 변화가 필요할 때 알려주는 팀 리더에게 의존하여 수동적인 태도를 갖게 될 수 있다. 또한 팀 리더가 팀으로부터 동떨어졌다고 느끼며, 동의사항을 충실히 따르지 않을 수도 있다. 그러므로 리더는 팀의 구성원으로서는 활동하지 않은 채, '전문가'로서 자문을 제공하는 역할만을 담당하지 않도록 주의해야 한다.

팀 리더는 팀에서 비교적 독립적인 역할을 하는 것은 사실이지만 팀 리더 역시 팀의 정회원이자 동등한 참여자로도 기능한다. 팀 내에서 팀 리더는 다른 구성원과 동일하게 동의사항에 서약하고, 적극적인 피드백 요청 및 개방성을 유지하며, 유약성을 공유하게 된다. 팀 리더는 적극적인 자세를 취하면서도 실수할 수 있다는 점과 유약성을 보여줌으로써, 팀원들로부터 동일하게 정서적 지지와 수용을 받으며, 치료 매뉴얼을 준수하도록 압력을 받을 수 있어야 한다. 팀 리더가 한 걸음 뒤로 물러서는 대신 다른 팀원이 문제에 주의를 기울이고 해결할 수 있도록 하는 것도 좋은 방안이다. 팀 리더는 팀 전체가 리더 자신의 결정에 의문을 제기하고, 반대편 양극단을 강조하며, 문제 해결책을 제시하고, 팀 리더의 충실도에 방해가 되는 것에 주의를 기울일 것을 예상할 뿐 아니라, 적극적으로 이를 요청할 수 있어야 한다.

반대로, 팀 리더가 고립된 채로 팀의 일원으로만 행동하는 것도 문제가 될 수 있다. 만약 팀 리더가 팀을 행동 조형하지 못하고, 동의사항을 지키지 못하면, 팀 문화는 구조를 잃어 표류하게 될 가능성이 높다. 팀원들은 팀 리더로부터 도움을 받거나 정서적 지지를 받을 수 있을 것이라 기대하지 않게 된다. 팀 리더는 동의사항과 팀문화를 유지하도록 이끄는 데 중요한 역할을 한다.

통합이란, 리더가 팀의 문화와 동의사항에 자신을 완전하게 내던지는 동시에 리더의 역할을 수행하기 위해 팀원들과 약간의 분리가 필요하다는 것을 받아들이는 것이다. 팀의 다른 다이어렉틱스와 마찬가지로 팀 리더는 어떤 경우 한쪽 극단으로 기울어질 수 있다. 이 다이어렉티컬 균형은 각 팀의 특징과 시기에 따라 다를 수 있다. 예를 들어, 수련생이 많은 팀의 경우 팀 리더는 리더십을 더 강조할 수 있으며(예: 지시, 팀원에게 무엇을 해야 할지 알려주기), 수련생이 발전하고 학습함에 따라 리더십보다는 멤버십을 더 강조할 수 있다(예: 팀원들이 서로 자문할 수 있도록 하고, 팀원에게 할 일을 지시하는 리더 역할을 하지 않음). 다이어렉틱스과 효율성의 기본 원리는 특정 상황에서의 팀 리더의 입장을 정하는데 도움이 될 수 있다.

팀의 요구사항에 주의 기울이기 VS 그 밖의 요구사항에 주의 기울이기

팀 리더는 팀의 요구사항과 개별 팀원, 내담자 및 기관/치료 시설 등 그 밖의 요구 사항 사이에서 균형을 잘 잡아야 한다. 팀 리더의 임무는 팀 동의사항, 팀 문화, 팀원 등에 주의를 기울이는 것이다. 위에서 설명한 바와 같이 이것은 DBT 팀을 건강하게 운영하는 매우 중요한 요소이다. 그러나 팀 리더가 오직 팀에만 초점을 맞추면 다른 중요한 요소들을 간과할 수 있다. 팀 리더는 팀의 요구사항과 그 밖의 다양한 요구 사이에서 균형을 찾아야 한다.

예를 들어, 팀 전체와는 다른 요구사항을 주장하는 팀원이 있을 수 있다. 때로는 특정 팀원의 요구 사항이 팀의 요구 사항과 직접적으로 충돌하기도 한다. 예를 들어, 팀원이 팀 리더가 내린 결정에 불만을 가지는 경우 팀 리더는 해당 팀원을 진정시키기 위해 변화를 고려할 수도 있지만, 이는 팀을 위한 좋은 결정은 아닐 수 있다. 우리 팀의 어떤 치료자는 자신의 비-DBT 내담자에 대해 팀에게 자문을 요청한 적이 있다. 그는 이 내담자로 인해 소진되고 있으며, 팀으로부터 도움을 받으면 다른 DBT 내담자에게도 효과적으로 서비스를 제공할 수 있는 능력이 증진될 것이라고 주장했다. 나(JS)는 이 요청에 대해 신중하게 고려했으며 이 치료자, 그의 내담자 및 그의 전체 사례에 도움이 될 것이기 때문에 승인을 진지하게 고려했다. 그러나 이것은 다른 팀원들의 시간에 영향을 미칠 뿐 아니라, 팀 전체의 초점을 DBT로부터 멀어지게 하는 문제가 있다고 보았다. 나는 궁극적으로 DBT 치료팀의 개념화 및 접근 방식의 일관성이 다른 팀원들이 필요로 하는 사항들과 마찬가지로 특정 팀원의 요청보다 더 중요하다고 결정했다. 나는 그에게 해당 내담자에 대해 팀에서 이야기 나누는 것은 어렵겠다고 말했고, 팀 외부에서 특정 치료기법 및 내담자 그룹에 대한 전문가 자문을 받아보라고 제안했다.

이 예시에서는 팀의 요구 사항을 보호하기로 선택했지만, 리더는 때때로 팀에게 이상적이지만은 않은 결정을 내려야 할 때가 있다. 많은 팀 리더들은 기관의 행정부서 또는 기타 사업적으로 고려해야 할 사항으로 인해 재정적 안정성을 확보하거나, 프로그램의 구성 요소를 삭감하거나, 팀이나 내담자에게 최선의 이익이 되지 않는 정책을 만들라는 압력을 받는다. 팀 리더는 가능한 DBT 팀의 기본 원리를 보호하기 위해 노력해야 하지만, 일부 결정은 사업, 기관 및 예산에 해를 끼칠 수 있으며, 팀에도 해가 될 수 있다는 점 역시 고려해야 하다. 때때로 팀 리더는 예산을 유지하거나 기관 정책을 이행하기 위해 DBT 팀의 기본 원리와 일치하지 않는 선택을 해야만 하는 상황에 놓이기도 한다. 예를 들어, 기관은 치료자들이 감당해야 하는 최소 케이스 로드를 높이기로 결정하고, 팀 리더가 새 정책을 추진력 있게 시행하기를 기대할 수 있다. 이상적으로, 팀 리더는 DBT의 비용 대비 효율성 및 근거 기반 치료를 함으로써 법적 책임으로부터 보호받는 점 등 일반적인 DBT 효과에 대한 데이터와 특정 치료환경에서의 효율성에 대한 데이터를 들어 기관의 결정에 영향을 미치고 팀 동의사항을 보호하려고 애쓰지만, 물론 이것이 언제나 충분한 것만은 아니다. 팀 리더는 건전한 재정/행정부서 환경을 유지하고 팀을 유지하기 위해 이 두 입장의 요구를 통합할 수 있어야 한다.

또한 팀과 특정 내담자 사이에 긴장이 있을 수도 있다. 최근에, 내(JS) 팀의 한 치료자의 내담자는 자신의 개인 치료자에게 크게 화를 내며 불만을 드러냈다. 내담자는 이러한 불만 사항을 전하기 위해 나에게 전화를 했고, 팀은 내가 특정 방식으로 대응하기를 바라는 마음을 강하게 가지고 있었다. 양 당사자의 요구 사항의 균형을 맞추는 것이 양측이 각자 원하는 결과를 얻게 된다는 의미는 아니지만, 가능한 가장 지혜로운 입장에서 결정을 내리는 것에 도움이 되었다. 이 경우 개인치료자에 대한 자문(반응하는 방법 자문)과 내담자에 대한 자문 (내담자가 대인관계 스킬을 사용하여 개인 치료자에게 직접 이야기하도록 자문)이 가장 효과적이었다.

이러한 다이어렉티컬 딜레마에서의 통합은 두 당사자를 달래거나 완벽한 타협에 이르는 것을 의미하는 것이 아니다. 팀 리더는 DBT 기본 원리, 팀 동의사항, 그리고 효과적인 임상 및 행정적 목표 달성을 기반으로 하여 어려운 결정을 내려야 한다. 양극단의 가치를 신중하게 고려하며 이를 찾으려 노력하는 팀 리더는 최선의 효과적인 결정을 내릴 수 있게 될 것이다.

팀 리더는 지지가 필요하다

DBT 팀의 팀 리더가 된다는 것은 매우 보람 있고 삶의 풍요롭게 하는 경험이다. 물론 무척 어려운 순간들도 많다! 대인관계 갈등, 치료 매뉴얼에서 벗어남, 치료자 소진과 같은 팀 문제를 관리하려면 많은 스킬과 에너지가 필요하다. 우리는 이러한 어려움을 겪으며 팀원과 그들의 내담자에게 지대한 영향을 미치는 여러 리더들을 만났다. 그렇기 때문에 팀 리더는 임상 업무만이 아니라 팀 리더로서의 역할에서도 정서적 지지 필요하다.

여기에서 팀과 팀 리더 간의 상호교류적인 본성을 기억하는 것이 중요하다. 팀 리더가 팀에 영향을 미치는 만큼 팀도 팀 리더에게 영향을 준다. 팀 리더가 팀에게 수인과 공감 및 강화를 요청해야 할 때가 있다. 팀은 특정 정책이나 팀 문제에 대해 불평할 때 미처 팀 리더에 미치는 영향을 인식하지 못할 수 있다. 리더는 이러한 문제에 대한 자신의 어려움에 대해 논의하고, 필요하다면 수인하기 또는 문제 해결을 요청하도록 한다.

또한 다른 팀의 리더에게 자문을 구하는 것 역시 팀의 문제를 해결하는데 도움이 될 수 있다. 예를 들어, 어떤 리더가 자신의 팀이 반복적으로 DBT 매뉴얼에서 벗어나는 것이 염려되어 자문을 요청했는데, 이 문제를 강조하며 정서적 어려움을 호소했다. 결국에 그녀는 외부의 도움이 필요하다는 것을 깨달았고, 다른 DBT 팀 리더에게 연락하여 수인을 받았으며, 문제에 대한 평가 및 해결책을 찾기 위한 브레인스토밍을 요청했다. 그 팀 리더 역시 비슷한 경험을 했었기에, 공감할 수 있었고 새로운 아이디어를 제공해주었다. 이를 통해 그 팀 리더는 다시 힘을 낼 수 있었고, 팀을 발전시키는 데 도움이 되는 새로운 아이디어를 얻었다.

결론

우리는 그간 다양한 방식의 팀 리더십을 경험했고, 정답이 있는 것은 아니라는 것을 알고 있다. 팀 리더가 규칙을 지나치게 엄격하게 따르다 보면 팀의 요구사항으로부터 멀어지기 쉽다. 팀과 함께 마인드풀니스와 정확한 평가를 통해 신중한 문제 해결을 위해 노력하면 최상의 결과를 얻을 수 있다. 솔루션이 자신의 팀에 더 정확하게 맞춰질수록 성공 가능성이 높아지는 것은 너무나 당연하다. 그렇게 하면 팀 리더와 팀은 놀랍도록 풍요로운 경험을 할 수 있다. DBT 팀 리더 역할에 대한 자세한 내용은 Swales과 Dunkley(2019)의 연구에서 확인할 수 있다.

팀 운영을 위한 연습

아래는 팀 리더와 팀원 모두가 연습할 수 있는 방법이다.

- 팀 리더십이나, 팀에서 잘 진행되고 있는 점, 그리고 변화가 필요한 부분에 대해 토론한다.
- 팀원을 통제하지 못하는 데서 오는 정서적 불편함과 고통을 견디는 연습을 한다. 팀원이 유약할 때 발생하는 긴장을 마인드풀하게 관찰하고 치료 과정에서의 실수나 오류를 마인드풀하게 기술한다. 먼저 수인하고 변화를 위한 제안은 잠시 미뤄둔다.
- 팀원들에게 행동 변화를 제안하는 연습을 한다. 개인 팀원 및 팀 전체와 함께 연습하도록 한다.
- 팀 구조에 대해 토론하고 피드백을 받는다. 팀과 함께 팀이 경험하는 구조적 어려움 중한 가지에 대한 문제 해결을 하여 솔루션을 시행한다.
- 팀에 도움이 될 수 있는 변화를 이끌어 내기 위해 행정부서 또는 리더(해당되는 경우)의 위치에 있는 사람에게 **DEAR MAN** 스킬을 적용한다.
- 행정부서의 관점에서 팀을 바라보는 연습을 한다.
- 팀 리더의 다이어렉티컬 딜레마가 무엇인지, 어느 쪽 극단에 기대려는 경향이 있는지 적어본다.
- 리더로서의 업무를 수행하며 겪는 어려움에 대해 팀에 정서적 지지를 요청하는 연습을 한다.
- 리더로서의 업무를 수행하며 겪는 어려움에 대해 팀 외부에서 정서적 지지를 받을 수 있는지 파악한다.

DBT 팀의 구조
안건

제 4 장
DBT 팀의 구조
안건

모든 역할이 정해졌다면, 이제 팀을 시작할 시간이다! 팀의 주요 임무는 각 팀원의 능력과 동기를 높이고, 치료팀의 시간을 잘 구조화하여 그 기능을 극대화하며, DBT 매뉴얼을 준수하는데 장애물을 제거하여 이를 촉진시키는 것이다. 이 장에서는 팀 회의의 기본 구조를 제공한다. 이 구조는 치료자를 위한 치료와 1장에서 다루었던 동의사항에 초점을 유지하는데 도움이 될 것이다.

팀은 치료 안건을 구두로 설정할 수 있는데, 팀원들은 회의 리더에게 자신이 다루고자 하는 사항을 말하고, 회의 리더는 회의 시작시점에 이를 안건에 기록한다. 그러나 이 방법을 사용하려면 팀 시간을 할애해야 한다. 또 다른 방법은 마인드풀니스 연습을 하기 전, 팀원들이 들어오면서 종이나 화이트보드에 적힌 안건 옆에 자신의 이름을 기록하게 하는 것이다. 자료 9와 10에서 서로 다른 형식으로 작성된 두 가지 예시를 볼 수 있다. 팀은 이 방법들을 실험해보면서 가장 적합한 방법을 찾도록 한다. 치료 안건 항목에 할당되는 시간은 팀 회의 기간과 각 팀원의 필요도에 따라 달라지며, 서면 안건은 90분에서 120분 간의 팀 회의를 기반으로 구성되었다.

팀원이 치료 안건에 자신의 이름을 기록할 때 그 사안이 얼마나 긴급한지 표기하는 것이 좋다. DBT 치료 우선순위, 정서적 고통 및 시간 민감도는 우선 순위를 정하는 요인이다. 치료 안건 항목의 우선 순위는 아래에서 자세히 설명하도록 하겠다. 구성원이 예상 소요 시간을 설정하게끔 하는 팀들도 있다.

안건 주제

치료자를 위한 치료를 제공하기 위해 팀원은 내담자 대신 치료 안건에 자신을 배정한다.

DBT 팀에서는 내담자의 행동과 내담자를 변화시키는 방법에 초점을 두기보다는 팀원의 행동에 초점을 맞춘다. 치료자는 특정 내담자가 아닌 치료 안건에 자신을 배정하기 때문에 각 구성원은 회의 중 한 번만 발언할 기회를 갖게 된다. 여러 내담자를 다루기 위해 자신을 여러 번 안건에 올릴 필요는 없다. 안건에 자신의 이름을 적은 팀원은 치료 상황에서 겪고 있는 한 가지 이상의 어려움과 문제에 대해 논의할 수 있다.

예를 들어, 비-DBT 팀에서 치료자들이 내담자가 치료에 열심히 참여하지 않기 때문에 도움이 필요하다고 말하는 경우를 생각해보자. 치료 안건에 자신을 배치하면 표현 언어가 약간 바뀔 수 있다. 팀원은 대신 "저는 좌절감이 느껴져요. 제 내담자가 숙제를 잘 하지 않아요. 이 감정을 조절하기 위해 DBT 스킬을 사용하고 싶고, 숙제 완결 빈도를 증진시키기 위한 전략을 브레인스토밍하고 싶어요", "제 내담자가 너무 자주 전화를 해요"라고 말하는 대신 치료 안건에 자신을 두면 다음과 같이 바뀌게 된다. "전화벨이 울리는 것이 두려워요. 저는 두 가지 도움이 필요해요. 먼저, 그 내담자를 돕기 위해 제 한계를 확장하는 것이 이제는 너무 힘들어요. 저의 한계 설정에 대해 이야기하고 싶어요. 두번째로는 저는 그분에게 전화 자문 활용방식에 변화가 필요하다고 말하는 역할극을 해보고 싶어요." DBT 치료자가 자신에게 필요한 것이 무엇인지 확실하지 않은 경우에는 다음과 같이 표현하기도 한다. "여러분에게 도움을 받고 싶어요! 저는 이 내담자를 떠올리면 감정적으로 너무나 힘겹지만, 무엇을 어떻게 해야 하는지 잘 모르겠어요." 언어표현을 조금만 바꾸어 치료를 향상시키는 데 도움이 된다. 치료자는 내담자에게만 초점을 맞추어 "그 내담자 너무 짜증나요!" 대신 "그 내담자때문에 제가 너무 힘들어요"라고 말하도록 하여 초점을 팀원으로 옮길 수 있다.

치료 안건에서는 구체적으로 어떠한 내용들을 다루게 될까? 매뉴얼을 준수하며 효과적인 치료를 하기 위해 노력하는 DBT 치료자의 장애물을 해결하는 데 도움이 되는 모든 항목을 치료 안건에 배치할 수 있다.

- 스킬 부족(예: 자극 통제, 반대 입장에 서기 또는 노출과 같은 특정 치료 개입 또는 전략을 실행하는 방법을 모름)

- 지식 부족(예: 불면증에 대한 근거 기반 치료법이 무엇인지 모름)

- 치료의 질에 영향을 미치는 생활 환경(예: 치료자가 이혼 과정에 있다면, 비슷한 상황에 놓인 내담자와 치료 진행하는 것이 어려움)

- 강렬한 감정(예: 내담자에 대한 강한 두려움은 효과적인 결정을 방해함)

- 매뉴얼 준수하고자 하는 동기 감소 또는 DBT 팀 및 치료에 적극적 참여 동기 감소(예: 정서적 소진, 치료 이외의 다른 것을 하고 싶은 충동)

- 팀의 기능성을 방해하는 자신 또는 팀원의 행동(예: 팀 내에서의 판단적 행동)

특정 임상적 문제를 다루는 방법을 결정하는 데 도움을 받기 위해, 팀은 일반적인 임상 자문을 받을 수 있다. 그러나 이는 지식 부족으로 인한 치료 방해 상황에 한하여 전략적으로 사용하는 것이 좋다.

문제가 스킬 또는 지식 부족인 경우 팀은 구체적인 정보(예: 특정 장애에 대한 교육, 집단 또는 연구)와 제안(예: 특정 매뉴얼 또는 기타 정보 출처 제공, 해당 치료 전문가와 상담 또는 내담자를 해당 분야의 전문가에게 의뢰)을 하는 것이 좋다. 예를 들어, 팀원은 특정 문화적 문제에 관한 정보, 약물 문제에 대해 내담자를 의뢰할 기관, 또는 특정 문제를 치료하는 데 사용할 매뉴얼에 대한 정보를 팀에 요청할 수 있다. 또한 팀은 팀원이 팀 회의에서 새로운 스킬을 시연하도록 요청하거나, 치료 회기에서 한 행동에 대해 체인분석하는 것을 권할 수 있다. 모든 문제가 감정적이거나 개인적인 것은 아니다. 가장 중요한 핵심은 DBT 매뉴얼을 준수하는데 방해가 되는 모든 장애물을 해결하는 것이다.

때로는 "팀에서 이 문제는 말하고 싶지 않아!"라고 생각하는 팀원들이 있을 수 있다. 어떤 문제나 감정은 팀에서 나누기에는 지나치게 개인적으로 느껴질 수 있기 때문이다. DBT 팀원들이 개인적 삶의 세부 사항을 모두 공유할 필요는 없으며(여기에서 한계 설정이 중요하다!), 실제로 대부분의 개인적인 문제는 팀에서 발생하지 않는다. 효과적인 DBT 제공을 방해하는 개인적인 문제만을 해결하면 된다. 방해가 되는 문제이지만 팀에서 논의하는 것을 원치 않을 때는, 세부 정보를 제외하고 이야기하면 된다. 팀은 그저 팀원이 치료에 부정적인 영향을 미치지 않도록 자신의 문제를 다루고 있다는 확신을 가지면 된다. 팀원이 개인적 어려움을 겪고 있지만, 팀 외부의 치료자와 함께 해결책을 찾고 있음을 팀에 알리는 정도로 간단히 해결할 수 있다. 다만 팀원이 문제에 대해 논의하기를 꺼리더라도, 팀이나 내담자에게 계속 영향을 미치고 있다면, 팀 리더가 개입을 해야 할 수 있다. 이때는 개별적으로 만나서 이야기 나누는 것이 대체로 효과적이다. 그리고 어떤 문제는 팀이 감당하기에 너무 큰 주제이거나, 팀의 전문 분야에서 벗어날 수 있다. 이 주제는 5장에서 자세히 다루도록 하겠다.

팀의 기능성 문제도 치료 안건에 속한다. 팀원이 팀 기능성에 문제를 제기할 때에는, 그

것에 주의를 기울이고 방어적인 태도를 피하며 주제를 공개적으로 논의하기 위해 기꺼이함을 강화하는 것이 중요하다. 팀의 문제가 곪아 터지도록 내버려 두는 것은 해로울 수 있다. 문제를 피하고 아무 일도 일어나지 않은 척하는 것이 쉽게 느껴지더라도 공개적으로 이야기해야 한다(이것은 방 안에 있는 코끼리가 될 것이다!). 팀의 문제 해결은 6장에서 더 자세히 설명하겠다.

팀 문제를 해결하는 데에도 다이어렉틱스가 적용된다. DBT 팀에서는 팀원의 도전에 대해 직접적이고 개방적인 태도를 취하는 것을 높이 평가한다. 수용과 변화의 효과적인 균형을 위해서는 지혜로운 마음, 철저한 수용, 효과적인 것에 집중하기와 같은 스킬이 필요하다. 팀이 계속 전진하려면 약간의 회피가 필요할 수도 있다. 만약 팀이 모든 문제 상황을 해결하려고 하면, 오히려 팀원들이 내담자에게 최상의 치료를 제공하기 어려워진다. 팀원들은 자신에게 "이 문제에 대해 계속 이야기하는 것이 내담자와 우리 팀에 도움이 될까?"라고 질문을 던져야 한다. DBT의 목표인 치료 매뉴얼 준수에 계속 집중하면서 이를 방해하는 문제에 한하여 해결해 나가면, 팀이 이 문제를 다룰지 아니면 더 높은 우선 순위의 주제를 다루기 위해 잠시 미뤄둘지 결정하는 데 도움이 된다.

임상 안건에서 제외할 주제

치료자를 위한 치료를 증진시키는 것과 관련되지 않은 주제는 팀의 목표인 치료팀 향상으로부터 멀어지게 하기 때문에 자문팀 이외의 시간에 따로 다루는 것이 좋다. 팀 외부에서 다룰 때 효과적인 주제들은 다음과 같다. 다시 한번 강조하지만, 이것들은 기본 원리일 뿐이며 지나치게 엄격하게 혹은 무분별하게 적용하지 않도록 주의하며, 각 팀별에 적합한 방침을 결정하는 것이 중요하다.

1. 행정 및 사업 관련 항목
2. 강의/교육 수련 주제
3. 내담자를 대신하여 팀원에게 개입하기(대부분의 경우)
4. 특정한 윤리적 문제 및 기타 민감한 주제
5. 문제를 나열하기 위한 목적으로 문제를 나열하기

행정 및 사업 관련 주제

재정, 정책, 마케팅 및 프로그램 개발과 같은 행정 및 사업 관련 주제는 팀의 목적 및 목표에 적합하지 않으므로 별도로 논의해야 한다(간단한 발표 형식으로 진행 가능).

강의/교육 수련 주제

치료팀 개발 초기 단계에는 팀원들에게 강의와 교육 수련을 제공할 수 있지만, 완전한 DBT 팀으로 발전하게 되면 이를 팀 회의 외부에서 또는 팀에서 정해진 기간 동안만 진행하는 것이 바람직하다(예: 교육 수련, 논문 등에 팀 회의 마지막 30분 정도를 투자하는 팀들도 있다. 팀 회의에서 이 부분은 '치료자를 위한 치료'에 의도적으로 초점을 맞추지 않는다.) 여기에서 원칙은 팀의 시간이 치료자를 위한 치료에 집중되도록 하는 것이다. 이러한 유형의 치료 안건 항목은 치료자를 위한 치료와 관련이 없으므로 별도로 다루어야 한다. 팀은 임상 문제와 행정 문제 사이에 겹치는 부분을 발견하기도 한다(예: 팀원이 휴가 기간 동안 대체 치료자 요청). 이러한 경우 팀은 해당 주제가 팀 회의 혹은 다른 상황 중 어디에서 가장 잘 다룰 수 있는지 신중하게 결정해야 한다.

내담자를 대신하여 팀원에게 개입하기(대부분의 경우)

여러 치료자가 함께 치료하는 내담자가 있을 때, 팀원들이 내담자의 문제를 서로 공유하는 것은 매우 중요하다. 특히 DBT 팀에서 여러 팀원이 한 내담자와 만날 때 서로 새로운 정보를 업데이트 해주고 사례개념화 및 치료 계획을 공유해야 한다. 팀은 이렇게 내담자에 대한 자문과 환경 개입 전략을 적용할 때 마인드풀한 마음을 가져야 한다(Linehan, 1993). 이러한 전략은 본질적으로 다이어렉티컬하다. 즉, 내담자가 스스로 스킬을 잘 활용하여 환경에 개입할 수 있도록 자문을 하는 것과, 내담자를 대신하여 변화의 주체가 되는 것 사이에서 균형을 이루어야 한다. 이 다이어렉틱스는 팀에서 주기적으로 등장한다. 팀원들은 다른 팀원을 변화시키거나 내담자를 대신하여 문제를 해결하려는 마음을 가지고 팀 회의에 참석할 수도 있다. 예를 들어, 어떤 내담자가 지난 개인치료 회기에서 치료자의 판단적 태도로 인하여 기분이 상했다는 것을 알게 된 스킬훈련그룹의 리더가, 내담자를 위해 팀에서 개인 치료자의 행동을 교정하고 싶어하는 상황을 가정해보자. 내담자가 스스로 상황을 다루는 법을 배울 기회를 빼앗지 않도록, 팀원들은 지속적으로 내담자가 직접 문제를 다룰 수 있도록 자문하려고 노력할 것이다(내담자가 개인 치료자와 직접 대화하도록 자문하기, 내담자가 그 상황을 잘 대처하도록 스킬을 알려주기 등).

그러나 팀은 환경 개입을 엄격하게 피하려고만 할 필요는 없다. 학습 기회를 갖는 것보다 더 중요한 가치가 있다면, 치료자가 다른 팀원들과 함께 환경 개입을 선택할 수도 있다. 예를 들어, 내담자가 심각한 위험이나 기타 긴급한 문제에 처했을 때나 단순히 지쳤을 때, 내담자를 대신하여 다른 치료자와 신속하게 개입하여 내담자가 최우선 순위의 목표에 집중할 수 있도록 하는 것이 좋다. 팀원들은 대체로 환경 개입을 피하기 위해 노력하지만, 상황을 고려하여 가장 유익한 전략을 신중하게 결정해야 한다.

내담자 및 환경 개입에 대한 자문에 초점을 둘 때에도, 내담자의 문제에 대해 팀원들 서로에게 잘 알려야 한다. 팀은 내담자의 어려움에 대해 논의하고, 해결 방안을 브레인스토밍하면서도, 내담자가 어떤 팀원에게 문제 제기를 하려고 할 때 서로에게 이를 알려줄 수도 있다. 여기서 주요 원리는 내담자에게 가능한 많은 학습 기회를 제공하는 것이다. 필요하다면, 팀원들은 이러한 전략의 장단점을 평가하는데 도움을 줄 수 있다.

특정 윤리적 문제 및 기타 민감한 주제

DBT 팀 문화가 효과적으로 발전하면, 자신을 검열하는 것에 대한 두려움과 직설적인 태도를 취하는 것에 대한 두려움이 크게 줄어들게 된다. 그러나 여전히 팀에서 논의하기에는 다소 민감하다고 여겨질 수 있는 주제들도 있다. 비윤리적인 행동으로 기소가 된 팀원이 있다면, 아마도 팀 밖에서 팀 리더와 따로 상의하고자 할 것이다. 이러한 주제는 매우 민감할 뿐만 아니라 팀원의 경력과 평판에 지대한 영향을 미칠 수 있으므로 무척 신중해야 한다. 언젠가는 이 주제를 팀에서 다루게 될 수도 있지만, 먼저 팀에서 논의하기를 강요하는 것은 도움이 되지 않을 것이다. 팀 밖에서 상의하고자 하는 주제에는 팀원의 법적인 상황(자신의 내담자와 법적 문제에 놓인 경우, 팀에 언제 어느 정도로 자세히 이야기해야 하는지에 대한 법률 자문을 받는 것을 권장함) 또는 고용 상태, 급여 또는 기타 고용 관련 주제 등이 있다.

팀은 또한 팀원들에게 민감한 주제에 대해 말하도록 강요하지 않아야 한다. 팀원이 치료에 영향을 미치는 문제이지만 팀에서 이야기하기를 꺼리는 경우, 팀 리더는 팀 밖에서 개입하여 팀원이 앞으로 나아갈 방법을 찾도록 도울 수도 있다. 팀 리더는 어느 시점이 되면 팀원들과 하나의 전체 팀으로서 해당 팀원의 한계, 내담자의 필요 및 팀의 기능성 사이에서 균형을 잡게 될 것이다.

문제를 나열하기 위한 목적으로 문제를 나열하기

팀원 간의 관계 갈등은 팀 기능성 및 내담자 치료에 방해가 될 수 있다. 이러한 경우 팀 안팎 어디서든지 반드시 해결해야만 한다. 이러한 갈등은 팀원의 비수인적 태도나 팀에서 했던 말들로 인해 무시당하는 느낌을 받았을 때 불거지기 쉽다. 반면에, 위에서 언급했듯이 DBT 팀은 팀원 사이에 있는 문제 모두를 나열하기 위해 존재하는 것이 아니다. 다만, 치료 및 팀 동의사항을 충실히 따르는데 영향을 미치는 문제들에 한하여 팀에서 논의한다. 예를 들어, 팀은 특정 주제에 대한 한 팀원의 강렬한 반응에 불편함을 느낄 수 있다. 이때 팀원들은 이것이 "원래부터 그랬던 것"인지, 스스로 감내할 수 있는 것인지, 아니면 실제로 치료 또는 팀 기능성을 저해하므로 반드시 해결해야 하는 것인지를 마인드풀하게 결정해야 한다. 우리는 팀원들이 내담자 치료에 영향을 주지 않는다고 하더라도, 다른 팀원들에게 불편감을 주는 상황을 목격했다. 이러한 경우 팀은 대인관계 문제에 얽매여 DBT 치료에 집중하기 어려워진다. 수용 및 기타 스킬은 다른 팀원과의 감정적 어려움을 감내하는 데 적용될 수 있다. 마찬가지로, DBT 팀은 임상 업무와 직접 관련이 없는 한 자신의 모든 개인적인 문제를 나열하는 시간이 아니다. 이 경우 치료자는 스스로 치료를 받기 위한 방안을 고려하는 것이 좋다. 안건은 내담자 관리(동기 부여, 능력) 및 팀 기능성에 영향을 미치는 경우에 한하여 신중하게 배치하여야 한다.

DBT 팀 회의를 위한 구조

우리는 아래 제시한 구조가 많은 팀에 매우 유용하다는 것을 알게 되었다. 하지만 아래의 구조와 똑같은 안건을 사용하지 않아도 괜찮다(규칙이 아닌 기본 원리에 집중해야 한다는 점을 잊지 않아야 한다). 특별한 순서가 정해져 있지는 않지만 팀 회의에서 일찍 다루면 더욱 효과적인 항목들도 있다(예: 마인드풀니스 연습, 치료 안건을 진행하기 전에 치료 안건에 대한 리마인더 먼저 제시하기). 처음 7개 항목은 DBT 팀에서 일반적으로 사용되며, 나머지는 선택 항목의 예시이다. 치료자를 위한 치료가 이루어지고 팀의 요구 사항이 해결된다면, 팀은 팀 회의의 구조를 유연하게 설정할 수 있다.

　　DBT 팀 회의에는 다음과 같은 치료 안건 항목이 포함되는 경우가 많다.

- 마인드풀니스
- 동의사항 읽기
- 지난 회의의 회의록 읽기
- 안건 리마인더
- 안건을 진행하기
- 효과적인 행동 공유하기
- 팀 회의 종료하기
- 팀원 체크인
- 이 주의 팀원
- 치료 조정하기
- 관찰자 질문

마인드풀니스

모든 팀은 매주 마인드풀니스 연습으로 회의를 시작하는 것이 좋다. 이 시간은 보통 침묵 명상이나 다양한 활동으로 구성된다. 이 시간을 그 주에 스킬 그룹에서 할 마인드풀니스 활동을 연습하는 기회로 삼는 경우도 있다. 어떤 팀은 팀원들이 원하는 대로 자신만의 마인드풀니스 연습을 하는 경우도 있다. 마인드풀니스 연습 후에 팀원들은 자신의 경험을 아주 간략하게 기술한다. 마인드풀니스 연습은 약 5분 정도 소요되며, 경험 나누기는 5분을 넘지 않도록 한다. 이것은 치료에서 마인드풀니스의 중요성을 강화하고, 연습을 위한 시간을 제공하고, 팀 회의에 팀원의 주의를 집중시키는 좋은 방법이다.

동의사항 읽기

회의 리더는 핵심 DBT 팀 동의사항(1장 및 자료 1 참조)에서 한 가지의 동의사항을 소리 내어 읽도록 선택한다. 팀은 이 시점에 내담자나 치료에 대한 가정 및 관찰자 동의사항 중 하나 등 다른 리마인더를 추가할 수도 있다. 팀은 또한 특정 리마인더가 팀의 기능성 향상을 위해 필요한 경우 1장의 팀 동의사항 일부를 추가할 수도 있다. DBT 치료팀에서 이 부분은 매우 간단하지만, 팀 문화를 잘 가꾸어 가기 위한 중요한 역할을 한다.

지난 회의의 회의록 읽기

팀이 각 회의의 회의록을 작성하는 경우 이전 회의록을 확인할 수 있도록 게시하는 것이 좋다. 이는 팀원들이 이전 회의에서 합의한 내용을 기억하는 데 도움이 된다. 이전 회의록을 검토하지 않을 경우 진행 중인 문제나 계획을 놓치기 쉽다. 팀원 중 한 명이 후속 조치를 잊었다는 것을 알게 되면 이번 치료 안건으로 추가하도록 한다. 이것은 팀원들이 특정 주제를 피하려고 할 때 이를 회피하지 못하도록 하는 유용한 도구이다.

안건 리마인더

팀은 팀원에게 특정 안건에 배정하라고 미리 알려주는 것이 좋을 때가 있다. 이러한 리마인더는 팀에 도움이 될만한 주제를 다루기 위해 팀이 직접 만들기도 한다. 회의 리더는 "다음 안건에 해당되는 분이 계신가요? 안건에 추가하시겠어요?" 라고 질문할 수 있다. 예를 들어,

- 한 주 동안 자살 위험이 더 높아진 내담자가 있는가?
- 4번 연속으로 치료 회기에 빠질 위험이 있는 내담자가 있는가?
- 휴가 기간에 대체 치료자가 필요한가?
- 중요 문건들 가운데 작성 기한이 지난 것이 있는가?
- 효과적이지 않은 행동이 점차 증가하는 내담자가 있는가?
- 동의한 치료 기간이 거의 끝나가는 내담자가 있는가? (이는 치료 종결, 관련된 종결 서류 작성/평가 또는 치료 동의사항 갱신에 대한 논의를 위한 리마인더 역할을 한다.)
- 한 주간 전화 자문에 많은 시간을 보낸 팀원이 있는가? (팀은 문제가 될 수 있는 행동이 강화되고 있는지 평가하는 데 도움을 줄 수 있다.)
- 팀 회의에 지각하여 체인 분석이 필요한 팀원이 있는가?

팀원들은 위의 항목에 대해 반드시 논의해야 하는 것은 아니지만, 이는 치료 매뉴얼을 충실히 준수하는데 방해가 되는 상황에서 팀원이 안건에 자신을 배정할 수 있도록 미리 알려주는 역할을 한다. 시간적 여유가 없는 DBT 치료자는 다루고자 하는 안건을 잊기 쉬우므로, 이를 놓치지 않게 도와준다.

안건을 진행하기

모든 리마인더가 전달되고 안건이 설정되면, 회의 리더는 안건을 따라 회의를 진행한다. 내

담자가 아닌 치료자에게 초점을 맞추고, 팀이 치료자가 필요한 것을 얻도록 돕기 위해, 각 팀원은 자신의 차례가 되었을 때 팀 전체에 요청을 한다. 치료자는 요청 목록 중에서 하나를 선택하는데, 이는 팀이 논의 초점에 집중하여 효율적이면서도 정확하게 토론할 수 있도록 한다. 다음은 팀원이 팀에 도움을 요청할 때 자주 활용되는 항목이다.[*]

1. "저는 이 문제를 평가하는 것에 대해 도움을 받고 싶어요. 그리고/또는 . . ."
2. "이 문제에 대한 해결책을 생각해 내는데 도움이 필요해요. 그리고/또는 . . ."
3. "내담자를 공감하는 데 도움을 받고 싶어요. 그리고/또는 . . ."
4. "팀에서 수인을 받고 싶어요."

이 네 가지 기본적인 요청 사항에 팀은 "정서적으로 소진이 되어서 여러분의 도움이 필요해요" 또는 "저에게 필요한 것이 무엇인지 파악하는 데 도움을 받고 싶어요"와 같은 내용을 추가할 수 있다. 팀은 팀 전체에 이익이 된다면 이 항목들을 자유롭게 조정할 수 있다. 팀원들이 치료자가 이미 해결한 문제를 다루느라 시간을 낭비하거나, 수인할 기회를 놓치는 것을 막기 위해 필요한 것을 정확하게 표현하는 것이 주요 원리라는 점을 다시 강조한다. 팀원은 자문 시간이 시작될 때 명확하게 요청 사항을 말하거나 안건에 기록하면 된다.

우리 팀(JS)의 한 팀원이 최근에 내담자가 높은 자살 충동으로 총을 구입했던 매우 힘겨운 상황을 기술하였다. 두려움과 걱정 속에서 팀은 총을 즉시 제거하기 위한 방법에 대해 이야기하기 시작했다. 하지만 그 팀원은 문제 해결이 아니라 공감을 더 잘할 수 있는 방법에 대해 팀과 나누고 싶었다. 이야기를 잠시 멈추고 자신이 원하는 것을 명확히 말해야 했다. 총을 제거하기 위한 해결 방안을 이미 파악했기 때문에 이 문제를 다시 나눌 필요는 없었다. 이후 팀은 그 팀원에게 정말로 필요한 것, 즉 강렬한 낙담과 두려움을 느끼는 상황에서도 공감을 재확립하는 데 다시 초점을 맞췄다. 바로 이런 상황이 해당 팀원, 관찰자 또는 다른 팀원들이, 그 팀원이 필요로 하는 것에 팀이 집중하지 않고 있다는 것을 확인할 수 있는 상황이다.

단순히 "감정 토로하기[vent]"를 원하거나, 팀에게 자신의 경험한 일이 무엇이고 얼마나 힘들었는지에 대해 자세하게 말하고 싶어하는 팀원들이 많이 있다. 이것이 실제로 그 순간에 정말 필요한 것일 수도 있다. 즉, 모든 것을 기술하고, 감정을 표현하며, 수인 받는 것 자체가 필요할 때가 있다. 그렇다면 팀에 수인을 요청할 수 있다. 그러나 이것이 늘 도움이 되는 것

---

[*] Marsha M. Linehan의 승인을 받아 아래 자료에서 발췌하여 수정하였음. 미출간, University of Washington Behavioral Research and Therapy Clinics.

은 아니다. 오히려 판단적인 마음을 증가시키거나, 팀을 행동적 구체성behavioral specificity으로부터 멀어지게 하며, 문제를 모호하게 만들 수 있다. 무엇이 가장 유용한지 마인드풀하게 고려하고, 피드백을 제공하는 것이 중요하다. 치료자는 또한 두 가지를 모두 요청할 수 있다. "저는 먼저 수인을 받고 싶어요, 그 후에 문제 해결을 하는데 도움을 받고 싶어요." 다시 강조하자면, 마인드풀한 마음으로 구체적으로 도움을 요청하는 것이 중요하고, 대화가 주제에서 벗어나지는 않는지, 생산적으로 논의하고 있는지(즉, 내담자에게 유익한지, 팀원의 요청사항을 다루는지) 팀원 전체가 주의를 기울이는 것이 가장 중요하다.

우선 순위

팀원들이 안건에 자신을 배정할 때, 우선 순위도 함께 기재해야 한다. 팀은 DBT 우선순위(Linehan, 1993)를 표기하여 얼마나 긴급한 항목인지(생명을 위협하는 행동을 다루는 치료자가 치료 방해 또는 삶의 질 문제를 다루는 치료자보다 우선시 됨), 팀원이 얼마나 괴로움을 느끼는지, 얼마나 시간에 민감한 주제인지(예: 회기 전에 상담이 필요한지 여부)를 결정한다. 팀원들은 대개 오늘 팀 회의에서 꼭 다루어야 하는 안건인지, 다음 팀 회의까지 기다릴 수 있는지 또는 그 주 안에 비공식적인 자문을 별도로 받을 때까지 기다릴 수 있는지 스스로 결정할 수 있다. 우선 순위 설정은 구두로 진행하기도 하며, 리더가 누가 먼저 시작할지 문서화하거나, 안건 기록지에 긴급한 정도를 기록하여 운영할 수 있다. (우리 팀은 다이어리 카드의 형식을 따른다. 5 점은 "오늘 팀 회의에서 반드시 다루어야 함"을 의미하고, 1점은 "시간이 부족하면 다음 회의에서 다루어도 괜찮음"을 의미한다.)

팀원이 자신의 정서적 고통만을 우선 순위 평가 수단으로 사용하는 경우, 팀은 고위험 상황을 다루고 있음에도 불구하고 비교적 덜 감정적인 팀원을 배제하게 되어 특정 팀원이 팀 시간을 지나치게 많이 사용하는 문제에 봉착할 수 있다. 팀은 특정 치료자나 특정 주제를 실수로라도 제외되지 않도록 주의해야 한다. 우선 순위와 시간 민감도, 그리고 개인의 정서적 고통 수준을 지침으로 사용하면 효과적으로 우선 순위를 정하는 데 도움이 된다.

5점으로 평가할 우선 순위가 높은 항목은 다음과 같다.

"정서적으로 너무 힘든데 이번 주에 그 내담자를 다시 만나야 해서, 오늘 수인을 받는 것이 필요함." (시간에 민감함)

"내담자의 자살 위험을 평가하는 데 도움이 필요하고, 이 상황으로 인하여 어려움을 겪고 있으며 위험도가 높음." (즉각적인 치료 개입이 필요한 생명을 위협하는 행동)

"정서적 고통을 높이는 치료 방해 행동을 다루는데 도움이 필요함."(치료 방해 행동 및 치료자의 높은 정서적 고통 수준)

"오늘 팀 회의 이후에 내담자와 그의 정신과 의사와 통화할 예정이며, 전화 자문을 효과적으로 하는 방법을 알고 싶음."(위험도가 높지는 않지만 시간에 민감함)

"4회 결석 규칙4 miss rule에 거의 도달한 내담자가 있음." (치료 방해 행동 및 시간에 민감함)

"개인적 문제로 여러 가지 일들을 처리하고 있어서, 강렬한 감정이 효과적인 치료를 방해할까 걱정됨."(치료자의 높은 정서적 고통 수준)

위의 항목들은 모두 높은 우선 순위에 속하는 것이며, 이는 오늘 팀 회의에서 논의할 시간이 필요함을 회의 리더에게 전달하는 의미를 갖는다.

3 또는 4점으로 평가할 중간 수준의 우선순위 항목은 다음과 같다.

"내담자로 인해 정서적으로 힘들지만, 다음 회기에 무엇을 해야 할지 알고 있음."

"내담자들과 직설적 의사소통irreverence을 하는 것에 어려움을 겪고 있으나 긴급하지는 않음."

"내담자의 직장 관련 문제를 다루고 있으나 별로 도움이 되지 않아서 해결책에 대한 아이디어를 얻고 싶음."

"특정 내담자에게 더 짜증감을 많이 느낀다는 것을 알아차리고 있음. 지금은 이를 어떻게 다룰지 계획을 가지고 있지만 앞으로 팀의 도움이 필요할 것 같음."

"정서적 고통이 심해지는 주기가 다가오는 내담자가 있음. 이번 주는 아니지만, 앞으로 2주 안에 팀에서 계획을 검토하고 싶음."

이러한 항목은 현재 팀 회의에서 다루어질 가능성이 높지만, 중간 점수로 평정하였으므로 우선 순위가 높은 항목을 먼저 다룰 수 있다. 이번 회의에서 기회를 갖지 못하면 다음 팀 회의에서 더 높은 우선 순위가 될 수 있다.

마지막으로, 우선순위가 가장 낮은 항목(1 또는 2점)은 다음과 같다.

"앞으로 몇 주 안에 내담자의 취업을 위한 지원 자원을 찾는 데 도움이 필요함."

"나의 출산 휴가가 2개월 앞으로 다가오는데, 치료자의 부재에 대해 정서적으로 힘겨워하는 내담자에 대해 이야기하고 싶음."

"어떤 내담자에 대해 판단적 마음이 자주 느껴짐. 이를 줄이는데 도움이 필요하지만 앞으로 2주간 그 내담자와의 약속이 없음."

이러한 항목을 낮은 우선 순위로 평정함으로써 다음 회의까지 더 기다려도 괜찮다는 의사를 전달하게 된다. 그 후에 더 긴급해지면, 다가오는 팀 회의에서 해당 항목에 더 높은 점수를 부여할 수 있다.

회의 리더는 팀원이 지정한 우선 순위를 고려하여 발언 순서를 정한다. 우선 순위가 가장 높은 항목을 표시한 팀원이 먼저 시작한다. 우선 순위가 높은 항목이 여러 개 있을 경우 리더는 맨 위에서부터 아래로 내려가며 진행한다. 위에서 언급했듯이 팀은 회의를 진행할 때 각 치료자마다 필요로 하는 시간을 미리 예측하는 것을 선호한다. 이를 통해 회의 리더가 팀 회의를 원활히 계획할 수 있고, 팀이 안건을 얼마나 엄격하게 따라야 하는지 또는 추가 시간을 요청하는 팀원의 요구를 들어줄지 여부를 파악할 수 있다. 회의 리더는 시간을 확인하며 각 팀원이 요청한 시간을 제공한다. 시간이 다 된 후에도 추가 시간이 필요한 경우, 팀은 그에게 더 많은 시간을 주기 위해 다음 안건을 다음 회의로 연기할 수 있는지, 그 팀원이 팀 외부에서 자문을 받는 것이 좋을지, 또는 다음 팀 회의까지 그 문제를 연기할 수 있는지에 대해 간략하게 논의하게 된다.

팀원이 자신이 처한 상황과 요청 사항을 기술한 후, 팀은 이를 충족시키기 위해 최선을 다하고(추가 정보 수집, 수인, 문제 해결 등) 요청한 것 이외에 유용한 사항들을 제안하게 될 것이다(예: 요청한 문제 해결책을 제공하기 전에 평가를 더 상세히 하는 것이 필요하다는 점을 제안함). 팀원은 "문제의 핵심에서 약간 벗어나 있는 것 같아요!"와 같이 자문내용에 대해 팀에 피드백을 하여 필요한 경우 팀이 방향을 조정할 수 있도록 하거나, 필요한 사항이 무엇인지 명확히 설명할 수 있다(예: 요청 사항에 대해 자문을 하기 전에 추가 정보를 요청하거나, 팀원이 문제 해결에 앞서 공감 형성이 필요함을 제안). 팀이 팀원을 돕는 과정에서 주제에서 벗어나려고 할 때, 관찰자와 모든 구성원은 팀이 주제에서 이탈하고 있다는 징후를 알아차리려 노력하고, 이를 교정할 수 있도록 강조해야 한다.

팀원은 도움을 요청한 후 팀에서 논의한 해결책이나 제안을 전부 활용해야 한다는 의무감을 느낄 필요는 없다. 팀은 팀원이 내담자를 위한 최선의 결정을 할 수 있는 충분한 스킬과 지식을 가지고 있다고 믿을 것이다(물론 수퍼바이저 또는 책임연구자^{primary investigator}가 특정 응답을 요구할 수 있음). 팀에서 유용하지 않은 문제 해결 방안을 제공하는 경우 치료자는 "고마워요, 그 방법은 이미 시도해보았어요,"라고 간략하게 말한 후 방향을 재설정하거나 팀에 더 많은 아이디어를 요청할 수 있다. 팀이 제공하는 모든 문제해결 방안을 거절하는 데에 많은 시간을 쓰면 팀에 더 많은 긴장이 생길 수 있다. 이는 팀이 문제를 완전히 이해하지 못하거나, 팀원이 문제해결 방안을 충분히 철저하게 구현했다는 것을 신뢰하지 않거나, 감정적인 주제(예: 위의 예에서 총)로 인해 주의가 분산되는 징후일 수 있다. "방 안의 코끼리"를 피하려면 이러한 종류의 염려 사항을 직접적이고 공개적으로 논의하는 것이 좋다.

남아 있는 팀의 시간 거의 대부분 동안 자문을 진행하게 된다. 리더는 팀 시간을 요청한 팀원이나 팀원 대다수가 기회를 가질 수 있도록 우선 순위대로 팀 회의를 운영해야 한다.

효과적인 행동 공유하기

우리는 치료자 자신과 내담자의 효과적인 행동을 팀에서 공유하는 것이 매우 큰 도움이 된다는 것을 알게 되었다. 특히 팀원들이 높은 스트레스 상황이나 치료적으로 고위험 상황에 처했을때, 성공적인 치료 사례에 대한 이야기를 듣거나, 이전에 자신이 제안한 아이디어가 실제로 도움이 되었다는 피드백을 받으면 모든 팀원이 왜 힘든 일을 하고 있는지 그 의미와 가치를 다시 떠올릴 수 있다. 성공적 사례에 대해 논의하는 것은 치료자에게 강력한 동기 부여가 되며, 팀 사기 증진과 헌신에 크게 기여할 것이다. 팀 회의가 끝날 무렵에 이러한 이야기를 나누면 다가오는 한 주에 대해 낙관적인 분위기를 조성할 수 있다.

팀 회의 종료하기

종료시간이 다가오면 회의 리더는 팀 회의를 마칠 시간임을 알린다. 간단히 시간을 말하거나, 마인드풀니스 벨을 울리는 방법이 있다. 팀은 안건 항목이 모두 다루어지지 않더라도 정시에 종료되어야 하며, 팀원은 점차 다양한 문제에 필요한 시간을 예측하게 되고, 적절한 시간 동안 안건을 진행하는 데 더 능숙해질 것이다. 팀 회의를 종료하는 데에는 단 몇 초 정도만 필요할 수도 있지만, 예정된 시간을 초과하여 계속 말하려는 팀원이 있거나, 팀원이 이야기하는 동안 회의에서 나가는 팀원들이 있다면 이는 중요한 문제가 된다. 벨을 울리거나 팀원들에게 예정된 시간이 끝났음을 알리면 긴장이나 불편함을 만들지 않고 예측 가능한 시간에 회의를 종료할 수 있다.

위의 일곱 가지 항목은 대부분의 DBT 팀에서 표준으로 적용하는 것들이다. 위에서 언급했듯이 팀은 필요에 따라 안건을 조정할 수 있으며 팀에 도움이 되는 경우라면 항목을 추가하거나 제거할 수 있다. 다음은 팀 안건에 대한 몇 가지 추가 제안 사항이다.

팀원 체크인

우리(JS) 팀은 최근에 각 팀원들 개개인의 삶에서 어떤 일들을 겪고 있는지 모를 때 서로에게 유약함을 드러내기 어렵다는 것을 깨달았고, "팀원 체크인" 시간을 할당하는 것이 매우 유용하다는 것을 알게 되었다. 또한 다른 팀들도 이 시간을 즐긴다는 것을 알게 되었다. 이 때 팀원들은 지난 한 주간 있었던 일들 중에 감정적이었거나, 우스꽝스러웠거나, 소소한 사건 등 가운데 공유하고 싶은 것들을 간략하게(즉, 한 사람당 약 1분정도) 기술한다. 예를 들어, 자녀의 질병과 같은 최근 가족이 겪고 있는 스트레스 상황을 나눌 수도 있고, 성취한 일이나 지난 주말에 본 영화에 대해 이야기 할 수도 있다. 또한 팀원들은 정서적 소진과 정서적 고통 수준을 공유하여 현재 어려움을 겪고 있다는 것을 팀에 알리는 것이 좋다. 대개 체크인 과정은 간략하게 진행되며, 팀의 주목해야 하는 항목이라면 어떤 것이든 안건에 배치할 수 있다. 우리는 이러한 체크인 절차가 팀원들 간의 친밀감을 높이는 데 매우 도움이 된다는 것을 알게 되었다. 하지만 어떤 경우에는 팀에서 감당할 수 있는 시간보다 더 많은 시간이 소요되기도 한다.

이 주의 팀원

팀이 안건에 "이 주의 팀원"을 포함하기로 했다면, 회의 리더는 일반적으로 해당 팀원의 임상 안건에서 시작한다. 2장에서 설명한 것처럼 팀 회의에서 이 부분은 각 팀원들의 효과적인 치료를 방해하는 비록 긴급하지는 않더라도 여전히 중요한 이야기를 할 수 있는 구조를 제공한다. 이 시간을 통해 팀은 보통 최우선 순위로 올라가지 못한 안건들을 깊이 생각하고 준비하여 다룰 수 있게 된다. 이를 위해 역할극, 치료 녹화 영상, 또는 사례 개념화를 활용하는 경우가 많다. 팀원들은 각자 시작에 앞서 위의 제시한 요청 사항(예: "문제 해결을 하는데 도움이 필요해요")을 말한다. "이 주의 팀원 시간"은 일반적으로 15분가량 소요된다. 급한 순서가 아니라 각 팀원이 서로 돌아가며 맡게 된다. 이 주의 팀원 명단과 날짜는 미리 게시해 두도록 한다.

치료 조정하기

여러 명의 팀원이 동일한 내담자를 치료하는 경우에 팀은 치료 조정을 위한 팀 시간을 배정할 수 있다. 예를 들어, 팀에 정신과 의사가 있다면 잠시 시간을 내어 팀원들이 지난 주에 만났던 내담자들에 대한 정보를 전달하고, 토론이 필요한 문제를 간략하게 검토하며, 다음 주에 만날 내담자 명단을 알려주는 것이 좋다. 스킬 훈련자 역시 이 시간에 개인치료자와 다른 팀원들에게 지난 주에 어떤 스킬을 가르쳤는지, 어떤 숙제를 내주었는지, 그리고 다음 주에 어떤 스킬을 교육할지 등을 공유하게 된다. 이 시간은 치료자를 위한 치료로써 직접 기능하지는 않지만(이 과정에서 나타난 문제에 대한 도움을 받기 위해 안건에 자신을 배정하는 팀원들이 생길 수 있다), 개인 치료자에게 치료를 조정하는 데 필요한 정보를 제공한다. 전통적인 팀에서는 이러한 치료 조정이 팀이 주로 다루는 사항이지만, DBT 팀에서는 간략하게 처리되는데, 이는 팀이 업데이트에 너무 많은 시간을 소비하면 치료자를 위한 치료 기능을 잃을 수 있기 때문이다. 회의 리더는 시간을 염두에 두고 팀을 주요 안건 항목(치료자를 위한 치료)으로 신속하게 이동해야 한다. 이를 위해 시간을 제한하는 것(예: 10분)이 좋다. 치료자를 위한 치료 기능에 방해가 되지 않도록 안건 끝 부분에 배치하는 것도 하나의 방법이다. 이러한 업데이트는 간단하게 이메일로 의사 소통하여 팀 회의 시간을 효율적으로 활용하는 팀들도 있다.

관찰자 질문

우리(JS) 팀은 팀 회의가 끝날 때 관찰자가 (간략하게) 관찰자 유의사항을 읽을 수 있는 시간(5분)을 남겨두고, 팀 회의 중에 이러한 행동이 발생했었는지 팀에 질문을 던진다. 우리는 리마인더의 중요성을 높이기 위해서 다음과 같이 변경했다. 이는 또한 모든 팀원이 관찰자에게만 의존하지 않고 팀 문화를 관찰하고 의견을 제시하도록 촉진시키는 역할을 한다. 팀원들은 각 관찰자 유의사항에 대해 간략하게 논의하고(예: "팀 회의 중에 말을 하지 않은 팀원이 있었나요?", "오늘 판단적이거나, 측은함이 없는 태도를 취한 팀원이 있었나요?"), 필요에 따라 자신의 의견을 말하며("내담자에 대해 이야기할 때 제가 판단적이었던 것 같아요."), 효과적인 행동을 위해 서로를 강화하고, 팀이 동의사항에서 벗어나는 부분이 있다면 이에 대한 간단한 문제 해결책을 제안한다. 이 토론은 무판단적이며 건강한 팀 문화를 촉진하는 데 중점을 둔다. 어떤 질문으로 인하여 더 길게 이야기를 나누어야 하는 상황이 발생하면, 다음 팀 회의 안건에 배정할 수 있다.

위에서 열거한 안건을 변경해야 하는 어떤 특정한 목적이나 목표가 생기기도 한다. 예를 들어, 입원 환자, 거주 또는 집중 외래 치료 환경의 DBT 팀은 더 자주(어쩌면 매일) 만날 수 있으며, 다양한 직원들이 회의에 참석할 수 있다. 이러한 유형의 팀에서는 DBT 팀의 기본 원리는 동일하게 유지되지만, 관리 직원과 시간을 조율하거나 퇴원 계획을 논의하는 시간 등의 구성 요소가 추가될 수 있다. 또 다른 예는 연구 프로젝트의 일부로 DBT 치료를 제공하는 연구팀이다. 연구 프로토콜이 팀 회의에 통합되도록 특정한 사항에 관한 조정이 필요할 수 있다. 예를 들어, 안건 리마인더에는 팀원이 연구 프로토콜을 따르고 있는지 모니터링하고, 적절한 평가결과를 수집하고 있는지 등의 내용이 포함될 수 있다. 연구팀은 팀 회의의 우선 순위 구조를 변경하여 연구의 초점(예: 물질사용, 우울)을 표준 DBT에서의 생명위협행동과 같이 높은 우선 순위로 배정하기도 한다. 교육수련 팀의 경우에도 팀의 성격에 맞게끔 수정이 필요하다. 일반적으로 팀 리더는 폭넓은 DBT 치료 경험을 가지고 있는데 반해, 다른 팀원 중 일부나 모두는 제한된 경험을 가지고 있다. 이 때 팀 리더는 다른 팀원보다 더 지시적이고 적극적인 태도를 취할 필요가 있다. 팀 리더 또는 기타 경험 많은 팀원은 새로운 팀원이 더욱 적극적인 자세로 임할 수 있도록 행동 조형을 해야 하고, 새로운 팀원의 경험과 지식이 많지 않더라도 리더에게 피드백하고 다이어렉틱스를 강조하는 등의 효과적인 팀 행동을 할 수 있도록 자문하고 강화해야 한다. 팀원들이 숙련된 팀원에게 의존할 위험성이 있기 때문에, 이는 DBT 팀 동의사항과 일치하지 않는 것이므로 팀 리더가 팀 전체를 위해 개입해야 한다. 숙련된 팀원은 팀이 DBT 팀 동의사항을 이행하도록 지속적으로 행동조형을 해 나가야 한다.

예시 1

그림 4.1에서는 DBT 팀이 안건을 진행하는 방법을 보여주기 위해 자료 9의 예시를 보여준다. 각 팀원은 자신의 우선순위 수준을 결정하고 안건 항목에 필요한 논의 시간을 요청했다.

이 경우 팀 회의가 90분 동안 진행된다면 회의 리더는 약 20분 동안 마인드풀니스를 시행하고, 동의사항을 읽은 후에, 지난주 팀 회의록을 가볍게 검토하며, 안건 리마인더를 읽고, 스킬 훈련 그룹 리더에게 이전 스킬 그룹에서 배운 스킬을 팀에 업데이트하도록 요청한다. 이후 회의 리더는 이 주의 팀원인 CH에게 "이 주의 팀원" 안건 부분을 시작하라고 알린다. 이 시간은 약 15분으로 영상 시청, 역할극, 또는 사례 개념화 논의를 위해 따로 배정된다.

그림 4.1. DBT 팀 회의 안건: 예시 1

팀원은 다음 중 하나 이상을 팀에 요청할 수 있음

(1) 팀의 수인 (3) 내담자에 대한 평가 향상을 위한 도움

(2) 내담자에 대한 공감 증진을 위한 도움 (4) 문제해결 방안 제안

논의 또는 완료된 주제에 체크하기

☐ 마인드풀니스

☐ 동의사항 읽기

☐ 지난주 회의록 검토

☐ 추가 도움이 필요한 경우 안건에 배정하기 위한 리마인더:

- 어떤 팀원이 임박한 자살 위기에 놓인 내담자를 치료하고 있나?
- 어떤 팀원이 연속 4회 결석할 가능성이 있는 내담자를 치료하고 있나?
- 어떤 팀원이 휴가나 출장을 앞두고 있나?
- 어떤 팀원이 서류 완결이 지연되고 있나?
- 어떤 팀원이 상황이 더욱 악화되고 있는 내담자를 치료하고 있나?
- 어떤 팀원이 동의한 치료 기간이 끝나가는 내담자를 만나고 있나?
- 어떤 팀원이 한 주간 전화 자문에 많은 시간을 보냈는가?
- 어떤 팀원이 오늘 팀 회의에 늦은 팀원이 있는가?

☐ 스킬훈련 그룹 업데이트(교육한 스킬, 숙제, 다음 주 진도)

☐ 이 주의 팀원: _____*CH*_____

다음 중 하나에 15분 사용: (1) 역할극 (2) 영상 시청 (3) 사례 개념화 발표

우선 순위:

높은 우선 순위(예: 생명 위협 행동, 정서적 고통이 심한 팀원, 시간에 민감한 주제, 중요한 팀 방해 행동)

팀원 이름:

☐ *DD (10분)* _____ ☐ *ST (15분)* _____

☐ *AL (5분)* _____ ☐ _____

중간 우선 순위(예: 중요하지만 시간에 민감하지 않은 주제, 오늘 다루지 못해도 괜찮은 사항)

☐ *AP (10분)* _____ ☐ _____

☐ *JT (1분)* _____ ☐ _____

낮은 우선 순위(예: 다음 회의까지 기다릴 수 있는 주제, 오늘 다루지 못할 가능성이 있음)

☐ LL (10분)_____ ☐ _____

☐ _____ ☐ _____

기타:

☐ 효과적인 내담자 또는 팀원의 행동/진전 상황 _____

☐ 회의 종료 벨 울리기

　　CH는 팀에 구체적으로 요청(예: 수인하기, 공감, 평가 또는 문제 해결)하고 팀은 이러한 요구 사항을 충족시키기 위해 노력한다. CH는 치료의 진전, 속도 및 흐름을 잃어버리는 패턴에 대하여 문제 해결을 요청하였다. CH는 설명을 돕기 위해 회기를 촬영한 영상을 팀과 공유한다. 팀은 이를 평가하고, 몇 가지 제안을 하며, CH는 구체적인 문제에 대한 해결책(직설적 화법)을 실행하는 방법을 팀원과 함께 연습한다. 회의 리더는 CH에게 시간이 거의 다 되었음을 알린다. 그 후 팀은 해당 토론을 간략하게 마무리한다.

　　회의 리더는 다음 DD의 순서로 이동하게 되며, DD는 자신에게 필요한 것을 말한 후 약 10분 동안 팀에게 상황을 설명한 후 자문을 받는다. 팀에서 DD는 공감 및 평가에 대해 도움받기를 원했다. DD는 최근에 높은 자살 위기를 겪고 있는 내담자와 함께 스킬 사용 계획을 세웠지만, 내담자가 이를 따르지 않아 고위험 상황이 발생했다고 설명했다. DD는 내담자가 계획을 이행하지 않았다는 점에 화가 나고 두려움을 느끼고 있다고 말했다. 팀은 먼저 이러한 감정을 수인한 다음 DD의 요청 사항으로 넘어간다. DD가 요청한 것은 치료자가 좌절감을 느끼며 잃어버린 내담자에 대한 공감을 되찾고, 계획한 대로 되지 않은 이유를 찾기 위하여 치료자가 놓친 변인이 무엇인지 확인하는 것이다. 팀은 DD가 내담자에게 공감하는 마음을 회복하는 데 중점을 두며, 내담자가 어려운 상황에 처해있다는 점과 함께 정서적 고통 수준이 높은 상황에서는 계획했던 스킬을 사용하기 어려울 수 있다는 점을 강조한다. 그 다음에는 DD의 체인 분석을 검토하고, 추가로 평가하고 문제를 해결할 수 있는 영역에 대해 제안한다. 한편, DD는 팀이 순조롭게 진행되고 있을 때와 팀이 자신의 요구 사항에서 벗어났을 때 피드백을 한다. 회의 리더는 토론을 위해 약 10분을 할당한다. 시간이 충분하지 않다면, 팀은 시간을 더 추가할지 또는 팀 밖에서 이 문제를 해결할지 여부를 논의한다.

　　회의 리더 역시 우선순위가 높은 AL과 ST를 거쳐, 중간 우선순위인 AP와 JT로 넘어간다. 회의 리더가 시간을 잘 지킬 수 있다면, 팀은 우선 순위가 낮은 LL의 안건도 충분히 다룰 수 있다. 팀이 회의 중 어떤 항목에서 시간을 초과하면, LL은 다음 팀 회의까지 기다려야 할 수 있다. 그 후 회의 리더는 팀원들 자신이나 내담자의 효과적인 행동을 공유하고 싶은 사람이 있는지 묻고 마인드풀니스 벨을 울려 팀 회의를 종료한다. 회의 리더가 이러한 방식으로 안건 진행을 하는 동안 관찰자과 전체 팀은 팀 동의사항을 잘 따르려 노력하고, 폭넓은 수인, 배려, 유머와 함께 각 팀원이 치료를 진행하는 데 필요한 것을 얻을 수 있도록 돕는다.

예시 2

그림 4.2에 나와 있는 두 번째 예시는 DBT 팀 회의 안건: 양식2를 활용한 것이다. 이 양식은 보다 구조화된 형식으로써, 안건 항목의 변화를 보여준다. (이 안건에는 다음과 같은 추가 요소가 포함되어 있다. 해당 주에 가르친 스킬을 화이트보드에 쓰도록 돕는 리마인더, 지각한 팀원의 체인 분석, 팀원 체크인, 치료 조정, 관찰자 질문에 대한 간략한 논의 시간.) 이 예시에서 팀은 안건을 다루는 데 2시간이 주어지므로, 예시 1에 포함되지 않은 항목을 추가할 수 있다. 또한 이 안건 양식에는 팀원이 팀에 요청할 수 있는 항목과 관련하여 더 많은 선택사항이 포함되어 있다. 표준 요청 사항(수인하기, 공감, 평가, 문제 해결) 외에도 팀원들은 자신이 정서적으로 소진되었다는 점, 팀에 간략한 업데이트 사항이 있다는 점, 스스로 무엇이 필요한지 알지 못해 이를 파악하는 데 도움이 필요하다는 점 또는 간단하게 알릴 사항이 있다는 점을 안건에 표기할 수 있다.

이 팀 회의에서는 먼저 다룰 안건 항목(마인드풀니스, 동의사항 읽기, 회의록 검토, 리마인더 읽기)에 약 20분을 사용한다. 이어서 "팀원 체크인"에 15분을 배정하여 각 팀원이 겪은 지난 한 주간의 일에 대해 간단히 나눈다. 그 다음으로 회의 리더는 이 주의 팀원인 OL의 순서임을 알려준다. OL은 평가에 대한 도움을 요청한다. OL은 자신이 처한 상황과 문제 패턴을 기술하고, 팀은 주로 OL의 문제에 대한 평가 능력을 증진시키는 것에 집중한다. 다음으로, 팀은 지각한 팀원의 체인 분석을 간략하게 진행한다. 그리고 나서 회의 리더는 안건에 기록된 우선 순위가 가장 높은 팀원(SG, AT, KI)이 먼저 진행하게 하고, 그 다음 중간 우선 순위 팀원(JT)에게 순서를 부여한다. MM은 낮은 순위이므로 다음 팀 회의로 연기될 수 있다는 점을 전달한다. 회의 리더는 간단한 치료 조정을 위한 시간을 따로 확보한다(예: 정신약리학자 psychopharmacologist가 팀원들에게 지난주에 만난 내담자에 대한 내용을 전달) 또한, 관찰자가 관찰자 동의사항 전체를 빠르게 읽을 수 있는 시간을 마련하여, 팀이 당일 팀 회의에서 동의사항을 준수하는 데 문제가 있는지 확인할 수 있도록 한다(이는 간단히 짚고 넘어가거나, 이후 팀 회의에서 더 길게 논의될 수 있음). 회의 리더는 팀원들이 효과적인 행동을 공유하도록 한 후에, 마인드풀니스 벨을 울려 정시에 회의를 종료한다.

　이러한 예시들을 통해 DBT 팀은 이 장에서 논의한 기본 구조에서 시작하여, 각 팀에 맞게 구조를 조정하고 추가할 수 있는 방법을 찾기를 바란다. 팀은 이러한 양식을 사용하여 전략적으로 조정함으로써, 개입 효과를 극대화하고 각 팀이 가진 고유한 문제를 해결하는 데 도움을 받을 수 있다.

그림 4.2. DBT 팀 회의 안건: 예시 2

날짜 : _____　　　리더 : _____

해당 주제가 논의/완료되었을 때 네모에 체크 표기를 해주세요.

☐ 마인드풀니스 (10분)

☐ 동의사항 읽기

☐ 지난 회의록 검토하기

☐ 화이트보드에 스킬 업데이트하기

☐ 리마인더: 다음 사항에 도움이 필요한 경우, 해당 안건에 표기합니다

　✓ 자살 위험이 더 높아진 내담자가 있는가?

　✓ 연속 4회 결석 가능성이 있는 내담자가 있는가?

　✓ 휴가를 위해 대체 치료자가 필요한가?

　✓ 서류 완결이 지연되었는가?

　✓ 비효율적인 행동이 증가하고 있는 내담자가 있는가?

　✓ 치료 기간이 끝나가는 내담자가 있는가?

　✓ 한 주간 전화 자문에 많은 시간을 보냈나?

　✓ 오늘 팀에 늦은 팀원이 있는가?

안건에 자신의 이름을 기록해주세요. (안건에 팀원을 배치한다는 점을 기억하세요).

여러분이 오늘 다뤘으면 하는 것에 체크 표시해주세요. 우선 순위와 필요한 시간을 기록해주세요.

필요한 시간(분)	우선 순위 1-5 (5 = 가장높음)	팀원 이름	평가에 대해 도움이 필요함	문제 해결에 대해 도움이 필요함	내담자 대한 공감을 증진 시키기 위해 도움이 필요함	수인이 필요함	정서적으로 소진되어 도움이 필요함 (구체적으로 기술해주세요)	업데이트할 사항이 있음	무엇이 필요한지 잘 모르겠지만, 도움이 필요함	알릴 사항이 있음
15	5	팀원 체크인								
15	5	이주의 팀원: OL	V							
5	5	지각한 팀원의 행동분석								
20	3	JT		V						
2	1	MM								V
15	5	SG	V	V						
3	5	AT						V		
10	5	KI							V	
5	5	치료 조정								
5	5	관찰자 질문								
5	5	효과적 행동								
		종료								

결론

이 장에서는 DBT 팀 회의 진행 구조에 대해 다루었다. 각 팀의 구조가 위의 양식과 정확히 일치할 필요는 없다. 팀의 요구 사항을 충족하는 구조를 마인드풀하게 만들고 유지하면 팀의 효율성이 크게 증진되어 중요한 자문 사항을 논의하는 데 더 많은 시간을 할애할 수 있다. 또한 이 구조를 통해 팀은 기능성 문제를 직접적으로 해결할 수 있다. 모든 팀원에게 문제를 제기하고 해결할 수 있는 권한이 부여되며, 그러한 행동을 강화할 기회를 놓치지 않기 위해 노력할 수 있게 된다. 물론 팀원의 감정, 대인관계 갈등, 어려운 임상적 상황 등 장애물이 발생할 것이다. 이러한 문제 일부와 이에 대한 해결방안은 6장에서 다루게 된다. 이러한 기본 구성 요소가 흔들리면 문제를 해결하기 어려울 것이다. 이 구조는 서약, 팀 역할 및 이 책에서 논의된 요소들과 함께 원활하게 운영되는 DBT 팀의 중심 뼈대가 될 것이다.

팀 운영을 위한 연습

■ 이 장에서 설명한 구조를 정확하게 따르며 팀 회의를 4회 진행한다. 그 후 각 팀에 맞게 조정하기 위한 방법을 검토하고 확인한다.

■ 안건에 자신을 배정하기에 앞서 필요한 것을 파악하는 연습을 한다. "안건에 제가 필요한 사항을 기록했어요. 그리고 저는 … 이 필요해요."라고 명확하게 말한다. 해당 요청의 명확성과 정확성에 대해 서로 피드백을 한다.

■ 논의가 아직 끝나지 않았다고 생각되더라도 할당된 시간이 끝나면 대화를 종료하는 연습을 한다.

■ 정기적으로 마인드풀니스에 대한 팀 토론과 마인드풀니스 수행을 위한 시간을 확보하는 방법에 대해 논의한다.

■ 팀이 어떤 리마인더를 회의 중에 소리내어 읽고, 듣고 싶은지에 대해 논의하고, 그 결과에 따라 회의 리더 동의사항 리마인더 및 관찰자 유의사항 목록을 조정한다.

■ 팀의 전체적인 구조와 조정할 부분이 있는지에 대해 팀 토론을 한다. 다양한 안건 형식을 실험하고 어떤 것이 가장 도움이 되는지 토론한다.

치료자를 위한 치료

제 5 장
치료자를 위한 치료

앞서 언급했듯이 일반적인 치료팀과 DBT 팀의 중요한 차이는 DBT는 팀원들에게 초점을 맞춘다는 점이다. DBT 내담자에 대해 논의하는 것보다는 치료자를 위한 치료를 제공하는 것이 주된 목표이다. 여기에서 "치료자"라는 용어는 DBT 팀의 모든 구성원(개인 치료자만을 의미하는 것이 아님)을 뜻한다. DBT 팀에서 각 팀원은 DBT 매뉴얼 준수와 효과적인 치료 제공을 방해하는 요소가 나타났을 때 팀원들에게 정서적 지지와 공감을 구하고, 팀원들은 수인함과 동시에 문제를 해결하는데 도움을 준다. 따라서 팀원들은 팀이 가장 효과적인 자문을 제공할 수 있도록 하기 위해 어떤 유형의 도움이 필요한지 명확하게 요청(수인하기, 공감, 평가 또는 문제 해결, 4장 참조)하고 내담자가 아닌 치료자 자신을 안건에 배정한다.

효과적인 DBT 치료를 가로막는 요소들은 지식이나 스킬 부족, 정서적 소진, 강렬한 감정 또는 개인적인 어려움과 같은 다양한 문제이다. 다행히도 팀원들이 필요로 하는 것을 충족시키는 방법은 그렇게 어렵거나 복잡하지 않다. 친절한 말 한마디, 정보, 내담자에게 적용할 수 있는 간단한 DBT 스킬 목록이나 기관 정책에 대한 간단한 설명, 참고사항 등 만으로 충분할 수 있다. 그러나 치료자 또는 내담자의 감정이 치료 진행을 방해하는 경우처럼 꽤나 복잡한 문제가 생기기도 한다. 주제에 상관없이, DBT 팀은 서로에게 DBT를 실행하고, 내담자를 만날 때와 동일하게 DBT 전략과 스킬을 활용해야 한다.

DBT의 핵심 전략은 수용 전략과 행동 변화 전략, 그리고 이 두 양극단을 통합하는 다이어렉티컬 세계관 및 전략으로 구성되어 있다. 앞서 언급했듯이 이는 수용 전략과 변화 전략이 동등하게 균형을 이루는 것을 말하는 것이 아니라 상황과 필요에 따라 적용하는 것이다. 팀에서는 이와 같은 통합된 태도가 항상 존재한다. 팀원들은 서로를 있는 그대로 받아들이는 동시에, 동료의 스킬과 역량을 향상시키기 위한 변화 전략을 적용한다. DBT 전략과 스킬은 DBT 매뉴얼에 자세히 설명되어 있으며 여기에서는 치료팀이라는 맥락에서 간략하게 검토할 예정이다. 전략을 검토한 이후 6 장에서는 이를 어떻게 실행하는지에 대한 예시를 살펴보도록 하자.

DBT 팀 회의에서는 모든 DBT 전략이 적용되지만 어떠한 측면에서 DBT 회기와는 상당히 다르게 보일 수 있다. 첫째, 팀원은 일반적으로 효과적인 DBT를 제공하고 도움을 받기 위해 상당히 의욕적인 상태로 팀에 온다. 그렇기 때문에 치료자의 변화를 위한 서약 전략을 사용할 필요는 별로 없다(물론 예외 상황은 있다!). 또한 DBT 치료자는 이미 DBT를 알고 있기 때문에, 이미 자신의 문제를 평가하고 몇 가지 전략을 고려하고 있는 경우가 많다. 팀은 팀원의 스킬을 신뢰하고 이미 해결한 내용과 도움이 필요한 부분을 경청한 뒤에 앞으로 나아간다. (팀이 팀원을 존중하거나 신뢰하지 않는 상황에 대해서는 6장 도전이 되는 어려운 문제에서 논의하겠다.) 팀은 필요하지 않다면 특정한 전략을 꼭 적용할 필요는 없다. '효과적이고 실제로 도움이 되는 것만 하기'라는 원리는 치료자를 위한 치료를 제공하는 DBT 팀에게 유용한 지침이 될 것이다.

모든 팀원은 치료자에게 치료를 제공해야 할 책임이 있다. 모두가 서로에게 DBT를 실행함에 있어 깨어 있는 상태에서, 적극적으로 참여하는 것이 중요하다. 그러나 간혹 팀이 어떻게 하는 것이 좋을지 확신이 서지 않는 경우도 생긴다. 관찰자는 이러한 순간을 잘 포착해야 한다. 가장 경험이 많은 팀원은 DBT를 잘 모르는 팀원들에게도 도움을 줄 수 있어야 한다. 그리고 궁극적으로 팀 리더는 "정체된" 순간에도 팀을 전진시켜야 할 책임이 있다.

수용 전략

치료자의 동기는 DBT 팀이 주목하는 핵심 요소 중 하나이다. 팀원의 동기를 유지하는 데 가장 중요한 요소 중 하나는 팀이 따뜻하고, 친절하며, 연민을 갖고 지지하는 분위기를 갖추는 것이다. 물론 신뢰가 필수 요건이다. 따라서 팀의 수용 전략을 강력하게 강조하는 것이 매우 중요하다. 팀원이 느끼기에 치료팀이 치료상황에서 발생한 문제를 상쇄시킬 정도의 충분한 정서적 지지를 표현하고, 자신의 실수와 불확실함을 공유할 수 있을 만큼 안전하다고 여길 때, 팀은 내담자와 또는 팀원간 서로 상호작용하는 효과적인 방법을 찾는데 큰 도움이 될 것이다. 팀이 변화에만 집중하면 팀원은 이 어려운 과정을 헤쳐 나갈 동기를 잃어버리기 쉽다. 팀원이 회기 또는 다른 곳에서 내린 결정에 대해 팀에서 판단적인 피드백을 받으면 더 이상 공유하고 싶지 않을 것이다. 수용이 부족하면 팀 문화, 팀원 및 내담자 모두에게 문제가 될 수 있다. DBT 팀이 안전한 휴식처가 되어 마음을 가다듬고 활력을 되찾아 영감을 얻을 수 있는 공간이 될 때 팀원들은 최선을 다할 수 있다. 팀이 팀원의 행동에 변화가 필요하다고 느낄 때에도 측은한 마음으로 무판단적이며 수인적인 대응을 통해 유약성을 공유하는 문화를 유지해야 한다. 이렇게 조성된 안전한 환경은 변화 전략을 적용하는데 도움이 될 뿐만 아니라, 팀원들간의 관계를 굳건히 다지는 기반이 된다.

수인하기

무엇보다도 팀원들은 서로에게 폭넓은 수인이 필요하다. 팀원들은 변화가 필요한 상황이라면 더욱이 자신의 감정과 결정과 도전이 이해할 만하다는 말을 듣기 원할 것이다. DBT(Linehan, 1997)에서 다룬 수인하기 전략들은 모두 DBT 팀에서 자주 사용된다. 여기에는 1단계 경청 및 관찰하기, 2단계 정확히 다시 말해주기, 3단계 비언어적 표현 읽어주기, 4단계 충분한 이유가 있다는 점을 수인하기, 5단계 그 순간의 반응이 합리적일 수 있는 점을 수인하기, 6단계 상대방을 타당하고 가치 있는 존재로 대하기가 포함된다. 여섯 단계 모두 DBT에서 필수적이며 DBT 팀에서도 마찬가지로 중요하다.

1단계: 경청 및 관찰하기

이 단계는 상대방에게 주의를 기울이는 것을 의미한다. 눈을 마주치거나, 고개를 끄덕이는 것, 또는 잘 듣고 있다는 것을 보여주는 행위 등이 여기에 속한다. 또한 팀원의 정서나 태도의 미묘한 변화를 알아차리는 것도 포함된다. DBT 팀에서 1단계 수인하기에서 실패하는 경우는 팀 회의 중에 전화 확인하기, 옆 사람과 대화 나누기, 실제로 팀 외부의 무언가에 집중하고 있는 사람에게 관심 갖기, 말하고 있는 팀원에게 완전하게 주의집중을 하지 않는 것 등을 예로 들 수 있다. "팀원이 한 번에 두 가지 일을 했다"는 관찰자 유의사항의 목적 중 하나는 팀에서 1단계 수인하기를 용이하게 하는 것이다. 이러한 유형의 수인하기는 팀 내에 긴장이나 갈등이 있을 때 특히 중요하며, 갈등을 설명하고 대응하거나 해결하려 시도하기 전에 경청하는 것은 이러한 상황을 효과적으로 관리하는 데 필수적이다.

2단계: 정확히 다시 말해주기

2단계 수인하기는 팀원들에게 그들의 생각, 감정 및 외현적 행동을 다시 말해주는 것이다. 이로써 치료자는 사람들이 자신의 말을 들어주고, 또 이해받고 있다고 느끼게 된다. 2단계 수인하기는 팀원이 설명한 내용을 요약하는 것처럼 팀원이 표현한 내용에 근접한 것이어야 한다. 이러한 과정은 상황에 대한 상호이해를 돕고, 팀원 각자가 치료실 안팎에서 자신의 반응을 보다 정확하고 명료하게 설명할 수 있도록 돕는다.

3단계: 비언어적 표현 읽어주기

3단계에서는 불분명한 감정과 생각에 대하여 "마음 읽어주기"를 하는 것이다. 정확하게 읽어냈다면 그 효과는 강력하다. 소리 내어 말하지 않았음에도 누군가가 나의 반응을 예상하고 이해해주는 경험은 깊이 이해받았다는 느낌을 가지게 한다. 하지만 잘못 추측할까 두려운 마음에 3단계 수인하기를 꺼리기도 한다. 만약 이런 일이 생겼을 때에는, 잠시 뒤로 물러나서(자신의 추정이 옳다고 주장하기보다는) 더 많은 정보를 수집한다면, 부정확한 마음 읽기와 관련된 문제를 줄일 수 있을 것이다.

4단계: 충분한 이유가 있다는 점을 수인하기

4단계 수인하기는 어떤 행동(생각과 감정을 포함하여)이 그 원인을 고려했을 때 타당하다는 것을 전달하는 것이다. 여기에는 개인의 학습 이력, 생물학적 요인 또는 기타 맥락적 요인이 포함될 수 있다. 바람직하지 않거나 비효율적인 행동이라 할지라도 모든 행동에는 원인이 있다는 점을 강조하면, 팀원들이 판단적 마음을 줄이고 자신 뿐만 아니라 동료와 내담자의 행동까지 더 잘 이해하는 데 도움이 될 것이다. 예를 들어, 팀원이 과거 경험으로 인해 내담자에게 자살 충동에 대해 직접 물어보는 것을 주저하는 경우, 팀원들은 "그 내담자와 자살 위기에 대해 직접적으로 이야기하는 것은 쉬운 일이 아닐 거라 생각해요. 지난 달에 다른 내담자로 인해 많이 놀랐었기 때문에, 주저하는 것은 전혀 이상한 일이 아니에요!"

5단계: 그 순간의 반응이 합리적일 수 있음을 수인하기

5단계 수인하기는 어떤 행동이 인간의 일반적 기능성이나 현재 상황을 고려했을 때 타당하다는 것을 전달하는 것으로, 다시 말해 누구든지 비슷하게 반응할 수 있다는 점을 표현하는 것이다. 하지만 팀 내에서 5단계 수인하기를 적용하는 것이 간혹 어려울 때가 있다. 이 단계의 수인은 팀원의 행동에 문제가 있거나, 좌절감을 주거나, 혹은 팀이나 내담자에게 바람직하지 않은 경우에도 그 행동에 담긴 "진실의 일면kernel of truth"을 찾는 것을 포함한다. 팀이 문제 행동을 바꾸는 데 중점을 두더라도, 그 행동이 있는 그대로 어떠한 의미가 있는지, 그리고 치료자가 왜 그런 행동을 하게 되었는지를 이해할 수 있는 방식으로 설명하는 것이 중요하다. 예를 들어, "선생님이 그 내담자의 어머니에게 더 판단적인 마음을 갖는 이유를 충분히 이해할 수 있어요. 누군가를 너무나 보호하고 싶을 때는 다양한 판단적 마음이 들게 되는 것 같아요. 누구라도 같은 기분을 느꼈을 거에요." 5단계 수인하기가 어려울 때에는 4단계로 가서 다른 사람들은 이러한 방식으로 행동하지 않더라도, 그의 개인적 과거 경험이나 생물학적 특성을 살펴본다면 그 행동이 이해된다고 말해줄 수 있다. 그러나 팀이 충분히 질문하지 않거나 현상학적 공감을 하지 못할 경우에 5단계 수인은 쉽지 않은데, 이때에는 잠시 멈추고 의도적으로 진실의 일면을 찾는 것이 도움이 된다. 예를 들어, 팀 동료가 팀 회의에서 내담자에게 화를 낼 때, 팀은 이 분노가 타당한 이유를 찾아보고 다음과 같이 치료자에게 전할 수 있다. "선생님이 왜 화가 났는지 충분히 이해해요. 저도 똑같이 했을 거에요!"

6단계: 상대방을 타당하고 가치 있는 존재로 대하기

6단계 수인하기는 "철저한 진정성radical genuineness"이라고도 한다. DBT 팀의 성공 여부는 팀원들이 서로에게 진정성 있는 마음으로 진실한 태도를 취하는 데 달려 있다. 이것은 팀원을 연약한 사람으로 대하는 것과는 정반대이며, 오히려 팀원들을 받아들이기 어려운 피드백 또한 감당할 수 있을 만큼 충분히 강하다고 가정하는 것이다. 이 단계에는 모든 팀원을 팀에서 직면한 어려움 모두를 극복할 수 있는 타고난 능력자로 여기는 것도 포함된다. 철저한 진정성을 갖는다는 것은 지나치게 달콤하거나, "가짜"같은 목소리 톤, 또는 "평범한 사람"이 아닌 "치료자처럼" 말하는 것을 피하는 것이다. 다시 말해, 집에서 사랑하는 가족에게 이야기하는 것처럼 팀원에게 이야기하는 것이다(깊은 배려와 진정성, 그리고 좀 더 자연스럽게). 물론 상황에 따라 주의를 기울여 말해야 한다. 예를 들어, "말씀을 들어보니 그 내담자때문에 마음이 많이 아프신 것 같아요", 또는 "저런, 제 내담자에게 그런 일이 생겼다면 저도 많이 울었을 거예요!"와 같이 자연스럽게 말하는 것이 좋다. 6단계 수인하기는 변화를 추구할때도 사용할 수 있는데, 어떤 때는 "지금 우리가 내담자를 판단하고 있는 것 같아요"처럼 신중하게 말하는 것이 바람직할 것이고, 또 어떤 때는 "와우! 오늘 모두가 상당히 판단적이네요!"라고 말하는 것이 좋을 때도 있다. 팀원들은 자신이 낸 의견이 얼마나 효과적인지 계속 마인드풀하게 살피는 자세를 유지해야 하고, 이러한 접근 방식이 대화의 궁극적 목표인 더 향상된 DBT로 나아가는지 잘 살펴야 한다.

수인하기 이외에도 따뜻함, 반응성, 협동과 같은 여러 순환적 의사소통 전략reciprocal strategies들이 있다. 이러한 모든 수용 전략은 단독으로 사용하거나 이 장에서 논의된 다른 전략과 함께 사용할 수 있다. 이러한 전략 모두는 효과적인 DBT를 제공하는 데 필요한 필수적인 신뢰, 따뜻함 및 팀워크를 구축하는 데 절대적으로 필요한 요소들이다.

변화 전략

수인하기를 확장시켜 넓은 맥락에서 살펴보자면, DBT 팀이 팀원들의 역량을 향상시키기 위해 노력하는 것 역시 여기에 속한다. 서로를 더 나은 DBT 치료자로 발전시키기 위해 다양한 변화 전략을 사용하는 것이다. 어떤 문제들은 수인하기나 간단한 제안만으로도 팀원이 원하는 바를 충족시킬 수 있다. 그러나 치료자가 치료 방향을 변경하거나, 스킬을 향상시키거나, 감정을 조절하는 것에 도움을 주기 위해서는 보다 철저한 치료 개입이 필요하다. 아래의 변화 전략은 팀이 엄격하게 따라야 하는 체크리스트가 아니라, DBT 치료자가 필요할 때마다 다양한 전략을 손쉽게 사용할 수 있게 하는 리마인더이다. 우리 팀에서는 공식적인 변화 전략을 자주 사용하지는 않는 편이며, 대부분의 경우 간략한 비공식적인 개입만으로 충분하다.

문제 해결: 평가

평가는 행동을 바꾸는 데 필수적인 첫 번째 단계이다. 앞에서 설명한 것처럼 팀이 내가 겪고 있는 어려움을 이해하기도 전에 곧바로 문제해결 방법부터 이야기하면 불편함을 느낄 것이다. 하지만 팀원이 이미 문제에 대한 평가를 마쳤다면, 곧바로 문제 해결하기로 이동해도 괜찮다. 이러한 전략은 문제의 본질이 아직 명확하지 않을 때 더욱 유용하다.

문제를 정의하기

우선 팀과 치료자가 문제를 정의해야 한다. 자문을 원하는 팀원이 문제를 정의하기 어려워 할 때에는, 치료자 자신이나 관찰자 또는 다른 팀원이 추가적으로 문제를 정의하는 것이 필요함을 알릴 수 있다. 이 때 가장 중요한 것은 팀원의 행동에 초점을 맞추는 것이다. 물론 내담자의 행동 역시 정의해야 할 때가 있다. 예를 들어, 팀원이 내담자에게 좌절감을 느낀다면, 팀은 치료자의 행동(해당 감정과 이에 수반되는 인지 및 외현적 행동)을 파악하고, 그것이 어떻게 나타나는지 기술한다. 즉, '좌절감을 느낄 때 팀원은 어떠한 행동을 보이는가?'를 구체적으로 살펴보며, 얼마나 자주 그러한 감정을 느끼는지, 얼마나 강렬한지, 한 번 발생하면 얼마나 오래 지속되는지 파악해야 한다. 팀은 또한 내담자가 어떠한 행동을 했기 때문에 치료자가 그러한 감정을 느끼게 되었는지도 정확히 정의해야 할 것이다. 팀은 구체적인 질문을 해야 하거나, 문제가 무엇인지 정확히 이해하기 위해 좀더 구체적으로 표현하게끔 도와주어야 할 수도 있다. 예를 들어, 치료자가 "번아웃이 온 것 같아요! 도저히 감당이 안돼요," 라고 말하면 팀은 " '번아웃'이 어떤 의미인지 구체적으로 설명해주시면 좋겠어요. 좌절감이 느껴진다는 말씀일까요? 지친 것을 표현한 걸까요? 아니면 압도감을 느끼시나요? 어떤 생각과 느낌이 있으신지 좀 더 자세히 해주세요"라고 구체적으로 질문하는 것이다.

팀은 치료공간, DBT 팀 회의 또는 외부에서 발생한 문제에 대해 평가한다. 예를 들어,

- 치료 공간 안에서: 내담자 앞에서 잠드는 행동, 내담자에게 느끼는 힘겨운 감정을 효과적이지 않은 방식으로 표현하는 것, 내담자에게 전략을 실행하는 방법을 모를 때

- DBT 팀 회의에서: 지각, 판단적인 표현하기, 피드백을 받을 때 방어적 태도 취하기, 팀에서 말하지 않는 행동, 대체 치료자가 되기를 꺼리는 행동

- 개인 생활에서: 수면 문제, 물질 남용, 대인관계 문제, 또는 과로 등 치료에 방해가 되는 행동만이 DBT 팀의 표적이 될 수 있음

행동 분석

행동을 파악한 후에 팀은 문제 해결책을 만들어내는 데 도움이 될만한 관련 변수들을 평가해야 한다. 행동 분석은 특정 행동의 선행 요인과 결과를 조사하는 절차이다. 행동 분석의 목적은 통제 변수(즉, 어떤 변수가 행동을 시작하게 하고 유지하게 하는지)를 식별하여 문제 해결책을 시도할 기회를 파악하는 것이다. 예를 들어, 팀은 어떤 팀원이 자신의 내담자가 자신의 능력에 의문을 제기할 때마다 화를 냈고, 이로 인해 그 내담자는 이와 관련된 이야기를 하지 않게 되었다는 것을 파악할 수 있다. 팀은 또한 어떠한 상황에서 바람직한 행동을 하지 않은 경우 역시 식별해낼 수 있어야 한다. 예를 들어, 팀원이 내담자가 감정을 표현할 때 수인하지 않거나, 내담자가 자살 충동이 높아지고 있다고 표현할 때 평가하지 않는 행동 등이다. (행동의 부재는 빠진 연결고리 분석Missing Link Analysis을 통해 가장 효과적으로 해결할 수 있다. 109-110쪽 참조)

체인 분석

체인 분석(Linehan, 1993; Linehan 2015a, 2015b)은 행동 분석과 유사하며, 하나의 사건(패턴이 아닌)에 대해 훨씬 더 세부적인 내용을 다루는 기법이다. 팀의 체인 분석은 일반적으로 내담자의 생명위협행동 및 치료방해행동에 대한 대응과 같은 팀원의 행동에 초점을 맞추지만,

팀은 치료자가 내담자 행동을 평가하는 것에 대해서도 도움을 줄 수 있다. 체인 분석을 통해 평가하는 구성 요소는 다음과 같다.

- 이러한 일련의 사건에 더욱 취약하게 만드는 유약성 요인 또는 변수들

- 촉발사건 또는 선행사건

- 촉발사건과 표적행동 사이의 연결고리, 즉 생각, 감정, 환경적 사건, 충동, 그리고 기타 사건들

- 위에서 논의한 대로 정의된, 팀원(또는 내담자)의 행동.

- 단기적 및 장기적 결과물. 특정 결과물이 문제 행동을 유지시키는지 확인하기 위하여 분석할 것. 단기적 결과는 즉각적인 안도감과 같이 그 행동을 강화하고, 장기적인 결과는 종종 팀원이나 내담자에게 불편감을 표현한 후 느끼는 수치심과 같은 문제 행동을 억제하는 데 활용될 수 있음

이러한 평가를 통하여 문제에 대한 이해를 증진시키고, 문제 해결 방안을 시도할 수 있는 지점을 알게 된다. DBT 치료자는 이미 체인 분석을 수행하는 데 능숙하고 관련 정보를 효과적으로 파악할 수 있기 때문에 팀의 체인분석은 대체로 간단한 편이다. 예를 들어, 팀원이 늦었을 때 스스로 체인분석을 하여 팀에 전할 수 있다. "늦어서 미안해요. 제가 빠르게 체인분석을 할게요. 아까 컴퓨터 앞에 앉아 있었는데, 팀 회의 시작까지 5분이 남았다는 것을 알았어요. 회기 기록 하나를 더 마칠 수 있다는 사실에 마음이 조급해져서, 시계를 다시 확인하지 않았어요! 그 때 놓치고 말았네요. 마인드풀하지 않은 마음을 가지고 시간을 확인하지 않았다는 것이 가장 큰 문제라고 생각해요." 이와 같이 간단한 평가를 통해 문제 해결로 바로 이어질 수 있다. 팀원은 "이번 체인분석을 통해 회기 기록을 작성하는데 5분 이상 걸린다는 것을 알았어요. 앞으로 이런 행동을 반복하지 않겠다고 약속할게요. 또한 휴대폰에 알람을 설정해서 언제 일어나서 방에서 나와야 하는지 잊지 않도록 할 계획이에요." 팀은 이 서약에 대해 다음과 같이 문제 해결을 할 수 있다. "그 전략을 실행하는데 방해가 될 만한 것이 있을까요? 지금 당장 알람을 맞추는 것은 어떨까요?" 아주 복잡하거나 혼란스러운 문제를 제외하고 체인 분석을 하는데 몇 분 이상 소요되는 경우는 거의 없다.

빠진 연결고리 분석 *Missing Link Analysis*

빠진 연결고리 분석(Linehan, 2015a, 2015b)은 바람직한 행동을 하지 않았을 때 실행한다. 특정한 상황에서 어떤 행동이 필요한지 알지 못하거나, 알고 있지만 잊어버렸거나, 혹은 고집스러운 마음으로 인해 효과적으로 행동하는 데 방해가 되는 요소를 식별하기 위한 일련의 질문으로 구성되어 있다. 예를 들어, 팀원이 내담자와 함께 특정 치료 개입을 활용하기로 동의하였으나 여러 회기 동안 진행하지 않은 경우에, 해당 치료자는 팀에서 이 문제를 강조할 수 있다("회기에서 그 주제를 다루는 것을 피하고 있는 것 같아요. 좀 도와주시겠어요?"). 팀은 장애물을 식별하는 데 도움을 줄 수 있다(예: "방해가 되는 것이 무엇인가요?"). 이 분석은 팀이 더 효과적인 행동이 나타나지 않는 이유를 평가하는 데 도움이 된다(예: 바람직한 행동을 했을 때 내담자가 처벌적 행동을 하였거나, 대체 행동이 강화됨). 예를 들어, 팀원은 자신이 무엇을 해야 할지 알고 있었고 회기 진행 중에 이를 떠올렸다. 하지만 "이 주제에 대해 이야기하면 안돼! 내담자가 혼자 할 수 있어야 해"라고 생각했고, 이는 회기에서 효과적인 전략을 수행하는 데 방해가 되었을 수 있다.

앞서 말한 평가 기법 중 상당수는 팀 회의에서 필요하지 않을 수 있다. 실제로 팀이 이전에 행동을 평가하고 행동을 잘 이해했지만 효과적인 문제 해결책에 도달하지 못한 경우, 대부분의 팀 시간을 새로운 문제 해결책을 브레인스토밍에 할애한다. 또는 팀원이 이미 통제 변수를 식별했다면, 이를 팀과 빠르게 공유하게 된다. 그러나 많은 팀들이 문제를 완전히 이해하기도 전에 해결책 찾기로 이동하는 경향이 있으므로, 팀은 행동에 대한 정의가 잘 되었고 통제 변수에 대해 잘 이해되었는지 확인해야 한다. 이러한 평가 전략은 검증해야 할 가설을 만들어 낸다. 팀은 가능한 통제 변수를 식별하고 문제해결 방법을 실험하며 계획을 재평가하고 개선해 나가야 한다.

문제 해결하기: 해결책 분석

중요한 변수가 파악되면 팀은 해결책을 찾는 것에 집중할 수 있다. 해결책 분석을 할 때는 평가를 통해 확인된 정보들이 필요하고, 체인에서 해결책을 적용할 몇 군데의 지점을 파악해야 한다.

해결책의 측면에서 DBT는 복합적인 변화 전략을 가지고 있으며, 내담자의 행동 뿐만 아니라 치료자의 행동에도 효과적일 수 있다. 여기에는 스킬, 유관성 관리, 노출 및 인지 전략이 해당된다(Linehan, 1993). 물론 이러한 전략이 불필요한 경우도 있지만(팀원이 이미 실행했거나, 간단한 리마인더 정도로 충분할 수 있음), 특정한 개입이 필요한 경우도 있다.

스킬

모든 DBT 스킬은 내담자와 함께 스킬을 활용하는 계획의 일부로 팀 내의 행동을 변화시키거나, 팀원의 일상에도 적용할 수 있다. 스킬훈련 매뉴얼은 DBT 팀 활동에서 표준이자 팀 문제를 해결하는데 필수적이다. 팀원들은 스킬을 최대한 자주 해결책으로 제안해야 한다. 각각의 구체적인 스킬을 모두 포함한 것은 아니지만, 팀에서 일반적으로 사용되는 스킬은 다음과 같다.

1. **마인드풀니스.** 모든 마인드풀니스 스킬은 팀에서 그리고 회기 중에 잘 활용된다. 예를 들어, 팀원 및 내담자와 무판단적인 자세를 유지하면 상황을 인식하고 다른 사람들과 상호작용하는 방식이 근본적으로 바뀔 수 있다. 모든 팀원은 팀 전반에 걸쳐 한 번에 한 가지 하기 스킬을 실행하며, 자기 자신과 동료들, 내담자와 관련된 상황에서 지혜로운 마음 스킬을 자주 적용한다.

2. **대인관계 효율성.** 모든 대인관계 스킬은 DBT 팀과 치료 상황에서 모두 사용할 수 있다. DEAR MAN 스킬은 팀원에게 행동 변화를 요청하는 데 유용하고, GIVE 스킬은 팀원과의 관계를 유지하는 데 필수적이며, 팀에서 자기존중감이 낮아지거나 자신의 의견이 상대방에게 잘 전달되지 않는다고 여겨지는 경우 FAST 스킬이 중요해진다. 팀에서 어려운 상호작용에 앞서 자신의 우선순위를 파악하는 것이 무엇보다 중요하다. 또한, 효과적인 요청 및 거절의 강도를 파악하면 팀 문화와 개인의 요구 간의 균형을 맞추는데 도움이 된다. (대인관계 효율성 모듈의 수인하기, 다이어렉틱스, 행동주의 스킬은 이 장의 다른 부분에서 언급되어 있다.)

3. **고통감내.** 팀 회의 중에 주의분산하기, 상상하기, 기도하기(고통감내 모듈의 스킬)를 사용하는 것이 집중에 방해가 된다고 생각할 수 있지만, 이는 팀 밖이나 회기 안팎에서 팀원들에게 매우 유용하다. TIP, 자기 위안하기, 의미 찾기, 이완하기 및 기타 위기 생존 스킬 등의 고통감내 스킬도 마찬가지이다. 현실수용 스킬은 팀에서 서로의 반응, 내담자가 기대만큼 빨리 좋아지지 않을 때, 그리고 감당하기 어려운 현실의 문제들을 받아들이는 데 있어 너무나 소중한 스킬이다. 팀원이 팀에서 이러한 스킬을 사용하면 팀과 치료를 효과적으로 운영하기 위해서 다양한 문제상황을 견뎌내는 데 큰 힘이 된다.

4. **감정 조절.** 일부 비-DBT 치료팀에서는 감정을 겉으로 드러내는 것을 권장하지 않을 수도 있다. 하지만 DBT 팀에서는 팀원들이 서로에게 치료를 제공하는 것이 목표이기 때문에 숙련된 그리고 조절된 방식으로 감정을 경험하고 표현하는 것이 매우 중요하다. 현재 감정에 대한 마인드풀니스는 감정 식별하기 및 감정의 모델과 기능에 대한 이해와 함께 팀이 문제를 식별하고 해결하는 데 도움이 될 뿐만 아니라, 팀원들의 경험을 수인하는 데 도움이 된다. 치료자가 감정의 강도를 조절하는 데 도움이 되는 스킬(예: PLEASE 스킬 및 정반대 행동하기)도 중요하다. 무엇보다도, 치료자와 내담자를 위해 지속적으로 감정에 초점을 맞추는 것은 DBT의 핵심 부분이므로 팀에서 간과해서는 안 된다. 감정이 표현되지 않는 회의를 정기적으로 하는 팀은 이러한 결핍을 문제로 인식하고 적극적으로 감정에 초점을 맞추어 이를 향상시켜야 한다.

   예를 들어, 어떤 팀원이 안건에 자신을 올리며 특정 내담자와 관련하여 매우 감정적이 되는데, 무엇이 문제인지 잘 모르겠다고 말하는 상황을 살펴보자. 이럴 때 팀은 치료자에게 문제를 잘 이해하는데 도움이 되도록 기술하기 스킬을 사용할 것을 권할 수 있다. 팀원이 자신의 생각, 감각 및 기타 내적 경험을 기술하는 과정에서, 팀은 해당 감정이 슬픔일 수 있다고 제안할 수도 있다. 이후 추가 평가를 통해, 질병이나 연인과의 이별과 같은 내담자가 처한 고통스러운 변화와 관련되었다는 점이 드러날 수 있다. 이에 팀은 이 감정을 충분히 수인하고, 다음 치료 회기 준비에 도움이 될 수 있는 현재 감정에 대한 마인드풀니스, 철저한 수용, 주의 분산, 문제 해결하기 등의 스킬에 대해 논의하게 된다.

   또 다른 예로는, 내담자의 치료방해 행동으로 인해 강렬한 부정적 감정을 느끼는 팀원이 안건에 자신을 배정한 상황이다. 팀은 치료자에게 내담자의 행동과 자신의 반응을 무판단적으로 정의한 후에 지혜로운 마음을 통해 앞으로 나아갈 방법을 찾아볼 것을 제안할 수 있다. 팀원의 지혜로운 마음에서는 내담자에게 이 문제를 직면하게 하는 것이 좋다고 생각하면서도, 내담자의 반응에 대한 강한 두려움으로 인해 회피 충동을 경험하고 있다. 이후 팀은 팀원이 어떻게 말할지 대본을 써서 이를 소리 내어 말하거나, 역할극을 통해 팀원이 문제에 미리 대비하기 스킬을 적용하도록 도울 수 있다.

   문제 해결방안을 성공적으로 구현하기 위해 팀원은 새로운 스킬(DBT 스킬 및 전략, 다른 근거 기반 개입의 전략 또는 기타 스킬)을 배워야 하는 경우가 있다. 물론 이러한 교육이 DBT 팀의 주된 초점은 아니지만 팀원의 행동을 변화시켜야 하는 상황에서 자연스럽게 교육으로 이어질 때도 많다. 팀은 팀원이 다음 회기 또는 치료자 자신을 위해 새로운 치료 기법이나 스킬을 교육하거나 모델링할 수 있다. 교육수련을 하는 팀의 경우에 새로운 행동을 습득하도록 교육하는 것은 팀을 위한 개입의 중요한 부분이라고 볼 수 있다. 예를 들어, 어떤 팀원이 자신의 감정 조절이나 내담자 교육을 위하여 '비수인적 상황에서 벗어나기' 스킬을 배우는 것이 필요하다면, 팀은 팀 회의나 이외의 시간에 이 스킬을 교육할 수 있다.

요약하면, DBT 스킬은 치료공간에서와 마찬가지로 팀 회의에서도 중요하다. DBT 팀원은 내담자에게 DBT 치료 제공의 일환으로 일상 생활에서 스스로 스킬을 사용해야 하며, 팀 회의에서도 스킬을 사용해야 한다. 이러한 스킬들은 팀원들이 팀 회의에서 다루게 될 다양한 유형의 문제에 대한 해결책으로 활용될 수 있다.

유관성 관리 *Contingency Management*

"유관성 관리"는 특정 행동 이후에 발생하는 결과물을 관리하는 것을 말한다. 결과물은 미래에 동일한 행동이 발생할 가능성을 높이거나 낮추는 데 영향을 준다. 치료공간과 팀 회의에서 특정 팀원의 행동을 강화하거나 약화시키는 데 활용할 수 있는 강력한 장치이다. 팀은 팀원과의 협력을 위하여 매우 투명하게 유관성을 관리한다. 이러한 전략은 내담자나 기타 외부 요인이 방해가 되더라도, 팀원이 어려운 행동을 계속하도록 촉진할 때 특히 유용하다.

DBT 팀에서는 효과적인 행동을 강화 reinforcement하는 것이 가장 일반적으로 사용되는 유관성 관리 전략이다. 강화물은 미래에 비슷한 맥락에서 특정 행동의 발생 가능성을 증가시키는 결과물이다. 강화는 회기, 팀 및 기타 상황에서 치료자의 효과적인 행동 가능성을 증진시키는 데 사용될 수 있다. 팀은 어떠한 강화물이 개별 팀원에게 어떠한 기능을 하는지 반드시 평가해야 하며, 칭찬이나 관심이 모든 이에게 강화물이 될 것이라고 가정해서는 안 된다. 팀원들마다 무엇이 강화물 역할을 하는지에 따라 다르게 느낄 수 있다. 예를 들어, 칭찬, 미소, 치료자의 자문이나 개입이 효과적이었음을 강조하는 것, 치료자의 효과적인 행동에 대해 다른 사람들에게 이야기하는 것, 또는 팀원이 주목받는 상황에서 벗어나게 해주는 것 등이 강화물이 될 수 있다. 어떠한 팀의 반응이 실제로 강화물의 역할을 하는지에 대해 팀 내에서 논의하는 것이 좋다.

회기 내에서 바람직한 행동을 강화하는 것은 팀의 중요한 역할 중 하나이다. 이는 내담자가 치료자의 효과적인 행동을 처벌하는 방식으로 반응할 수 있기 때문이다. 특히, 그 치료적 개입이 내담자에게 어느 정도의 고통이나 불편함을 유발할 때 더욱 그렇다. 예를 들어, 팀원이 내담자와 어려운 주제에 대해 직접적으로 다루었을 때, 내담자가 불편해 하거나, 마음을 닫거나, 화난 듯 보이거나, 그 밖의 방식으로 반응하여 치료자가 향후 직접적인 개입을 꺼리게 만들 수 있다. 이럴 때 팀원은 "이 주제에 대해 직접적으로 다루는 것이 쉽지 않겠지만, 저는 이 상황에서 가장 효과적인 방식이라고 생각하고 있어요. 어려우시더라도 계속 이어가 볼까요?" 등의 표현을 통해 내담자의 반응을 상쇄시킬 수 있고, 향후 회기에서도 이와 같은 치료자의 효과적인 행동이 지속될 수 있도록 강화해 준다.

팀 내에서 숙련된 행동을 강화하는 것도 매우 중요하다. 팀이 이러한 팀워크 행동을 강화하면, 팀원들은 '방 안의 코끼리'가 있다는 것을 표현하여 불편한 주제를 먼저 꺼내거나, 정시에 도착하거나, 무판단적인 언어를 사용할 가능성이 더 커진다. 예를 들어, 팀원이 "하고 싶은 말이 있긴 한데, 좀 부끄러워서 말하기가 쉽지 않네요"라고 하면 다른 팀원들은 "이렇게 말하는 것이 쉽지 않을 텐데, 이야기해주니 너무 좋네요!"라고 대답함으로써 팀원들이 앞으로 어려운 주제를 더 많이 이야기할 수 있게 한다.

팀은 또한 팀 회의나 회기 밖에서의 효과적인 치료자의 행동을 인식할 수 있어야 한다. 강화물은 팀원이 개인 시간을 활용하여 과제를 수행하거나 새로운 문제 해결방안을 시도하도록 유도하는 데 매우 효과적이다. 예를 들어, 팀원들이 몸이 아플 때 집에 가서 휴식을 취하라고 권하거나, 내담자의 문제를 다루기 위해서나 새로운 치료 기법을 배울 시간을 확보하기 위해 사랑하는 사람에게 DEAR MAN 스킬을 시도해보라고 제안할 수 있다. 이후 팀원은 과제를 수행했다는 사실을 팀에 알리고, 팀은 이에 대해 축하해주도록 한다!

미래에 어떤 행동이 발생할 가능성을 감소시키는 혐오적 결과물인 처벌punishment 또한 팀에서 활용할 수 있다. 위에서 언급한 바와 같이 팀은 내담자가 하는 처벌적 행동의 영향력을 줄이기 위해 노력한다. 팀원들은 효과적인 행동이 처벌되는 사례를 모니터링하며, 치료자를 처벌하는 내담자의 영향력을 상쇄시키기 위해 노력해야 한다. 처벌은 팀에서도 의도치 않게 발생할 수 있다. 팀원들은 특정 주제에 직면했을 때 감정을 조절하기 어려워서 언짢은 표정을 짓거나, 특정한 소리를 내거나, 다른 팀원과 말다툼을 하기도 하는데, 이 모든 것이 처벌적 역할을 할 수 있다. 즉, 이러한 행동이 팀 회의에서 강조되거나 다뤄지지 않으면, 팀원들이 효과적인 팀 행동(예: 방 안에 있는 코끼리에 대해 언급하기)을 하지 않게 되는 결과를 초래할 수 있다.

또한 팀에서 자기-비수인하기, 내담자에 대해 판단하기, 팀원을 방해하기, 또는 내담자나 치료자의 비효과적인 행동을 강화하기와 같은 팀 내 특정 행동의 발생 가능성을 줄이고자 할 때가 있다. DBT 팀원들은 때때로 전략적으로 가벼운 처벌을 사용할 수도 있지만 매우 주의해야 한다. "선생님이 그 상황에서 내담자의 자살적 행동을 강화한 것 같아요"라고 말하는 것은 효과적인 처벌이 될 수 있다. "말씀이 좀 판단적으로 느껴져요"와 "그렇게 표현하는 것을 바꿔 주시면 좋겠어요"도 처벌로 작용할 수 있다. 그러나 우리는 행동을 변화시키기 위해서 처벌보다 다른 전략이 팀에서 훨씬 더 효과적이라는 것을 발견하게 되었다. 처벌 전략은 팀원의 동기를 크게 감소시킬 수 있고, 치료자에게 무엇을 해야 하는지 알려주기 보다는 하지 말아야 할 것 만을 알려주기 때문이다. 처벌은 팀원들의 관계에도 영향을 미치는 경우가 많다. 처벌은 특정 행동(예: 자기 비수인하기)에만 영향을 주는 것이 아니라, 의도치 않게 다른 측면에도 영향을 줄 수 있다. 예를 들어, 팀원이 더 넓은 범위에서 자문을 받으려는 기꺼이 하는 태도나, 팀 회의에서 발언하려는 태도 자체가 약화될 수 있다. 따라서 처벌은 주의를 기울여서 사용해야 하며, 그 전략이 미치는 영향에 대해 마인드풀한 마음을 가지고 접근해야 한다. 경우에 따라서는 대안적 행동을 강화하는 것에 주의를 두는 것만으로도 충분하며, 팀원과 팀 전체에 미치는 부정적인 영향이 훨씬 적을 수 있다. 일부 팀원은 처벌 전략에 과하게 의존하는 경향이 있을 수도 있으므로 주의가 필요하다. 팀은 처벌의 효과성과 그것이 도움이 되거나 해로운 상황에 대해 논의하는 시간을 가지는 것이 좋다. 이러한 논의를 할 때는 팀 리더나 관찰자가 개입하여, 팀 전체 또는 팀원들 각각의 팀 내 문제 행동을 식별하고 조율하는데 도움을 줄 수 있다. 처벌의 기본 원리에 대해서는 Ramnerö와 Törneke(2008)의 저서에 제시되어 있다.

어떤 행동의 빈도를 줄이기 위한 처벌 전략의 유용한 대안으로는 소거^{extinction}가 있다. 이는 이전에 강화되었던 행동에 대한 강화물을 더 이상 제공하지 않는 전략이다. 예를 들어, 팀이 평가를 통해 특정 팀원이 내담자에 대해 판단적 행동을 했을 때 팀이 웃거나 수인함으로써 오히려 그 행동을 강화했다는 사실을 발견할 수 있다. 이 경우, 팀은 팀원의 판단적인 발언에 대한 강화를 중단하기 위해 함께 노력해야 하며, 동시에 판단적 진술을 수인적 표현으로 대체하는 행동에 강화 전략을 적용할 수 있다.

이러한 개입 전략들은 모두 공개적으로 논의하는 것이 좋다. DBT 치료에서와 마찬가지로, DBT 팀 역시 투명하게 유관성 관리를 하는 것이 매우 중요하기 때문이다. 예를 들어, 어떤 팀원이 가벼운 어조로 "저는 방금 하신 말을 강화하고 싶지가 않네요! 조금 판단적으로 들렸거든요. 다시 말씀해 주시면 좋겠어요. 그러면 거기서부터 이어갈 수 있을것 같아요."

노출^{Exposure}

팀원이 회기 또는 팀회의에서 특정한 행동을 피하는 경우, 특히 회피가 불안으로 인한 것이라면 팀에서 공식적으로나 비공식적으로 이에 대한 노출 전략을 연습하는 것이 좋다. 예를 들어, 해당 주제를 꺼내는 것에 대한 두려움 때문에 내담자와 자살에 대해 이야기하는 것을 주저하는 경우, 팀은 팀에서 자살 관련 주제를 자주 언급하고, 치료자와 역할극을 하며, 최악의 시나리오를 다루는 시연을 반복하며 비공식적인 노출을 연습할 수 있다. 공식적인 노출을 할 때에는 팀원이 회피하는 주제나 상황을 위계로 나열하고, 새로운 노출 기반 학습을 최적화하기 위하여 체계적인 전략을 적용해야 한다(Craske, Treanor, Conway, Zbozinek, & Vervliet, 2014 참고). 내담자의 죽음을 경험한 팀원이 비공식적인 노출만으로 이에 대해 논의하는 데 어려움을 겪는 경우, 팀은 보다 체계적이고 공식적인 노출치료를 권장할 수 있다.

인지적 전략Cognitive Strategies

인지적 전략 역시 DBT 팀에 자주 활용되는 전략이다. 효과적인 개입을 방해하는 인지적 요소들이 있다. 예를 들어, 어떤 내담자에 대해 판단적인 생각을 가진 팀원은 그 내담자에게 수용 전략을 사용하는 것이 더욱 어려울 것이다. DBT 인지적 전략에는 생각 관찰하기, 특정 행동의 결과 강조하기, 판단적 또는 비수인적 생각을 무판단적 생각으로 대체하기, 생각에 대해 수인하기를 증가시키기 등과 같은 비공식적 전략과 사실 확인하기(Linehan, 2015a, 2015b), 생각에 도전하기 및 기타 일반적인 인지 재구성 전략 등 공식적 전략이 있다. 효과적이지 않은 생각은 평가 단계에서 식별될 것이며, 다양한 인지 전략을 통해 표적으로 설정될 수 있다.

문제 해결방안이 마련되면 팀원은 이 가운데 적어도 하나 이상을 선택하고, 필요하다면 팀 내에서 연습한 후 실제로 적용하기로 동의할 수 있다. 이 과정은 종종 빠르게 이루어지며, 예를 들어 "고마워요! 한 번 적용해 볼게요!" 또는 "좋아요! 바로 제가 원하던 것이었어요! 고마워요!"와 같이 간단히 마무리되기도 한다.

일반적으로 DBT 팀에서는 공식적인 서약 전략이 필요하지 않은 경우가 많다. DBT 팀원들이 자발적으로 참여하며 서로에게 도움을 구하는 입장이기 때문이다. 그러나 치료자의 서약이 충분하지 않은 경우에는 서약 전략을 실행하는 것이 좋다. 예를 들어, 팀원이 수면 습관을 바꿀지, 명상을 더 자주 할지, 특정 회기 전에 지혜로운 마음을 적용할지, 팀 회의에서 역할극으로 연습한 행동을 실제로 실행할지, 다음 주에 팀에서 더 많이 이야기할지, 아니면 단순히 안건에 무언가를 올려놓을지 여부에 대해 논의할 때는 장단점 비교하기 스킬이 유용하다. 간단한 시연이나 문제 해결 전략도 도움이 될 수 있다. 예를 들면 "지금 같이 연습해 볼까요?" 또는 "선생님이 계획했던 것에서 벗어나게 하는 내담자분의 행동이 있을까요?" 등이 여기에 해당된다. 또는 팀원이 팀 외부에서 "나중에 제 계획을 점검할 수 있도록 도와줄 수 있는 분 계신가요?"과 같이 요청하여 후속 논의를 할 수도 있다.

다이어렉틱스

DBT 치료에서와 마찬가지로 다이어렉틱스는 DBT 치료팀의 핵심이다. 수용과 변화의 균형을 맞추는 데 초점을 맞춘다는 것은 팀원과 치료의 현재 상태를 수용하면서 동시에 이를 변화시키기 위해 노력하는 것이다. 그리고 다시 한 번 강조하면, 수용과 변화의 균형이란 이 둘을 균등하게 취한다는 의미가 아니다. 대신, 양극단은 모든 팀 회의마다 강하게 존재하며, 그 가운데 어느 한쪽에 더 초점을 둘지는 해당 상호작용의 목표에 따라 달라진다. 다이어렉티컬한 자세를 유지하기 위해서는 다양한 다이어렉티컬 전략이 필요하다. Linehan(2015b)의 정리에 따르면, 다이어렉티컬 전략은 다음의 다섯 가지 주요 범주로 나뉜다.

1. 포괄적인 다이어렉티컬 세계관과 전략
2. 핵심 전략(문제 해결 VS 수인하기)
3. 의사소통 스타일 전략(직설적 VS 순환적)
4. 케이스 관리 전략(내담자에 대한 자문 VS 환경)
5. 통합 전략(자살적 행동 전략과 위기관리전략을 포함한 특정 문제 상황을 다루기 위한 전략)

DBT 팀에서는 다이어렉티컬 세계관과 전략 및 핵심 전략이 가장 중요하고 필수적이며, 구체적 상황에 따라 적절한 의사소통 스타일 전략과 케이스 관리 전략을 실행하게 된다. 핵심 전략과 케이스 관리 전략은 이 책의 다른 부분에서 다루고 있으므로 여기에서는 포괄적인 다이어렉티컬 세계관과 전략 및 의사소통 스타일 전략에 대해 논의할 것이다. 통합 전략은 팀원이 회기에서 보다 효과적으로 대응할 수 있도록 하기 위해서 활용되지만, 일반적으로 팀에서는 사용하지 않으므로 다루지 않도록 하겠다. 이 모든 전략에 대한 상세 사항은 Linehan(1993) 저서에 제시되어 있다.

포괄적인 다이어렉티컬 세계관과 전략

다이어렉티컬 세계관

치료자에게 DBT 치료를 제공하려면 팀은 다이어렉티컬 세계관을 수용해야 한다. 이 세계관의 한 가지 전제는, 모든 사건은 복잡하며, 여러 요소들이 전체적 관계 속에서 유기적으로 상호작용하고, 양극단의 긴장을 조성한다는 것이다. 이 세계관은 서로 반대되는 것들이 공존할 수 있음을 전제로 한다. 즉, "진실"은 한쪽의 입장에만 있는 것이 아니라 서로 대립하는 두 양극단 사이에 위치한다고 본다.

다이어렉티컬 세계관은 팀이 양분화 되었을 때 통합을 촉진시키는 역할을 한다. 누가 "옳고 그른지"를 찾는 대신, 팀은 양극단 모두가 지닌 타당함을 찾고 이를 통합하려 노력하는 것이다. 이는 상황을 해결할 수 있는 완전히 새로운 맥락을 만들어 낸다. 예를 들어, 치료자가 내담자의 치료 방해 행동에 대한 어려움을 표현할 때, 치료자가 현상학적 공감에 초점을 맞추어야 하는 지와 내담자의 행동이 어떠한 의미가 있는지에 대해 토론한다. 또는 그 내담자는 치료 방해 행동을 멈추어야 한다고 말하는 것 대신, 치료팀은 양극단 모두에 존재하는 타당한 점에 집중한다("내담자의 행동은 나름 일리가 있어요, 그리고 동시에 치료적 협력 관계에 부정적인 영향을 미치고 있죠."). 이렇게 하면 상황에 대한 보다 창의적이고 효과적인 해결책으로 이어질 수 있다.

다이어렉틱스는 또한 팀 전체가 한 쪽 극단에 서게 되는 상황에서, 반대편 극단이 있을 수 있다는 사실을 일깨우는데 도움이 된다. 팀은 어떤 "진실"에 도달할 때마다, 의도적으로 빠진 부분이 있는지, 반대편 극단에 존재하는 타당한 점이 무엇인지 찾으려 노력해야 한다. 팀 회의에서 팀원들이 "달리 생각해보면…"이나 "우리가 빠뜨린 것은 없을까요?"와 같이 말하며 팀 전체의 입장에 동의하지 않거나 의문을 제기하지 않는다면, 이는 회의가 완결된 것이라고 볼 수 없다. 예를 들어, 팀 전체는 외부 환경, 비-DBT 치료자 또는 행정부서의 관점으로 상황을 고려하지 않은 채, 이들과 반대 입장을 취하며 하나로 뭉칠 수 있다. 하지만 모든 팀원들과 관찰자가 팀이 만장일치로 합의하는 것을 보기도 하는데, 이는 팀이 한쪽 극단에 치우쳐 있고, 팀 토론이나 상황에서 이를 다루지 않고 있다는 경고 징후일 수 있다. 임상적 의사 결정은 팀 안에 있는 여러 관점에 주목하고, 팀 내에서 무판단적인 의견 차이를 존중할 때 더욱 향상된다.

이러한 세계관은 팀원들이 상황을 상호교류적으로 바라보도록 도와준다. 즉, 어떤 상황이나 행동에 단일한 원인이 존재하는 것이 아니라는 점을 강조하는 것이다. 대신, 양극단은 시간이 지남에 따라 지속적으로 서로에게 영향을 미치게 된다. 즉, 치료자의 행동은 내담자에 영향을 미치며, 이는 다시 치료자에게 반복적으로 상호 영향을 미친다. 예를 들어, 내담자가 치료적 관계를 어렵게 만들고 있다고 가정하고, 치료자 자신이 기여한 바에 대해 바라보지 못한다면, 이는 다이어렉티컬하다고 볼 수 없다. 팀원들이 팀에서 이러한 유형의 문제를 논의할 때는, 시간의 흐름에 따라 복합적인 상호작용 전반에 내담자와 치료자가 기여한 바를 모두 파악하는 것이 중요하다. 팀원이 내담자의 부모나 다른 치료자를 비난하는 상황에도 동일한 원칙이 적용되며, 팀은 관련된 모든 사람들의 상호교류적인 영향력을 다이어렉티컬하게 탐색해야 한다.

다이어렉티컬 전략

DBT 팀에서 다이어렉티컬 세계관 외에도 DBT 치료에 사용되는 것과 동일한 다이어렉티컬 전략(Sayrs & Linehan, 2019; Linehan, 1993)을 구현할 수 있다. 다이어렉티컬 전략은 모두 DBT 팀과 관련이 있지만 가장 일반적으로 활용하는 전략은 다음과 같다.

1. **그리고(and) VS 하지만(but).** 팀에서 '하지만'이라는 단어 대신 '그리고'를 강조하여 팀원들의 진술을 더욱 다이어렉티컬하게 만들 수 있다. 예를 들어, 치료자가 "저는 이 내담자를 정말 좋아해요. 하지만 이런 행동은 도저히 받아들일 수가 없어요,"라고 표현한다면, 이는 두 진술이 서로 상충되며 공존할 수 없음을 나타낸다. 팀이 "저는 이 내담자를 좋아해요. 그리고 그 분의 행동을 도저히 받아들일 수가 없어요"로 언어를 바꾸면 진술은 양극단이 동시에 진실임을 인정하게 된다. 팀은 더 이상 팀원이 내담자와 계속 치료를 진행할지 여부를 결정해야 하는 부담 없이 내담자와 계속 치료를 진행하고, 그리고 동시에 팀원의 한계 확장 문제에 대한 해결책을 찾기 시작한다. 또는 내담자에 대해 깊은 관심을 갖고, 그리고 치료 방학 또는 종결로 이동할 수도 있다.

2. **레몬에서 레모네이드 만들기.** 이러한 다이어렉티컬 전략은 DBT 스킬 가운데 '의미 만들기'(Linehan, 2015a, 2015b)와 매우 유사하며, 어려운 상황에서 팀원이 기회나 가치를 찾도록 도와주는 전략이다. 이 전략을 적용할 때에는 이 스킬의 다이어렉틱스 자체를 강조하는 것이 중요하다. 고통스러운 상황에서 "좋은" 것만 보는 것이 아니라 (한쪽 극에서 반대쪽 극으로 이동), 고통 그리고 이점을 동시에 찾을 수 있다. 예를 들어, 비-다이어렉티컬한 진술인 "그 내담자가 저에게 불평을 많이 하지만, 저는 그로부터 배우고 있기 때문에 '좋은' 일이라고 생각해요" 대신 "그 내담자가 불평을 많이 해서, 너무 힘들어요! 그리고 동시에 제가 이러한 상황에서 많은 것을 배우게 된다는 점도 알고 있어요."와 같이 표현할 수 있다.

3. **이야기와 은유.** 내담자가 때때로 반대되는 관점을 찾기 어려워 하는 것처럼, 팀원들도 같은 어려움을 겪을 수 있다. 이러한 상황에서 은유나 이야기를 사용하면 상황의

양면을 보는 데 더 열린 태도를 가질 수 있다. 예를 들어, 내담자와 노출 전략을 시행하는 것을 주저하는 팀원에게 팀은 뜨거운 석탄 위를 걸어 반대편에 있는 사랑하는 사람에게 다가가는 것처럼 소중한 무언가를 얻기 위해 감수해야 하는 힘겨운 여정으로 비유할 수 있다. 팀원에게 노출이 필요하다고 말하면 더 많은 두려움을 느낄 수도 있다. 은유나 비유 또는 개인적인 이야기를 통하여 관점을 확장함으로써, 다이어렉티컬한 생각과 기꺼이함의 증진을 기대할 수 있다.

의사소통 스타일 전략

의사소통 스타일의 균형을 잡는 것은 DBT 팀 내에서도 역시 중요하다. 순환적 의사소통과 직설적 의사소통 간의 균형을 맞추는 것은 팀 내에서 움직임, 속도, 흐름을 유지하는 데 도움이 된다. 드라마틱하거나 기존의 틀에서 벗어난, 특히 온정적 태도 및 수인과 함께 유머를 사용하면 팀이 활기 있게 논의를 이어가는 데 효과적이다. 예를 들어, 대부분의 팀원들이 최근에 있었던 내담자의 자살 시도에 대해 치료자가 느끼는 두려움을 온정적으로 수인하는 상황에서 누군가가 "헐…!" "Holy s*&t!"이라고 강렬한 톤으로 외친다면, 팀이 감정적으로 정체되는 상황에서 분위기를 전환하는 데 도움이 될 수 있다.

각 팀원마다 특히 선호하는 의사소통 스타일이 있다. 그러나 DBT 치료에서와 마찬가지로 모든 팀원들은 순환적 스타일과 직설적 스타일을 모두 구현할 수 있어야 한다. 다른 곳에서 논의한 바와 같이, 팀에서의 직설적 의사소통을 감내하기 위해서 몇 가지 행동 조형이 필요하기도 하다. 직설적 의사소통은 냉소나 비열함과는 전혀 다른 것이다. 오히려 관심을 끌기 위한 무판단적이며 참신한 반응이라 할 수 있다. 팀원들은 직설적 스타일과 냉소적 태도를 구별해야 하고, 판단적 마음이 들 때 방어적 태도가 일어날 때와 마찬가지로 팀에서 이에 대해 논의해야 한다. 팀은 이런 일이 발생하면 공개적으로 이야기할 수 있으며, 이때 피드백을 제공하는 것이 중요하다.

팀원들은 여기에서 나열한 전략들이 너무 많아 쉽게 압도되기도 한다. 실제로 치료자를 위한 치료는 일련의 전략처럼 보이기 보다는, 오히려 팀원들 간의 따뜻하고 지지적이며 도움이 되는 토론처럼 보일 것이다. 대부분의 팀에서 이러한 토론은 시간 제한으로 인해 짧게 진행된다. 치료자는 앞서 문제에 대해서 오랫동안 숙고했기 때문에, 앞으로 나아갈 수 있도록 구체적이고 간결한 방식의 도움이 필요할 수 있다. 팀은 효과성을 유지하고 실제로 도움이 되는 일을 하되, 모든 전략을 사용하려다가 오히려 속도가 느려지는 것을 피하는 것이 중요하다. 대부분의 경우 치료자를 위한 치료는 복잡하기 보다는 간단한 편이다. 하지만 팀의 개입이 도움이 되지 않는 경우에는 다음 팀 회의에서 다룰 수 있다.

팀 치료 개입의 간결성에 대한 이해를 위해 다음의 예시를 참고하도록 한다.

치료자: 팀 여러분, 여러분께 도움을 받고 싶어요! 어떤 내담자 한 분때문에 너무나 힘드네요. 어제 너무 화가 났어요. 제가 뭔가를 놓치고 있다는 생각이 들어서, 여러분이 평가를 해주시면 좋겠어요. 그리고 팀이 수인적 반응을 해주면 기분을 진정시키는 데 도움이 될 것 같아요.

팀원: 그 상황이 어디에서부터 시작되었는지 알고 있나요?

치료자: 그분이 일기카드를 집에 두고 왔다고 말했을 때였던 것 같아요. 평소라면 그렇게 화나지 않았을 텐데, 지난 회기에 이 문제에 대해 이야기했고 주중에 문자를 보내기도 했거든요. 어쩐 일인지 또 잊어버렸더라구요. 회기에서 이 행동을 평가하려고 했지만, 거기에서 막혀 버렸어요. 제가 할 수 있는 것은 다 했는데, 왜 이런 일이 계속 발생하는지 이해가 안돼요.

팀원: 우선 너무나 실망스러웠을 것 같아요! 저라도 화가 났을 거에요. 그리고 일기카드 관련 문제에 대해 이미 가지고 계신 생각을 공유해주시면, 다른 아이디어를 더 생각해 볼 수 있을 것 같아요.

[치료자는 내담자가 보통 언제 일기카드를 작성하는지, 그리고 이전에는 항상 가져오던 것을 갑자기 가져오지 않게 된 상황을 설명한다.]

팀원: 무언가 변화가 있었던 것 같네요. 예전에는 대체로 잘 가져왔다면, 가져오지 않는 횟수가 증가하기 시작한 시점에 대해 평가해보는 것이 좋겠어요. 그분의 일상에 어떤 변화가 있었을까요? 아니면 그 직전에 내담자와 함께 일기카드를 검토했을 때 어떤 일이 있었을까요?

치료자: 예전에 일기카드에 무언가를 기록하는 것이 너무 부끄럽다고 말한 적이 있어요. 그 직후부터 가져오지 않았던 것 같아요. 이 사실을 까맣게 잊었었네요! 내담자의 부끄러워하는 마음을 제가 알아차리지 못했으니 틀림없이 저에게 실망했을 거에요. 그 회기를 더욱 면밀하게 평가해보고, 저에게 수치심이나 분노를 느끼지는 않았는지 살펴보아야 겠어요. 정말 고맙습니다. 저에게 꼭 필요한 도움을 주셨어요. 만약 여전히 해결이 잘 되지 않으면 다음 주에 다시 이야기할게요.

치료자를 위한 치료만으로 충분하지 않을 수 있다

앞서 논의한 바와 같이, 팀은 팀 차원에서 다루기에 너무 광범위하거나 강도 높은 팀원의 문제를 다룰 때에는 항상 주의 깊게 살펴야 한다. 팀이 치료자를 위한 치료를 제공한다고 해서, 곧 팀원의 치료자가 된다는 의미는 아니다. 팀원은 동료이자 전문가 그룹의 일원일 뿐이므로, 서로의 약물 관리자^{medication managers}나 개인 치료자 또는 중재자가 되지 않도록 주의해야 한다. 동일한 문제에 대해 반복적으로 팀 회의 시간이 쓰이거나, 충분히 문제 해결이 되지 않거나, 팀의 문제를 관리할 시간이나 전문 지식이 없는 경우에는 해당 팀원에게 팀 외부에서 전문적인 도움을 받도록 권하는 것이 좋다. 여기에는 외상 치료, 수면 문제 관리, 커플 치료 또는 기타 다양한 개입 방법이 있다.

대부분의 문제들은 쉽게 받아들여지거나, 이 장에 있는 전략을 사용하여 최소한의 개입으로도 해결이 될 것이다. 그러나 팀의 문제 해결 노력에도 불구하고 개선이 되지 않는 도전이 되는 문제나, 감당하기 어려운 문제의 경우라면 다른 조치가 필요할 수 있다. 팀은 효과적이지 않은 개입을 반복해서는 안 되며, 자신의 역량을 벗어난 문제를 해결하려고 시도해서도 안 된다. 역할에 혼란이 생기거나 특정 팀원이 치료 개입의 수위나 방식에 불편함을 느끼는 경우에는 이를 팀에서 논의하고 대체 해결방안을 고려해야 한다. 이러한 전략으로 해결하기 어려운 경우에는 외부 자문이 도움이 될 수 있다. 이 역할은 DBT 전문가, 행정부서 뿐만 아니라 대인관계 갈등을 관리하는 새로운 관점과 스킬을 가진 사람이라면 누구나 할 수 있다.

팀에서 자신의 어려움에 대해 말하지 않으려는 치료자가 팀에서 또는 내담자와의 문제를 일으키는 상황도 발생할 수 있다. 팀에서 동료애, 배려, 자발적인 분위기를 유지하기 위하여, 이 문제를 공개하라고 강요해서는 안 된다. 이 경우 팀 리더의 역할이 중요하다. 팀 리더는 DBT 치료팀 동의사항을 다시 검토하고 일대일로 동기 부여를 하도록 돕거나, 팀 토론에 참여할 수 있도록 준비과정에 도움을 줄 수 있다. 또한 팀 외부의 자원을 활용하여 도움을 받을 수 있도록 격려할 수도 있다. 팀원에게 이를 강요한다면 해당 팀원이 불편함을 느끼게 될 뿐만 아니라, 다른 팀원들도 자신의 유약성을 드러내고 싶지 않게 만들 수 있다.

결론

치료자를 위한 치료는 DBT 치료팀에서 진정한 중추적 역할을 한다. 이것은 수인을 바탕으로 시작되며, 각 팀원이 팀에서 자신의 유약한 모습과 개방적인 태도를 보여도 충분히 안전하다고 느낄 때에만 효과를 발휘할 수 있다. 이를 위해서는 신뢰, 애정, 보살핌이 필수적 요소이다. 이러한 측은한 마음과 수용의 분위기 속에서, 팀원들은 안건에 자신을 배치하고, 효과적인 치료를 방해하는 장애물을 강조하며, 도움을 요청할 수 있다. 이러한 장애물에는 감정, 문제적 유관성, 스킬이나 지식의 부족, 기타 다양한 요소가 포함될 수 있다. 이후 팀은 위에서 소개한 전략을 사용하여, 팀원에 대한 개입을 통해 해당 치료자가 한 명 이상의 내담자에 대한 치료를 진전시킬 수 있도록 돕는다. 이 때 중요한 점은, 팀원을 돕기 위한 개입에 정해진 규칙이나 프로토콜이 없다는 것이다. 어떤 경우에는 단 30초 만에 팀원이 문제를 해결하는 경우도 있지만, 어떤 경우에는 여러 차례의 공식적 팀 회의를 통해 다루어야 할 수도 있다. 각 팀원은 DBT 기본 원리와 전략을 활용하여, 그 순간 필요한 것이 무엇인지 민감하게 파악하고 반응할 수 있어야 한다.

팀 운영을 위한 연습

- 한 번의 팀 회의에서 6단계 수인하기를 모두 사용하는 연습을 한다.

- 팀원이 실수한 것에 대해 기술할 때, 자신의 첫 반응이 무엇인지 알아차린다. 문제 해결 방안을 제시하기 전에 먼저 수인하기를 하여 실험해본다. 팀원들에게 피드백을 요청한다.

- 팀에서 행동에 대해 정의하는 연습을 한다. 팀원 전원이 변화하려는 표적행동을 식별하고, 팀은 이를 보다 정확하게 기술하도록 만드는 연습을 한다.

- 팀원들끼리 서로에게 체인 분석을 연습한다. 화이트보드나 프로젝터를 사용하여 팀 전체가 분석 과정을 볼 수 있도록 한다. 통제 변수(즉, 행동에 가장 큰 영향을 미치는 것으로 보이는 변수)를 식별하는 연습을 한다.

- 특정 행동을 하기로 서약하였으나 실행하지 못한 팀원과 함께, 빠진 연결고리 분석을 연습한다.

- 한 팀원의 체인에 대한 문제 해결방안을 가능한 많이 나열하는 연습을 한다.

- 한 가지 문제 상황을 정하고, 문제 해결방안을 하나 선택한 후, 모든 팀원이 그 해결방안을 팀에서 시연한다.

- 각 팀원에게 강화물의 역할을 하는 팀의 행동과, 처벌의 역할을 하는 행동이 무엇인지 논의한다.

  - 팀원들은 어려운 주제에 대해 대화하는 것에 대한 기꺼이함을 증진시켰던 팀의 반응을 글로 작성한다. 팀은 어떠한 행동을 했고, 그것이 어떻게 효과적이었는지 설명한다.

  - 그리고 나서 이 자신이 팀 전체의 이익을 위해 어려운 과제에 기꺼이 임하려는 동기를 낮추었던 팀의 반응에 대해서도 작성한다. 왜 효과적이지 않았는지 분석해본다.

  - 팀원들은 각자 작성한 내용을 무판단적 자세와 기술하기 스킬을 사용하여 팀과 공유한다.

  - 팀 전체가 함께 토의하고 요약한다.

- 팀에서 처벌을 사용하는 것에 대해 토론한다. 처벌 전략이 언제 도움이 되고, 언제 해로울 수 있는지 논의해 본다.

- 팀원에게 직접적으로 말하는 연습을 한다. 비록 사실이 아니더라도 "오늘 입은 셔츠가 선생님한테 별로 안 어울리는 것 같아요"와 같은 낮은 강도에서 시작한다. 모든 팀원이 다른 팀원에게 이와 비슷한 말을 한 번씩 해보고, 서로에게 직접적인 표현을 하는데 어떤 어려움을 느꼈는지 토의한다. 점차적으로 내담자나 팀 내 사건에 대한 직접적인 피드백으로 확장하며, 이때도 기술하기 스킬을 적용한다. 이러한 직접적인 표현에는 반드시 수인적 태도로 따뜻함을 함께 전달해야 한다. 서로 직접적인 의사소통을 강화하는 연습도 함께 한다.

- 직설적 표현을 연습한다. 같은 상황에 대해 순환적 표현과 직설적 표현을 각각 하나씩 만들어 보고, 팀원들과 공유한다.

- 직설적 의사소통이 어떠한 상황에서 냉소적이거나, 판단적이거나, 악의적으로 변질될 수 있는지에 대해 토의하고, 팀에서 이를 어떻게 다룰지에 대해 논의한다.

- 자신이 그간 회피해왔던 행동에 대한 노출 연습을 팀원 중 한 명에게 함께 해달라고 요청한다.

- 팀원 간에 전략이 사용되는 장면을 포착할 때마다, 어떤 전략이 사용되었는지 정확히 명명한다.

DBT 팀의 문제 상황에
대응하기

제 6 장
DBT 팀의 문제 상황에 대응하기

DBT 팀에서는 일상적으로 다양한 문제가 발생한다. 사실, 팀에 긴장감이나 어려운 순간이 없다면 팀이 다이어렉티컬하지 않기 때문일 가능성이 높다! 불가피하게 많은 문제들이 발생하기 때문에 팀은 문제를 식별하고 해결 방법을 찾아야 한다. 5장에서 언급했듯이, 치료에 유용한 많은 DBT 기본 원리들이 팀 문제를 해결하는 데에도 적용된다.

대부분의 문제는 관찰자의 피드백, 직설적으로 의견 전달하기 또는 단순하게 변화를 요청하기와 같은 단순한 제안이나 개입을 통해 신속하게 해결된다. 일반적으로 팀 문제를 해결하는 데에는 그리 오랜 시간이 걸리지 않는다. 또한 해결책이 전혀 필요하지 않은 문제들도 많다! 실제로 팀원들이 모든 문제를 처리하려고 하면 피로감을 느낄 것이다. 어떤 문제를 다룰 것인지를 논의할 때, 가장 중요한 점은 DBT를 충실하게 제공한다는 목표를 마인드풀한 마음으로 유지하는 것이다. 즉, 팀원들이 팀과 치료를 지속적으로 해나갈 수 있을 만큼의 충분한 스킬과 역량을 갖추는 것이 목표이다. 팀의 문제를 다루는 핵심은 실제로 이 목표를 방해하는 문제가 무엇인지에 따라, 어떤 문제는 무시하고 어떤 문제는 표적으로 다루어야 하는지 아는 것이다. 팀원들은 변화에 초점을 맞추면서도, 동시에 팀의 현재 상태, 다른 팀원의 행동, 각 개인들이 겪는 어려움, 치료적 진전의 속도, 그리고 당장 해결할 수 없는 문제들을 철저하게 수용할 수 있어야 한다. 이는 DBT 치료자가 내담자와 함께 하는 방식 그대로 팀 안에서도 적용된다. 모든 팀원은 언젠가는 자신이 좋아하지 않는 무언가를 받아들여야 할 순간을 만나게 될 것이기 때문이다!

이번 장에서는 DBT를 충실하게 실행하는 것을 방해하는 팀 내 문제들을 다루는 데 초점을 맞추게 된다. 잘 운영되고 있는 팀이더라도 이러한 전략들은 팀의 건강 상태를 점검하고, 미세 조정하며, 문제를 미리 예방하고, 팀 안에서 성취감을 함께 누리는 데 도움이 될 것이다.

예방

팀에서 어떤 문제가 발생하기 전에 이를 예방하는 것이 가장 이상적이다. 이 책에서 설명하는 안건 설정, 역할 분담 및 그 외 다양한 구조의 주요 목적 중 하나는 팀이 올바른 방향으로 나아가도록 돕고 문제를 미리 예방하는 데 있다. 물론 모든 문제를 미리 막을 수는 없으며, 실제로는 특정 문제가 발생한 이후에 특정한 구조를 도입하는 것 또한 효과적인 전략일 수 있다. 그럼에도 불구하고, 아래와 같은 전략을 통해 문제를 예방할 것을 권장한다.

1. 새로운 팀원이 팀에 합류할 때, 오리엔테이션과 서약에 관한 사항을 나누고, 필요할 때마다 이를 반복한다. 이를 통해 팀의 모든 구성원이 일정한 구조와 운영방식에 대해 동의하게 되며, 각 팀원은 팀 운영 방식과 목표에 대해 이해가 다르다는 염려 없이 문제가 발생할 때 직접적으로 문제를 제기하고 해결할 수 있는 권한을 갖게 된다.

2. DBT 팀 동의사항을 따른다. 이 동의사항은 팀 내에서 일어나는 일에 마인드풀하게 주의를 기울이고, 문제를 예방하며, 문제 발생시 이를 적극적으로 다루기 위한 구조와 실행방식을 제공한다. 이를 위해 서로에 대해 무판단적인 자세를 유지하고, 치료자를 위한 치료를 제공하며, 충실하게 최선의 효과적인 치료를 제공하는 것에 집중해야 한다. 이 동의사항은 또한 서로에게 도전할 수 있는 안전한 공간을 만들고, 놓친 것이 무엇인지 탐색하며, 고통을 유발하는 문제들에 대해 이야기할 수 있도록 도와준다.

3. 구조와 유연성의 균형을 유지한다. 동의사항과 팀 구조를 지나치게 엄격하게 적용하면 오히려 팀에 해가 될 수 있다. 반면에, 팀원이 힘겨워 한다고 해서 구조를 바꾸면 회피 행동이나 문제 행동의 강화 등 다른 문제가 생길 수 있다. 신중하게 구조를 만들고 이에 모두가 동의한 뒤에는 그 구조를 유지하는 것이 중요하다. 팀이 발전함에 따라 어떤 요소를 변경해야 하는지에 대해 마인드풀한 논의를 통해 전략적이고 신중하게 구조를 조정해 나갈 수 있다.

4. 서로를 수인하고, 팀의 모든 구성원에 대한 현상학적 공감을 유지한다.

5. 팀에 효과적인 행동이 팀 리더 뿐만 아니라 모든 구성원에 의해 강화되는 문화를 만들어 간다.

6. 팀 내에서, 내담자와의 관계에서, 그리고 각 팀원들에게 잘 진행되고 있는 점들을 강조한다. 대부분의 팀은 여러 강점을 가지고 있는데, 만약 문제 상황만을 중심으로 논의한다면, 이미 개발된 효과적인 전략들을 놓칠 수 있다. 팀이 문제에만 모든 초점을 두지 않고, 이를 성공의 맥락에서 바라보면, 그 문제의 영향력을 훨씬 줄어들게 된다.

7. 서로의 안부를 확인, 즉 체크인check-in한다. 팀 리트리트 일정을 잡거나, 가끔 팀 시간을 따로 떼어 팀원들의 현재 상태에 대해 이야기하는 것이 좋다. 이를 팀의 일상적 루틴으로 정해둘 수도 있다. 팀원이 자신의 의견을 제시하고, 팀의 행동을 조형하며, 팀 문화에 기여할 수 있는 구조를 만들도록 한다.

8. 팀 밖에서도 함께 시간을 보낸다. DBT 치료팀을 건강하게 유지하려면, 서로 간의 신뢰가 필요하며 이는 함께 시간을 보내고 서로 알아가는 과정을 통해 형성된다. 가끔씩 함께 사회적 활동에 참여하고 개인적인 이야기를 나누면 동료애와 신뢰를 구축하게 되고, 팀 내에서 유약성을 더욱 쉽게 표현하게 만들어 준다.

9. 즐거운 시간을 보낸다! 때로는 매우 진지한 주제를 다루어야 하기 때문에, 균형을 맞추기 위해 유머와 유쾌함, 엉뚱함이 수용되는 팀 문화를 개발하는 것을 권한다.

10. 팀을 수용한다. 이 장에서는 변화와 문제 해결책 개발에 대해 중점적으로 다루지만, DBT에서 근간이 되는 다이어렉틱스를 유지하려면 변화에 초점을 두기와 수용에 대한 강조 사이에 균형을 이루어야 한다. 모든 팀에는 긴장감이 존재하며, 이는 다이어렉티컬한 태도를 유지하는데 필수적인 요소이다. 팀원 간의 힘겨운 감정적 순간은 언제든 발생할 수 있고, 어떤 팀 회의는 도움이 되지 않는 것처럼 느껴질 수도 있다. 팀이 결코 완벽해질 수 없다는 사실을 깊이 수용하는 것이 중요하다. 또한 다른 사람들을 화나게 하거나, 걱정하게 만들거나, 짜증나게 하는 팀원도 수용의 대상이 된다. 모든 팀원들은 "별난 행동", "아킬레스건과 같은 치명적 약점" 또는 때때로 문제가 되는 행동을 한다. 이러한 개인 간 차이는 팀이 정, 반, 합을 경험하는 데 필요한 요소이다. 모든 단점이나 차이점이 "해결"될 때까지 논의해야 하는 것은 아니다. 어떤 문제는 그냥 두는 것이 여기 제시한 DBT 전략 만큼이나 중요하다. 어떤 문제는 해결하는데 시간이 걸릴 수도 있고, 더 시급한 다른 문제들에 밀려 우선 순위가 낮아질 수도 있다. 팀은 해당 문제를 해결하는 것이 정말 필요한지, 아니면 "별난 모습"을 있는 그대

로 좋아하거나, 시간이 지나길 기다리거나, 또는 이 모든 방법을 병행하는 것이 더 효과적인지 판단할 수 있어야 한다.

문제점 식별하기

때로는 팀의 문제는 눈에 띄게 드러나지만, 종종 방 안의 코끼리처럼 미묘하고 정확하게 짚어내기 어려운 경우도 있다. 팀 리더, 관찰자 또는 팀 전체가 팀 내 상호교류의 변화나 미묘한 분위기 변화를 알아차리는 경우가 많다. 이러한 변화는 서서히 일어날 수도 있고, 새로운 팀원의 합류나 내담자의 자살, 또는 팀 문화를 바꾸는 일들과 같은 사건들로 인해 갑작스럽게 나타날 수도 있다.

첫째, 단순한 관찰만으로도 팀 내 문제를 드러낼 수 있다. 팀 문화에서 발생하는 문제를 식별하는 것은 모든 팀원의 책임이다. 예를 들어, 팀원들이 점점 더 판단적인 태도를 보이거나, 서로의 DBT 적용 방식에 대해 문제를 지적하지 않는 경우 등이 이에 해당한다. 만약 팀원들이 문제를 인식하고도 팀 리더 또는 관찰자가 그것을 알아차리고 해결해주기를 기다린다면, 팀은 효과적으로 운영되기 어렵다. 모든 팀원은 자신의 괴로움을 능숙하게 표현하고, 방 안의 코끼리 같은 문제를 직접 언급할 수 있어야 한다. 이러한 문제를 팀에서 공개적으로 말할 수도 있고, 먼저 팀 리더와 개인적으로 만나서 조언을 구할 수도 있다. 그런 다음 필요하다면 해당 주제를 회의 안건으로 정할 수도 있다.

또한 팀이 원활하게 운영되는 것처럼 보이더라도, 드러나지 않은 문제를 식별하기 위해 팀 체크인 시간을 미리 정해둘 수 있다. 이렇게 하면 문제를 조기에 파악하는 데 도움이 되며, 팀원들은 자신의 고민을 논의할 수 있는 정기적인 시스템이 있다는 사실에 안도감을 느낀다. 이러한 체크인은 팀 회의나 팀 리트리트 또는 일대일로 진행될 수 있다. 특별한 문제가 없다면 일년에 한 번 정도로 충분할 수도 있다(이것은 문제를 예방하는 역할을 한다). 그러나 어떤 시기에는 팀의 기능에 더욱 주의를 기울여야 할 필요가 있을 수 있으므로, 그럴 때는 체크인을 더 자주 진행하는 것이 좋다.

체크인 시간을 보다 원활하게 진행하기 위하여, 대화를 유도할 수 있는 질문이나 주제를 미리 정해두는 것이 좋다. 이러한 대화를 위해 충분한 시간(예: 30분)을 확보하는 것이 중요하며, 필요한 경우 여러 차례 회의를 통해 다루는 것도 가능하다. 경험상 가장 좋았던 방법은 몇 가지 질문을 제시하고 팀원들이 각자 스스로 돌아보며 준비 시간을 갖도록 하는 것이다.

모든 팀원이 자신의 차례를 마칠 때까지 특별한 반응을 하지 않고 경청하는 것이 좋다. 또한 먼저 자유롭게 글을 쓰게 하는 방식도 도움이 되는데, 각 팀원은 몇 분간 질문에 대한 응답을 쓴 다음 차례로 공유하는 방식이다. 이로써 다른 사람들의 영향을 받아 답변을 변경하는 것을 최소화하고, 팀에 더 유용한 정보가 전달될 가능성을 높이게 된다.

체크인에서 활용할 질문은 각 팀의 상황에 맞게 조정하는 것이 바람직하다. 다음은 우리 팀에서 사용한 질문의 예시이다.

- 팀에서 자신이 효과적으로 하고 있는 두 가지 행동은 무엇인가요? 반대로 효과적이지 않은 두 가지 행동은 무엇인가요?

- 우리 팀에서 자신에게 가장 효과적인 요소는 두 가지는 무엇인가요? 그리고 바꾸고 싶은 두 가지는 무엇인가요?

- 팀 동의사항을 검토해보세요. 팀이 잘 지키고 있는 동의사항은 무엇이며, 잘 따르지 못하고 있는 것은 무엇인가요? 동의사항과 관련하여 망설여지거나 염려하는 점이 있나요?

- 여러분의 한계가 확장되고 있는 부분은 어디인가요? 장기적으로 유지하기 어려울 수 있는 습관에는 어떤 것이 있나요? 팀이 여러분에게 요구하거나 팀이 하는 일로 인해 자신의 한계를 넘어서게 되는 부분이 있나요?

- 팀이 여러분으로 하여금 어려운 대화를 할 수 있도록 '기꺼이 함'을 높이는데 도움을 준 상황을 떠올려 보세요. 그때 팀은 어떤 행동을 했고, 어떠한 면에서 효과가 있었나요? 반대로, 팀을 위해 어려운 일을 기꺼이 감당하려는 의지가 있었지만 팀의 어떤 행동으로 인해 의지가 줄어든 경험이 있었나요? 그때 팀이 했던 행동은 무엇이고, 그 행동이 왜 여러분의 의지를 낮추었다고 생각하나요?

- 여러분은 비판 받았다고 느껴지거나 당혹스러울 때 이를 어떻게 다루나요? 여러분이 이러한 감정을 느끼고 있다는 것을 팀이 어떻게 알아차릴 수 있나요? 이러한 상황을 다루는 자신의 방식이 마음에 드나요? 만약 그렇지 않다면, 그 반응을 자기 자신, 팀, 그리고 내담자에게 더 효과적으로 만들기 위해 무엇을 할 수 있을까요?

- 여러분은 팀에서 어떠한 유형의 영향력을 가지고 있나요? 이것은 팀 내에서 자신의 행

동에 어떠한 영향을 주고 있나요? 그것이 효과적인가요? 팀 안에서 어떤 다른 유형의 영향력이 보이나요? 모든 팀원은 서로와 팀 문화 전반에 걸쳐 각기 다른 유형의 권한이나 영향력을 가질 수 있습니다. 일부 팀원은 기관 또는 그룹 내 역할로 인해 보다 많은 권한을 갖기도 합니다(예: 일부 팀원이나 전체의 상사 또는 수퍼바이저). 또한 풍부한 경험, 훈련 또는 전문성으로 영향력을 갖는 경우도 있습니다. 어떤 사람은 팀원들에게 사랑받거나 혹은 유약하다고 여겨져서, 그들의 감정을 상하게 하고 싶지 않다는 이유로 팀원들의 발언이 조심스러워 지기도 합니다. 어떤 경우 특정 주제에 대해 강한 혐오적 반응을 보여 상당한 영향력을 갖기도 합니다. 예를 들어, 어떤 팀원이 팀 내 행동에 대해 다룰 때마다 강한 방어적인 반응을 보여, 그로 인해 팀의 논의 방향에 상당한 영향을 미치기도 합니다.

어떤 팀원들은 팀 회의에서 주제에 바로 뛰어들어 거침없이 논의를 하고 싶은 강한 욕구를 느낄 수 있다. 물론 이러한 직면적이고 직접적인 접근 방식이 유용하고 효과적인 경우도 많다. 하지만 아직 직접적인 의사소통 방식에 익숙하지 않은 팀원이 있다면, 적절하게 자문해주고 편하게 느낄 수 있도록 하는 것이 좋다. 어떤 팀은 더 부드럽고 온화한 방식을 선호하기도 한다. 이 또한 괜찮다! 중요한 것은 팀이 더 효과적으로 기능하도록 돕는 것이며, 팀 전체가 그 목표를 향해 나아갈 수 있는 방법을 마인드풀하게 선택하는 것이다.

어떤 문제들에 대해서는 회피하고 싶은 충동이 매우 강할 수도 있다. 팀의 목표를 방해하지 않는다면 그 문제를 무시하는 것이 효과적일 수 있지만, 팀의 기능을 방해하는 문제라면 반드시 다뤄야 한다. 회피는 문제 해결을 방해할 뿐 아니라, 어떤 주제가 금기시되거나 다루기에 너무나 어렵다는 신호를 줄 수 있기 때문이다. 만약 팀 내 긴장이 고조되고 이러한 주제에 대해 공개적으로 논의하는 것을 꺼리는 경우라면, 팀 리더는 먼저 해당 팀원들과 1:1 또는 1:2 회의를 갖는 것이 좋다. 다만 팀 리더가 모든 문제를 해결해야 하는 역할이 아니라는 점을 분명히 해야 하며, 리더의 역할은 문제를 평가하고 정보를 통합하며 팀이 문제를 해결하도록 이끄는 것이다. 문제 해결에 대한 책임은 어느 한 개인이 아니라 팀 전체에 있다. 그렇지 않으면 문제 해결방안이 충분히 만족스럽지 않거나, 유용하지 않다고 느낄 수 있다. 1:1 회의에서 얻은 정보는, 해당 내용이 팀 전체와 관련이 있다면, 결국 다시 전체 회의에서 공유하고 논의하는 방향으로 연결되어야 한다.

예를 들어, 우리(JS) 팀에서 특히 스트레스가 많았던 기간에 팀 회의에서 문제를 파악하려고 시도했지만 잘 되지 않은 적이 있었다. 팀 리더로서 나는 더 많은 정보가 필요하다는 것을 깨달았고, 각 팀원들과 개별적으로 또는 소그룹으로 만나 문제의 실체를 파악하기로 결정했다. 가능한 문제를 광범위하게 탐색하기 위해, 다소 일반적인 질문을 각 팀원에게 동일하게 던졌다. 다음은 그때 했던 질문들이다.

- "우리 팀 운영 방식에서 달라졌으면 하는 것이 있나요?"

- "팀 리더의 역할에 대해 어떻게 느끼고 계신가요? 현재 방식이 자신에게 잘 맞는다고 느끼시나요?"

- "팀 리트리트가 도움이 될까요? 만약 그렇다면, 친목을 다지는 것에만 집중하는 것이 좋을까요, 아니면 팀을 강화하기 위한 활동이나 연습을 함께 하는 것이 좋다고 생각하시나요?"

- "현재 팀 규모에 대해 어떻게 생각하나요?"

- "팀 내에서 잘 작동하고 있는 것은 무엇이라고 생각하나요?"

- "추가로 더 이야기하고 싶은 것이 있다면, 말씀해 주세요?"

우리는 이러한 질문들을 통해 팀의 규모가 문제의 핵심이라는 점을 파악하게 되었다. 팀원들은 각자 원하는 만큼 시간이 충분하지 않다고 느꼈고, 팀원들에게 정서적으로 거리감을 느끼고 있었다(당시 우리 팀은 상당히 컸다). 나는 또한 몇 가지 흥미로운 사실도 파악할 수 있었는데, 팀 규모에 관하여 팀 리더인 나에게 불만을 가진 팀원들이 있었고, 스스로 문제를 제기할 수 있다는 것을 몰랐거나, 내가 문제를 알아차리고 해결해주기를 기다리고 있는 팀원들도 있었다. 결국 나는 이 개별 회의를 통해 핵심 문제에 집중할 수 있었고, 팀의 기대치를 재설정한 이후, 팀 규모에 대해 논의하게 되었다. 장단점을 비교하면서 결국 팀을 두 개의 팀으로 나누는 결정을 하게 되었다.

이 기간 동안 각 팀 회의마다 몇 가지 항목(예: 팀 규모에 대한 만족도, 팀 내 직설적 의사소통 수준, 팀에서 받은 도움의 정도)을 측정하여 팀의 만족도를 그래프로 나타내어 정기적으로 공유하였다. 이는 피드백에 대한 개방과 팀의 문제를 해결하고자 하는 진심 어린 의지를 보여주는 신호가 되어, 어려운 시기에 팀의 사기를 높이는 데 큰 도움이 되었다. 비교적 단순한 방식이지만, 팀 내 의사소통을 촉진하고, 문제를 명확히 정의하며, 모두가 문제 해결에 동참하도록 동기부여를 하는데 매우 효과적이었다.

물론, 모든 팀이 문제를 해결하기 위해 극단의 조치를 취해야 하는 것은 아니다. 일반적으로 팀 문제는 팀이 직접적으로 집중하면 비교적 빠르게 해결된다. 위의 예시는 특히 어려운 상황이었고, 문제 자체(즉, 팀의 규모)가 팀 회의에서 문제 해결방안을 찾는 능력을 방해했기 때문에 예외적이었다. 실제로 우리는 오랜 시간을 함께 하면서 이처럼 집중적인 개입을 통해 문제를 해결한 경우는 단 한 번 뿐이었다.

또한, 모든 비공식 평가가 반드시 대면 방식으로 이루어질 필요는 없다. 팀원들에게 서면으로 응답을 요청하거나, 온라인으로 설문 조사를 실시하는 것도 효과적이다. 이러한 방식은 익명으로 응답할 수 있는 기회를 제공하며, 특정 시점에는 익명성이 필요한 경우도 있다. 특히, 팀 내에서 소통과 신뢰에 문제가 생겼을 때, 익명 평가 방식은 팀 내 의사소통 개선을 위한 훌륭한 출발점이 될 수 있다. 이를 통해 팀 리더가 주의를 집중해야 할 지점을 파악할 수 있으며, 이후에는 이 정보를 기반으로 하여 팀원들이 직접 대화를 나눌 수 있도록 자연스럽게 전환을 유도할 수 있다.

공식적인 평가 도구 역시 팀 내 문제가 무엇인지 파악하고 어디에서부터 대화를 시작할지 알려주는 좋은 방법이다. 이러한 도구들은 재실시가 가능하며, 시간 변화에 따른 변화를 모니터링하는 데에도 유용하다. 다음은 팀에서 사용할 수 있는 평가 도구들이며, 팀의 문제 상황이나 필요에 따라 적절한 도구를 선택하면 된다. 이 도구들은 팀 내부 또는 외부의 각 팀원에게 개별적으로 실시한 후, 팀 전체가 함께 논의하는 방식으로 진행할 수 있다. 팀 리더는 답변을 종합하여 핵심 논의 주제를 제시함으로써, 효과적인 팀 회의를 이끌어 갈 수 있다.

- 코펜하겐 번아웃 척도Copenhagen Burnout Inventory (Kristensen, Borritz, Villadsen, & Christensen, 2005)는 개인적 스트레스, 업무 관련 스트레스 및 내담자 관련된 스트레스의 세 가지 영역을 평가하는 인적 서비스 분야 종사자들의 번아웃 수준을 평가하는 척도이다.

- 마슬라흐 번아웃 척도Maslach Burnout Inventory (Maslach & Jackson, 1981)는 이인화depersonalization, 정서적 탈진 및 개인적 성취감을 평가하는 인적 서비스 분야에서 가장 널리 사용되는 번아웃 측정 척도이다.

- DBT 실행의 어려움 척도Barriers to Implementation (Chugani, Mitchell, Botanov, & Linehan, 2017)는 팀 내 문제, 행정적 문제, 철학적 / 이론적 저항, 구조적 문제 등을 평가하여, DBT 실행을 방해하는 요소들을 측정하는 척도이다.

또한, 팀에서 무엇이 잘 진행되고 있는지 평가하는 것은 문제를 평가하는 것만큼이나 중요하다. 이러한 평가 없이 문제점만 나열하면, 팀 리더와 팀원들은 의욕을 잃고 사기가 저하될 수 있다. 뿐만 아니라, 팀이 효과적인 팀의 요소들을 마인드풀하게 바라보지 않으면, 이러한 유용한 요소를 유지하는 데 적절한 자원을 활용할 수 없게 된다. 예를 들어, 팀의 어떠한 부분이 마음에 드는 지, 어떤 구성 요소를 바꾸고 싶지 않은 지, 현재 잘 작동하고 있다고 느끼는 부분이 무엇인지 등의 간단한 질문만으로도 평가할 수 있다.

문제를 안건에 올려 놓기

팀 리더, 관찰자 또는 팀원 중 누구든지 문제가 생기면 해당 치료자를 안건에 배치하게 된다. 이후에 팀은 직접적이고, 기술하기 중심으로, 구체적이며, 다이어렉티컬한 방식으로 주제를 다룬다. 이것은 팀이 행동이나 문제를 기술하는 데 초점을 맞추고, 자기 자신과 자신이 문제에 대해 어떻게 반응하는 지에 중점을 두는 것을 의미한다. 예를 들어, "저는 오늘 우리가 지나치게 판단적 태도를 많이 취했고, 이에 대해 강조하지 않고 재진술도 전혀 하지 않았다는 것을 알아차렸어요. 그리고 그 이유를 알 수 있을 것 같아요. 어떤 내담자에 대해 이야기할 때마다 저 뿐만 아니라 팀원 몇 분이 정서적으로 매우 힘들어 하는 것 같아요! 우리가 동의사항을 지키지 못하고 있을지도 모른다는 걱정이 들어요. 바로 이 문제가 오늘 팀의 피드백과 결정에 영향을 미칠 수 있다고 생각해요." 만약 문제에 대한 기술이 어느 정도 합당하고 타당하다고 팀에서 판단을 내리면, 문제를 강조하는 팀원의 행동을 강화하고 토론을 촉진하게 될 것이다.

문제를 행동적으로 정의하기

누군가 팀에서 문제를 파악하면, 팀에서는 이에 대한 추가적인 정의가 필요한지 결정해야 하는데, 이는 간단한 대화로 시작할 수 있다. 상당히 많은 문제들이 팀원 개인의 행동과 관련이 있으며, 이 행동을 정의하기 위해 5장(치료자를 위한 치료)에서 논의한 전략을 적용할 수 있다. 그러나 어떤 경우에는 팀 문화가 동의사항에서 벗어나는 것과 같이 팀 자체에서 문제가 발생하기도 한다. 예를 들어, 팀 전체가 팀원을 안건에 올리지 않고 오로지 내담자 문제에만 집중하거나, 점차 행동적, 구체적으로 말하지 않는 것 등이 여기에 속한다.

문제가 팀원 한 명 또는 여러 명과 관련된 것인지에 관계없이, 행동을 정의하는 과정은 DBT개인 치료와 동일하다. 문제에 대해 정의를 내릴 때에는 관찰 가능한 행동에 대해 형태적topographical으로 설명해야 하며, 개념이나 가정, 해석, 판단은 포함되지 않아야 한다. 예를 들어, 팀이 특정 팀원을 "비수인적"이라고 기술했다고 생각해보자. 팀에서 문제가 될 만한 상호 작용을 식별해내는 것은 중요하지만, 이 한 단어가 실제로 개인이 한 말이나 행동을 설명하는 것은 아니다. 바람직한 예시는 다음과 같다. "화요일 팀 시간에 선생님이 '그 내담자로 인해 너무 슬퍼하는 것 같아요. 슬퍼하지 마세요'라고 하셨어요. 그때 저는 제 감정을 비수인 받는 느낌이 들었는데, 전에도 이런 경우가 몇 번 있었던 것 같아요." 이처럼 행동을 구체적인 예와 실제 인용문으로 정의하는 것이 좋으며, 이렇게 하면 각 팀원이 어떤 행동을 다루고 있는지 이해하는데 큰 도움이 된다.

또 다른 예는 어떤 팀원에게 "선생님은 팀에 별로 관심이 없는 것 같아요" 말하는 것이다. 이는 구체적이지도 명확하지도 않을 뿐만 아니라, 한 개인의 생각과 의도를 지나치게 가정한다는 문제가 있다. 더 명확한 정의는 "선생님이 팀에 3주간 늦었고, 팀 회의 도중에 휴대폰을 확인할 때가 자주 있었어요. 혹시 무슨 일이 있으신가요?" 팀원이 행동을 충분하게 정의하지 않았다면, 추가 설명을 요청하는 것도 좋다. 예를 들어, "어떨 때는 팀이 좀 가혹한 것 같아요"라고 말하면 팀은 '가혹하다'가 무엇을 의미하는지 정확히 알려고 노력해야 한다. 그리고 팀이 모든 문제 행동에 대해 논의해야 하는 것은 아니며, 팀이나 특정 팀원에게 문제가 되는 경우에 다루면 된다.

문제 해결

팀은 문제를 정의하는 데 지나치게 많은 시간을 소비하지 않도록 해야 한다. 완벽하게 정의를 내릴 필요는 없으며, 팀이 문제 해결책을 만들어 내는데 도움을 주는 정도만으로도 충분하다. 팀이 문제에 대해 합리적인 정의를 내리고 이해한 다음 문제 해결을 시작하면 된다. 5장에서는 DBT 전략을 사용하여 팀이 해결책을 모색할 수 있는 방법에 대해 간략하게 설명했다. 예시를 검토하기 전에 팀이 문제 해결 과정에서 어려움을 겪을 때 팀원들이 방향을 잡는데 도움이 될 몇 가지 중요한 기본 원리를 살펴보자.

1. 경직되지 않도록 주의하며, 유연한 자세를 취한다. 우리는 이 책을 통틀어 이 만트라를 여러 번 반복했다. 규칙이나 하나의 "올바른" 진행 방법을 고집하기 보다 기본 원리를 강조해야 하는 것이다. 팀의 동의사항, 목표 및 DBT 전략에 집중하여 팀을 위한 최선의 방안을 찾도록 노력해야 한다.

2. 무판단적 자세를 유지한다. 기술하기 스킬 및 행동적 정의를 사용한다. 이를 통해 팀에 최대한 명확한 정보를 제공하고, 모든 사람이 사실에 집중하고, 강렬한 감정상태에 빠지지 않게 할 수 있다. 판단과 모호한 언어가 우세해지면, 팀은 귀중한 정보 뿐만 아니라 앞으로 나아갈 동기를 잃을 수 있다.

3. 문제가 있을 때에는 주저하지 않고 말한다. 하지만 전체 팀에서 함께 논의하기 어려운 주제의 경우, 특히 팀 토론을 하는데 장애물이 있다면 먼저 팀 리더나 다른 팀원과 대화하는 것도 좋은 방법이다.

4. 팀원들의 감정에 귀를 기울인다. 대부분의 팀 문제는 팀원들의 좌절감, 슬픔, 부끄러움, 두려움, 화와 같은 감정을 수반하는 경우가 많다. 치료자의 감정이 팀 내 어려움의 핵심이 될 때도 물론 있다. 다행히도 DBT 팀은 감정을 어떻게 다루어야 하는지 잘 아는 DBT 치료자들로 구성되어 있다! 팀에서 감정을 파악하고 다루는 것은 팀에서 발생하는 거의 모든 문제를 해결하는 데 필수적이다. 필요하다면 DBT 스킬 워크시트를 사용하면서, 감정 조절의 기본 원리를 바탕으로 감정을 명명하고 탐색할 수도 있다. 다음을 잊지 않도록 하자. 각각의 감정은 고유의 기능을 수행하며, 팀원과 팀에 중요한 정보를 전달할 수 있다. 팀은 수인하고, 치료자가 유약성을 해결하도록 도우며, 문제 해결하기 정반대 행동하기 스킬 사용 여부를 결정하고, 관련된 여러가지 스킬을 통합할 수 있다. (감정조절 스킬에 대한 자세한 사항은 Linehan, 2015a, 2015b를 참고)

5. 서로를 수인한다. 응답하기에 앞서 먼저 문제에 대해 잘 경청하는 것이 중요하다. 짜증나게 하거나, 당혹스럽게 하는 행동 또는 어떤 방식이든 문제가 되는 행동에 대해서도 납득할 만한 이유가 있을 수 있다는 것을 기억해야 한다. 모든 행동에는 원인이 있기 마련이다. 진리의 일면을 발견하고, 치료자와 내담자의 감정, 생각, 충동 및 명백한 행동이 어떤 의미가 있는지 전달한다. 서로에게 GIVE 스킬을 사용하도록 한다. 팀원들은 이미 동의사항을 따르고 팀원들을 돕기 위해 최선을 다하고 있을 가능성이 높다는 것을 잊지 않도록 한다. 건강한 만큼의 수인하기, 정서적 지지 및 팀워크는 쉽지

않은 치료 작업을 이행하는데 있어 무척 중요하다.

6. 다이어렉티컬한 태도를 유지한다. 효과적으로 수용과 변화의 균형을 잡는 것이 중요하다. 팀은 문제가 있는 행동이나 상황에 대해서도 타당한 점을 찾고, 그로 인해 발생하는 문제를 솔직하게 다루어야 한다. 양극단에 주의를 기울이고 수인하면, 통합적 해결에 도달할 수 있다. 예를 들어, 팀원이 팀의 제안에 불편해 하는 것처럼 보일 때 팀은 이 불편감 자체에 대한 피드백을 제공할 뿐 아니라, 그 감정이 발생한 원인에 대해서도 주목해야 한다. 비록 이 불편감이 효과적으로 표현되지 않았더라도, 그 안에는 팀이 충분히 평가하지 못한 어느 정도의 진실의 일면이 숨어 있을 수 있다. 즉, 양쪽 극단 모두에서 진리를 찾고 수인하는 과정은 동기 부여와 문제 해결에 도움이 된다. 다이어렉티컬하게 스타일 전략을 적용하는 것 역시 도움이 될 것이다. 직설적 의사소통은 팀이나 치료자가 정체된 상황에서 큰 도움을 주기도 하지만, 직설적 태도만을 취하는 것은 문제가 된다. 마찬가지로 따뜻한 태도도 물론 중요하지만 이러한 태도만을 보이면 어려움이 생길 수밖에 없다.

7. 팀의 고집스러운 태도를 다룬다 '고집스러움'이란 팀원이 현실과 맞서거나, 통제하려고 하거나, 포기하거나, 그 순간에 필요한 행동을 하지 않는 상태를 말한다. "혹시 지금 고집스러운 마음이 느껴지시나요?"라고 가볍게 묻는 것만으로도 그 순간을 자각하게 할 수 있다. 팀은 또한 중요한 것을 놓치거나 부정적인 결과를 겪는 것과 같이 어떤 위협이 느껴지는지 탐색하는 데 도움이 된다(고집스러움은 여러 종류의 위협에서 비롯되는 경우가 많다. Linehan, 2015a, 2015b 참조). 예를 들어, 팀원이 자신의 한계를 지나치게 확장하면 마음의 평화와 자유 시간에 위협이 된다고 느낄 수 있으며, 특정 내담자에게 시간을 추가로 들이는 것에 대해 고집스러운 마음을 가질 수 있다. 또는 팀의 제안이 치료자 자신과 내담자와의 관계에 위협이 된다고 느낄 수도 있다 (예: 내담자의 요청을 거절하는 것, 내담자에게 노출을 시작하도록 권하는 것, 내담자가 선호하지 않는 다른 치료적 개입에 대해 이야기하는 것 등). 팀원이 위협적으로 느낀다는 것을 알아차리고 해결하도록 돕는 것도 고집스러움을 완화하는 데 도움이 될 수 있다. 궁극적으로, 고집스러운 순간에는 수용이 필요할 것이다. 고집스러움을 억지로 멈추게 하는 것 역시 또 다른 고집스러움을 낳을 뿐이다. 팀이 호기심을 갖고 열린 마음을 유지할 수 있다면, 결국 고집스러운 태도는 사라지게 될 것이다. 필요하다면 DBT 스킬 자료 및 워크시트를 사용하여 이를 평가하고 해결할 수 있다.

8. 평가는 신중하게 수행해야 한다. 여러 가지 DBT 평가 도구를 사용하면 팀이 문제를 이해하는 데 도움이 될 것이다. (단, 해결책을 찾을 시간까지 할애하여 평가에 얽매이지 않도록 주의한다!)

9. 해결책을 제시하되, 도움이 되지 않는 것처럼 보일 때에도 포기하지 않도록 노력한다. 변화가 있을 때까지 계속 평가하고 브레인스토밍 하도록 한다. 모든 관련 DBT 변화 전략(DBT 스킬 사용, 노출, 유관 관리 및 인지 전략)을 고려한다.

10. 동시에, 모든 문제가 반드시 해결되어야만 하는 것은 아니다. 각 팀원은 단순하게 해결하기 어려운 내담자 및 팀원과의 다양한 문제를 감당하기 위해 철저한 수용, 살짝 미소짓기, 기꺼이 하는 손, 그리고 마인드풀니스 연습이 필요하다. 어떤 문제들은 가장 높은 우선 순위에 오르지 않기도 하고, 팀원들의 예상보다 훨씬 더 오랜 시간이 걸리기도 한다. 이 때 팀원들은 "민들레를 사랑하기"(Linehan, 1993)로 결정하고 다른 주제로 옮겨갈 수도 있다.

11. 문제 해결방안이 확인되면 팀은 이를 실제로 구현하겠다는 서약을 재확인하고, 필요한 경우 잠재적인 방해 요인을 해결한다.

DBT 팀에서 발생하는 일반적인 문제

다음은 모든 DBT 팀에서 발생할 수 있는 문제의 예시들이다. 이는 모든 팀이 이러한 문제를 겪는다는 의미는 아니다. 다만 문제가 발생하였을 때 이를 정상적인 현상으로 인식하도록 돕고, 해결 방법을 제시하고자 다양한 예시를 담았다. 우리는 이러한 문제들을 팀원에게 발생하는 문제와 팀 전체에서 발생하는 문제, 이렇게 두 가지 범주로 나누었는데, 물론 겹치는 부분이 있을 수도 있다. 문제를 지나치게 단순화하는 것처럼 보이겠지만, 명확성을 위해 이러한 방식으로 구성했다. 여기에서 다룬 문제 해결책은 팀이 수행할 수 있는 몇 가지 예시일 뿐이며, 처방전에 따른 약물처럼 정해진 것이 아니라는 점을 다시 한번 밝힌다. 각 팀은 문제를 신중하게 평가하고 각각의 고유한 문제에 적합한 문제 해결책을 선택하는 것이 중요하다.

팀원에게 발생할 수 있는 문제

치료가 정체되는 상황

DBT 팀의 주요 과제 중 하나는 내담자의 치료 결과를 향상시키는 것이다. 가장 일반적으로 마주하게 되는 팀의 문제는, 팀원이 내담자와의 치료 상황에 오랫동안 정체되어 있어 동일한 문제를 반복해서 팀에 가져오지만, 별다른 진전이 없으며, 팀에서 제안한 해결책이 효과적으로 적용되지 않은 경우이다. 이는 팀원이 문제 해결방안을 이행하지 않거나, 개념화를 명확히 하지 않았거나, 혹은 가장 시급하거나 중대한 문제에 따라 치료 목표가 매주 바뀌는 즉, "이번 주의 위기"에 대응하기 때문일 수 있다. 이렇게 되면 전략적으로 계획을 수립하거나 변화 전략을 유지하기 어렵다. 치료 진전이 더디고, 팀이 도움이 되지 않는 상황에서 가장 흔한 원인은 문제가 평가 자체에 있는 경우이다. 팀이 문제에 대해 완전히 이해하지 못해서 적절한 해결책을 제시하기 어려운 것이다. 팀에서 가장 효과적이지 않은 반응 중 하나는 팀이 문제를 완전히 이해하지 못한 상태에서 팀원에게 여러가지 문제 해결책을 한꺼번에 제시하는 것이다. 이러한 경우에는 문제 해결을 하기 전에 먼저 평가를 하기로 한 팀의 동의사항을 기억하는 것이 중요하다. 팀은 단순하게 여러 질문을 하거나, 사례 개념화를 검토하여 해당 치료자가 치료를 어떻게 구성하고 있는지 확인할 수 있다. 보통 팀은 문제를 단순하게 말로만 듣는 것보다 실제로 보았을 때 더 깊은 통찰을 얻고, 더 나은 제안을 하게 되므로, 회기 녹화 영상 1~2 개를 시청하거나 역할극을 통해 문제를 시연하는 것이 도움이 된다. 이러한 평가 전략은 문제 해결(브레인스토밍 후, 평가하고, 시도해 보는 방식)과 같은 치료 개입으로 이어질 수 있다. 팀은 또한 팀원이 진전이 생각처럼 빠르게 일어나지 않는다는 것 자체를 수용하도록 도우며, DBT가 해당 내담자에게 적합한 치료적 접근인지 평가하도록 도울 수도 있다.

팀원이 "이미 해봤어요!"라고 반복하는 경우

우리는 팀 회의에서 제안되는 거의 모든 문제 해결책에 대해 "그건 이미 해봤어요!" 또는 "별로 효과가 없을 거에요!"라고 반복적으로 반응하는 팀원으로 인해 어려움을 겪는 팀을 많이 만났다. 이러한 반응은 때로는 희망이 없거나, 짜증이 나있거나, 방어적인 태도로 받아들여질 수 있다. 여기에서도 역시 다이어렉틱스는 존재한다. 만약 팀이 문제를 충분히 이해하지 못하고 있다면, 문제 해결책이 불충분하다고 말하는 것이 오히려 사실일 수도 있다. 이러한 경우에는 추가적으로 정밀한 평가가 문제 해결에 도움이 될 수 있다. 동시에, 그 치료자가 팀의 피드백에서 중요한 무언가를 놓치고 있을 가능성도 있다. 제시된 문제 해결책을 시도하지 않았거나, 제안한 것에 비해 충분히 실행하지 않았거나, 어쩌면 특정 문제 해결책을 실행하는 방법을 잘 모를 수도 있다. 팀원이 대부분의 제안에 대해 거부적으로 반응할 때 첫 번째로 시도할 것은, 어떤 일이 일어났는지 이야기를 듣기 보다 팀원이 회기에서 '실제로' 적용하려고 한 것이 무엇인지 파악하는 것이다. 즉, 영상 시청, 역할극, 신중한 재평가를 통해 해결책이 효과적이지 않았는지 파악할 필요가 있다. 이러한 과정은 "우리가 함께 이 문제를 해결하고 있다"는 협력적 분위기 속에서 이루어져야 한다. 두 번째로 시도해 볼 것은 논의 중에 팀원이 방어적이거나 고집스러운 태도를 보일 때, 다시 한 번 "어떤 것이 위협적으로 느껴지나요?"라고 물으며 평가를 시도하는 것이다. 이 장 앞부분에서 설명했듯이, 방어적인 반응에 대해 강조하면서, 그 대화가 어떤 점에서 위협적으로 느껴졌는지 탐색하는 것이다. 예를 들어, 팀원은 "혹시라도 선생님을 방어적으로 느끼게 만들었을까 걱정이 되는데, 어떤 가요? 어떤 부분이 그런 반응을 하게 만들었을까요?"라고 물을 수 있다. 팀원은 자신의 평판이나 전문성 또는 치료적 진전 상황이 위협받는다고 느낄 수 있다. 이 때 이러한 반응과 관련된 감정과 생각을 평가하면, 대화의 문이 열리면서 더 많은 해결책을 얻을 수 있게 될 것이다. 중요한 것은 모든 문제 해결책을 거절하는 팀원은 팀의 도움 자체를 처벌하게 되어 모두를 포기하게 만들 수 있다는 점이다. 세 번째는 관찰자나 팀 리더 또는 다른 팀원이 "제가 보기에는 선생님이 팀에서 제안한 여러 문제 해결책을 모두 받아들이지 않고 계신 것 같아요. 이 부분에 대해 같이 이야기해 볼 수 있을까요? 팀이 이 문제를 포기하게 될까 봐 걱정돼요." 라고 말하면서 이 문제를 직접적으로 짚고 넘어가는 것이다.

   팀이 단순하게 치료자의 접근 방식이나 사례개념화에 동의하지 않는 경우도 발생할 수 있다. 이러한 경우, 팀의 모든 구성원은 서로의 의견을 무판단적으로 경청하고 의견에 차이가 있음을 인정해야 한다. 만약 상황이 고위험 상황이라면, 팀은 좀 더 단호한 태도를 취할 필요가 있다(예: 치료자가 내담자의 자살 위험을 충분히 심각하게 받아들이지 않는다고 생각되면 "잠시만요. 지금 이 문제는 삶과 죽음이 걸린 심각한 사안이에요. 그 내담자분 상황이 많이 걱정됩니다"라고 할 수 있다). 그것으로 충분하지 않다고 판단되면 팀 리더가 개입해야 할 필요도 있다. 그 외의 문제 상황에서는 실험을 해보는 것도 좋은 대안이 될 수 있다(예: 팀이 치료자에게 "다음 회기에 선생님 방식으로 시도해 보시고, 만약 효과가 없다면 팀에서 제안한 것을 시도해 보시겠어요?"라고 할 수 있다). 이처럼 팀이 동의하고 있지 않다는 것을 강조하며, 때로는 한 주가 더 지나가도록 두고 지켜보는 것도 도움이 될 수 있다. DBT 팀이 특정 방식을 강제하지는 않지만, 치료자가 피드백에 개방적 태도를 취하고, 팀이 치료자의 접근 방식에 대해 우려를 표현했음을 인식하는 것이 중요하다.

팀원이 판단적인 경우

팀에서 자주 발생하는 또 다른 문제는 판단적 표현이다. 때로는 팀 전체가 서서히 동의사항에서 벗어나 표류하면서 이 문제가 팀 전체의 분위기를 해치기도 하고, 어떤 경우에는 특정 팀원이 반복적으로 판단적인 설명과 표현을 하여 팀 전체의 분위기에 영향을 미치기도 한다. 이상적으로는, 치료자는 팀에 합류할 때 이미 무판단적 마음 갖기에 동의했을 것이므로, 판단적인 태도가 있었다는 것을 가볍게 강조하는 것으로 충분할 수 있다(예: "방금 조금 판단적이었던 것 같아요!" 또는 "판단적으로 느껴지네요."). 관찰자는 판단이 나타날 때마다 벨을 울리거나 다른 방법으로 팀의 주의를 환기시킬 수 있으며, 그 후에는 기술하기 스킬이나 관련된 다른 DBT 스킬을 사용하는 것이 좋다. 대부분의 경우에 무판단적 마음갖기의 이론적 배경(예: 사실에 기반하여 기술하면 더 효과적인 해결책을 도출하고, 감정을 더 안정적으로 조절할 수 있다는 점)을 상기시키는 것만으로도 충분하다.

판단적 태도가 지속되는 경우에는, 행동의 기능을 평가하는 것 또한 좋은 방법이 될 수 있다. 우리가 함께 했던 어떤 팀원의 사례를 살펴보자. 그는 팀 내에서 평가를 통해 자신이 내린 판단이 팀에 의해 수인 받을 것이라 생각했다. 반대로 판단적 표현을 배제한 채로 내담자에 대해 설명하면 팀이 상황의 심각도와 어려움을 완전히 이해하지 못할 것이라고 생각했다. 이 경우 팀은 팀원이 상황을 기술할 때 더욱 강하게 수인하고, 판단적으로 표현할 때는 더 적게 수인하여 도움을 줄 수 있다(유관성 관리 전략). 이러한 방식을 적용할 때는 공개적으로 논의되어야 하며, 해당 팀원이 그 계획을 세울 때 적극적으로 참여해야 한다. 또 다른 사례에서는, 한 팀원이 내담자의 높은 자살 위험에 대한 강한 두려움을 느끼고 있었고, 판단적 태도가 두려움을 억제하는 기능을 했다. 이러한 상황에 처한 팀은 회피를 차단하고, 감정적 어려움을 수인하며, 위험을 줄이기 위해 문제 해결을 돕고, 자살적 내담자를 치료할 때의 불확실성에 대해 수용하며 지지함으로써 개입할 수 있다.

매번 판단적 태도가 일어날 때마다 팀 회의를 중단시킬 필요는 없다. 판단적인 언어는 우리 문화 속에서 흔히 사용되는 표현이며, 꽤 자주 발생한다. 따라서 관찰자나 팀 전체가 그 판단적 표현이 팀 회의의 흐름, 팀원 또는 내담자에게 영향을 미치는지, 무시해도 괜찮은지 여부를 판단해야 한다. 어떤 경우에는, 팀은 판단적 표현을 일시적으로 무시하고, 일정한 패턴이 반복적으로 나타날 때까지 반응하지 않는 것을 선택하기도 한다.

팀원이 모호한 용어로 문제를 정의할 때

팀원이 문제를 기술할 때 무판단적인 언어를 사용하더라도, 정의가 너무 모호하면 팀이 도와주기 어려워진다. 이로 인해 팀이 비효율적인 문제 해결방안을 제시하게 만들거나, 팀원이 이해받지 못한다고 느끼게 하여 비수인을 초래할 수도 있다. 이에 대한 해결책은 치료자에게 보다 구체적으로 정의하도록 요청하는 것이다. 예를 들어, 팀원이 "방어적"인 내담자에 대해 도움을 요청하면, 팀은 "좀 더 구체적으로 말씀해 주시겠어요?" 또는 "방금 말씀하신 부분에서 실제로 한 행동은 구체적으로 무엇인가요?"라고 묻는 것이다. 일반적으로 문제에 대해 정의를 내리는 것은 팀 전체가 동일하게 이해할 수 있을 만큼 충분히 구체적이어야 한다. 치료자가 행동이 아닌 진단명을 사용해서 설명하는 경우에도 보다 정확한 정의가 필요할 수 있다. 예를 들어, 팀원이 "그 내담자분은 불안이 높아요"라고 하면 팀은 이 용어의 의미에 대해 각자 다양한 해석을 할 수 있다. 팀은 더 구체적인 정보를 요청할 수 있으며, 치료자는 "그 내담자는 매일 아침 학교로 출발하기 전 몇 분 동안 공황 발작을 겪고 있어요"라고 명확히 표현할 수 있다.

종종 팀이 행동을 정의하려고 시도하는 과정에서 큰 어려움에 빠지는 경우도 있다. 팀은 행동에 대한 효과적이고 유용한 정의를 얻을 수 있을 만큼 충분한 시간을 할애해야 하나, 지나치게 세부적인 내용까지 다룰 필요는 없다. 문제 해결이 진행되면서 필요에 따라 세부 정보를 추가할 수 있다.

팀원이 비수인적 태도를 취하는 경우

팀원들에게 자주 비수인적인 말을 하는 팀원으로 인해 어려움을 겪는 팀도 많다. 비수인은 다양한 형태로 나타난다. 팀원들에게 "어떻게 느껴야만 한다"고 말하거나, 과잉 반응하고 있다고 말하기도 한다. 이는 종종 수인 받기를 원하는 자신의 욕구에서 비롯되기도 한다(예: 내담자로 인해 힘들어하는 팀원에게 "그렇게 속상해 할 일인가요? 아마 저만큼 힘들지는 않았을 것 같은데요!"라고 말함). 또는 강한 감정을 견디는 데 어려움을 겪는 팀원이 "좀 진정해보세요, 그렇게까지 나쁘지는 않아 보이는데요?"라고 말하는 경우도 있다. 또한, 감정적 유약성이 높아져 예민해진 팀원이 짜증과 피로감으로 인해 비수인적 태도를 취하는 경우도 있다. 눈을 굴리는 행동, 작은 목소리로 중얼거리기("또 시작이네!"), 크게 한숨 쉬기 등은 모두 팀원들이 비수인적이라고 느끼게 하는 행동이다. 팀은 이러한 행동을 강조하고, 직접적으로 피드백하며, 비수인적 행동의 기능과 그 행동을 촉발하는 것이 무엇인지 평가하는 등 문제를 대처하기 위해 다양한 전략을 시도할 수 있다. 팀에서 해당 행동의 기능을 파악하면 대체로 비수인적 행동은 감소한다. 예를 들어, 슬퍼하고 있는 팀원에게 비수인적 태도를 취했던 치료자와 이 문제를 다루었던 일을 살펴보도록 하겠다. 팀은 이 치료자가 팀 안에서 슬픈 감정에 노출되는 경험을 하도록 했다. 그가 불편함을 느낄 때 어떻게 반응해야 하는지 알려주었다("너무 슬퍼하지 말아요!" 대신 "저는 좀 불편하게 느껴져요"라고 말하기). 이러한 해결 방법이 도움이 되지 않으면, 팀은 팀원이 회기에서도 내담자를 비수인하고 있는지를 고려해야 한다. 이러한 경우 수인하기에 대한 추가 교육이나 감독이 필요할 수 있다.

팀에는 만성적으로 자기 자신을 비수인하는 팀원이 있는 경우도 있다. 팀원들은 이러한 행동이 나타날 때마다 강조하는 것이 좋다. 이 경우, 유관성 관리가 도움이 된다. (1) 비수인하기에 대한 가벼운 처벌 또는 강화의 중단(예: "선생님 자신을 지나치게 비수인하는 것 같아요"), (2) 유관성을 강조하기(예: 팀이 해당 팀원이 자신에 대한 비수인적 행동에 대해 적절히 다룰 때까지 팀 논의를 일시 중지하겠다고 선언하기. "자기 자신을 조금 더 수인할 수 있도록 도와드릴게요. 그 후에 원래 논의하던 문제 해결로 넘어가는 게 좋겠어요."), (3) 자기 수인하기를 더욱 강화하기(해당 팀원에게 어떠한 반응이 강화로써 기능하는지 식별해야 한다. 칭찬, 관심을 더 많이 혹은 더 적게 주기 등). 이 과정은 따뜻함과 측은한 마음이 바탕이 되어야 한다. 팀원들에게 "여러분은 내담자의 비수인적 행동을 변화시키기 위해 끊임없이 노력하고 있지요. 그런데 정작 자기 자신에게는 그렇게 하지 않고 있는 것 같아요"라고 상기시키는 것도 중요하다.

특정 팀원이 팀 회의를 주도하는 경우

여러 팀들과 함께 문제를 다루다 보면 특정 팀원이 팀을 통제하고 주도하려고 해서 어려움을 겪는 일도 자주 일어난다. 이 문제 역시 다양한 형태로 나타난다. 예를 들어, 어떤 팀원은 문제를 해결하기 전에 팀이 모든 세부 정보를 알고 있는지 확인하고 싶어서 배경 설명을 너무 자세하고 길게 하기도 한다. 이 경우에는 회의 안건의 구조에 대해 알려주고, 할당된 시간 동안 자신에게 필요한 것이 무엇인지 명확하게 설명하며, 타이머를 사용하는 것이 도움이 될 수 있다. 일부 팀원은 임상 치료와 관련이 없는 개인 정보 또는 세부 정보를 공유하기도 한다. 시간이 충분한 팀에서는 큰 문제가 되지 않겠지만, 대체로 다른 팀원의 시간을 방해하기 쉽다. 관찰자, 회의 리더, 팀 리더 또는 다른 팀원의 간단한 리마인더 후 다음 안건으로 넘어가면 해결되는 경우가 많다.

때로는 다른 팀원들에 비해 더 많은 전문 지식과 경험을 가진 팀원이 발언을 많이 해서 문제가 되기도 한다. 특정 치료 환경에서는 팀이 전문성과 경험의 폭이 넓게 분포하는 것이 자연스러운 일이다. 우리 두 팀도 이러한 상황에 놓여 있었다. MML의 팀에는 DBT 치료 개발자와 임상 경험이 거의 없는 학생들이 함께 있고, JS의 팀에는 수십 년의 경험을 가진 치료 전문가들과 DBT를 처음 접하는 팀원들이 함께 있었다. 이러한 구성에서는 경험이 부족한 팀원들이 의견을 말하기 주저하게 하고, 반대로 숙련된 팀원들이 가르치거나 정정하려 하면서 자연스럽게 주도권을 쥐는 경우가 생길 수 있다. 경험이 많은 팀원이 자신의 지혜와 임상 경험을 나누는 것은 매우 중요하고, 경우에 따라서는 반드시 필요한 일이다. 특히 DBT에 대한 지식이 일부 팀원에게 편중되어 있는 경우, 보다 구체적인 설명이나 교육이 필요할 수 있다. 그러나 아이러니하게도 전문가가 지나치게 전문가처럼 행동하면 문제가 생길 수 있다. 팀이 해당 팀원을 팀의 구성원이 아닌 답을 정해주는 자문가 역할로 인식하게 되어 위험한 상황이 초래되는 것이다. 즉, 팀은 질문을 하고 전문가가 답변할 때까지 기다리거나, 때로는 그 답을 무조건적으로 받아들일 수 있다. 이는 모든 팀원이 적극적으로 참여하고, 빠진 것이 무엇인지 찾으며, 유용한 문제 해결책을 찾아간다는 DBT 팀 문화에 부합하지 않는다. 때로는 전문 지식을 갖춘 팀원도 도전을 받고, 다른 관점을 고려하며, 비전문가의 의견을 소중히 여기며, 모든 구성원이 팀 동의사항에 따라 문제 해결을 해 나가는 데 적극적으로 참여해야 한다.

어떤 팀에서는 전문성을 가진 팀원이 자신의 입장을 바꾸는 것이 어려울 수도 있다. 이들은 다른 팀원들이 자신의 조언을 따르지 않거나, 특정 지점을 강조하는 이유를 이해하지 못할 때 불편함을 느끼거나 힘들어 할 수 있다. 일부 경험 많은 팀원들은 오랜 기간 팀 내에서 "전문가"로 간주되어 왔기 때문에, 다른 사람의 조언이나 제안을 받아들이기를 어려워할 수 있다. 이러한 경우, 전문가는 점점 더 강하게 주장하거나, 더욱 감정적이 되거나, 그로 인해 다른 팀원들이 불편해지는 상황이 생길 수 있다. 이럴 때는 팀 내에서 모두가 효과적인 팀원이 되는 법을 함께 익힐 수 있도록 공개적인 팀 논의를 하는 것도 도움이 된다. 전문가의 통찰과 지혜로운 조언은 매우 중요하지만, 동시에 팀원들이 효과적으로 지식과 태도를 배울 수 있도록 잘 가르치고 모범을 보이는 역할도 중요하다. 전문가는 자신이 말하고자 하는 요점을 명확하게 전달하고나서 한 발 물러서서, 다른 팀원들의 참여를 강화하는 방향으로 노력하는 것이 좋다. 이와 함께 팀원들은 전문가가 전달하고자 하는 핵심을 이해하고, 필요한 경우 반대의 극단이 무엇인지 찾아보며, 다른 팀원들의 제안에 열린 마음으로 귀를 기울이고, 가장 효과적인 방법을 모색하려 노력해야 한다.

일부 팀원들은 적극적이고 지시적인 "전문가" 스타일을 선호하여 이를 강화하는 경향이 있을 수 있다. 치료자로서 경험이 많지 않거나, 자기 확신이 적거나, 더 많은 지도가 필요한 경우에 자주 나타나는 반응이다. 하지만 이러한 방식이 팀 내에서 지속적으로 강화되면, DBT 팀은 개별 팀원들이 서로 질문하고 도전하며 도움을 주고받는 공간이 아니라, 한 팀원의 의견만 들으며 나머지 팀원들은 더욱 수동적으로 반응하는 구조가 될 것이다.

우리는 실제로 어떤 치료자가 팀 내 가장 전문적인 팀원의 조언만 따르고, 내용에 관계없이 그의 제안을 전적으로 받아들이는 치료자를 만난 적이 있다. 그 전문가 팀원은 팀의 전문 자문가 역할(즉, 팀원들에게 각각의 상황을 처리하는 방법을 알려주는 것)에서 벗어나, 다른 팀원들이 피드백을 주고받는 과정 속에서 자신은 그 피드백을 행동 조형하고 강화하는 역할로 전환해야 했다. 이렇게 팀 구조를 다시 회복하기 위해서는 팀 내 열린 논의를 통해 양쪽의 행동을 모두 표적화하여 효과적인 해결책을 찾아야 한다.

또 다른 형태의 주도권은 팀 내에서 "강한 성격"을 가진 팀원에게 나타나는 경우가 많다. 이들은 다른 사람들보다 더 강렬한 방식으로 상호 작용하며, 대부분의 경우 문제가 되지 않기도 하지만, 다른 팀원들은 자신이 압도당했다고 느끼게 만든다. 예를 들어, 한 팀원이 내담자와의 치료 개입에 대해 죄책감을 느끼는 상황에서, 직설적 표현("실수를 했으니, 당연히 죄책감을 느끼겠네요!")은 오히려 죄책감을 강화시키고, 의도한 것과는 반대 효과를 낼 수 있다. 이러한 상황에서 치료진에게 직설적 의사소통 전략이나 "6단계 수인"(철저한 진정성)을 적용하면, 그 팀원은 자신은 아무것도 바꿀 필요가 없다고 느낄 수 있다. 물론 이것은 다이어렉티컬하다고 보기 어렵다. 직설적 의사소통과 철저한 진정성은 모두 DBT 팀에서 필수적인 요소이다. 하지만 강도를 적절히 조절하지 못하여 팀의 목표, 즉 DBT 매뉴얼 준수, 피드백 수용 및 실행하기, 높은 동기 유지를 방해한다면 문제가 된다. 때로는 직설적 표현으로 인해 팀원들을 위축시킬 수 있으므로, 그런 경우에는 "이건 저 사람의 문제야"라고 넘기기보다는, 이를 마인드풀하게 알아차리고 해결하는 것이 필요하다. DBT 치료와 마찬가지로, 우리는 팀 내에서도 각자 자신의 진정한 모습을 드러내되, 그것이 팀의 목표에서 멀어지게 만든다면 알아차려야 한다. 따뜻하고, 서로 배려하는 문화 안에서의 직면적이거나 직설적인 표현은 문제가 될 가능성이 적지만, 긴장도가 높고 신뢰가 부족한 팀에서는 갈등을 키울 수 있다. 물론, 팀원들이 "진정한 모습"을 드러내는 것을 두려워하여 어떤 말도 하지 않는 것 또한 바람직하지 않다. DBT에서는 먼저 표현하고, 그 결과를 살펴본 후, 효과적인 방향으로 나아가는 것을 중요히 여긴다("죄송해요. 기분 나쁘게 할 의도는 아니었어요!"와 같은 간단한 표현도 포함된다). 시간이 지나면서 팀원들이 점차 더 직접적이고 솔직한 소통 방식에 익숙해질 것이다.

하지만 이러한 행동이 변화할 필요가 있다고 팀이 동의한 이후에도, 특정 팀원이 계속해서 시간을 독점하고 팀의 촉구prompting에 반응하지 않는다면 좀 더 강한 개입이 필요할 수 있다. 이때에도 그 팀원을 공격하거나 판단하지 않도록 주의해야 하며, 동시에 팀이나 팀 리더가 "그 행동은 별로 효과적이지 않은 것 같아요. 멈춰주세요"라고 직접적으로 말하거나, 팀 리더가 해당 팀원과 개인적으로 이 문제에 대해 논의하는 것이 좋다.

팀원이 말을 너무 적게 할 때

앞의 상황과는 반대로 팀원들이 지나치게 말을 적게 하는 상황도 문제가 된다. 이들은 팀의 시간을 지나치게 많이 사용하게 될까 염려하거나, 자신의 의견을 내는 것을 주저하거나, 충분한 지식을 갖고 있지 않다고 생각해서 말하지 못하는 경우가 많다. 치료자가 치료 경험이 많지 않거나 다양한 경험을 하지 않았을지라도, 모든 팀원이 수인적 태도를 가지고 평가 및 문제 해결 과정에 적극적으로 참여하여 누구라도 뒤쳐지지 않게 하는 것이 중요하다. 우리는 팀에서 경험이 가장 적은 팀원이 반대편 극단을 가장 잘 볼 수 있다는 사실을 여러 차례 목격했다. 그들이야말로 새로운 시각으로 문제를 바라볼 수 있는 유일한 사람이다! 특정 팀원이 말을 하지 않을 때는 이 문제를 안건에 올려 놓아 장애물이 무엇인지 평가하는 것이 좋다. 이 사람이 단지 조용한 성격이라서 그렇다면 변화가 필요하지 않거나, 혹은 매주 조금씩 발언하도록 요청하는 것과 같이 작은 변화만으로도 도움이 될 것이다. 만약 사회 불안이 있거나, 말하는 것을 불안해하거나, 또는 거부당할 것을 두려워하는 경우라면 비공식적 또는 공식적 노출 기법이 필요할 수 있다(예: 팀 회의 때마다 한 번 말한 후, 팀의 반응을 관찰하여 실제로 무슨 일이 벌어졌는지 기록하기). 팀은 팀원이 불안을 점차 덜 느끼도록 하는 방식으로 반응하는 것이 좋다. 팀원이 팀에 불만이 있어 말을 하지 않는다면, 이를 "방 안의 코끼리"로 보고 논의를 해야 한다. 팀원이 "요즘 무슨 일이 있나요?" 또는 "어떻게 도와드리는 게 좋을까요?"라고 질문을 할 수도 있다. 때로는 "별로 도움이 안 되는 것 같아요" 또는 "아무도 저를 도와주지 않을 거에요"라며 말을 하지 않는 경우도 있다. 이 때에는 팀원에게 모든 구성원들은 DBT 팀 회의에서 자신의 생각을 말하고, 화가 나는 상황일지라도 계속 노력하기로 하는 팀 동의사항을 상기시키는 것도 문제 해결을 위해 적극적으로 참여하도록 하는데 도움이 된다. "저런! 우리가 도움이 되고 있는 줄 알았어요!"라고 말하며, 수인하기와 문제를 정의하기, 그리고 문제 해결을 함께 시작할 수 있다. 원인이 무엇이든, 관찰자나 팀 리더 등 최소 한 번은 때때로 해당 팀원에게 "이 부분에 대해 어떻게 생각하세요?"라고 직접 물어보며 팀에 적극적으로 참여하고 있는지 확인하는 것이 좋다.

팀원은 실제로 도움이 필요할 때 안건에 자신을 배정하는 것을 소홀히 할 수 있다. 이는 분명 개입이 필요한 문제이지만 팀에서 알아차리기는 쉽지 않다. 보통 누군가는 어떤 팀원이 자신의 내담자에 대해서 고민하고 힘겨워한다는 사실을 알아차리게 된다. 이 시점에서 팀은 이 문제가 안건에 없는 이유를 간단하게 물어볼 수 있다(또는 이 문제를 안건에 올려두어야 한다고 말할 수도 있다). 치료자가 팀에서 반복적으로 도움을 요청하지 않는 경우, 회피의 원인을 식별하기 위해 보다 공식적인 평가가 필요한 경우도 있다. 치료자가 이미 수퍼비전 하에서 도움을 받고 있을 수 있지만, 그렇다 하더라도 팀은 문제가 무엇인지 알고 싶어할 수 있다. 하지만 만약 팀원이 불안, 좌절감 또는 다른 이유로 인해 도움을 받지 못하는 상황이라면, 팀은 이 문제를 팀 회의에서 직접 해결할 수 있도록 해당 팀원에게 안건에 배치하게끔 요청해야 한다.

팀원의 법적 책임에 대한 두려움이 치료에 영향을 주는 상황

또 다른 일반적으로 자주 나타나는 문제는 법적 책임에 대한 두려움이 팀원의 행동에 얼마나 큰 영향을 미치는가에 대한 부분이다. 이러한 두려움은 치료자가 효과적인 개입(예: 입원하는 것이 내담자에게 최선의 치료적 개입이 아닌 상황임에도, 두려움으로 인하여 입원 선택)을 하지 못하게 만들 뿐만 아니라, 지나치게 경직되거나 팀의 제안을 수용하지 않는 태도를 취하게 만들 수 있다. 이상적으로는 최상의 치료를 제공하는 것이 법적인 문제로부터 팀원을 보호해주지만, 항상 그런 것은 아니다(위의 예시처럼 내담자의 자살적 상태가 입원으로 인해 강화될 수 있는 경우에 입원을 피하는 것이 가장 효과적인 방법이지만, 동시에 법적 책임과 위험이 수반된다). 특히 자살 위기가 있는 상황에서 치료자가 두려움을 느낄 때는 감정적 마음에서 행동하는 것을 막기 위해 팀의 도움이 필수적이다(자살 위험이 있는 내담자와 DBT 팀의 역할에 대해서는 7장에서 더 자세히 다루도록 하겠다).

　법적 책임에 대한 두려움은 복합적이고 만성적이며 심각한 문제가 있는 내담자를 만나는 모든 치료자에게 장애물이 될 수 있다. 이러한 도전이 되는 내담자를 치료하고 싶다면, 두려움을 감내하면서도 효과적으로 행동할 수 있는 스킬이 필요하다. 여기서 팀의 역할은 해당 팀원이 내담자의 문제를 관리하는데 필요한 교육 수련을 받고, 회피하지 않으며, 위험을 심각하게 받아들이면서도, 효과적이며 수용 가능한 전략을 구현하고 있는지 점검하는 것이다. 팀은 "현실 검증"을 통해서 두려움의 강도가 현실에 부합하는지 확인하거나 그렇지 않은 경우 적절히 조절할 수 있게 하여, 팀원이 효과적인 행동을 하도록 도와야 한다. 팀원은 또한 이 논의 과정을 문서로 기록하여 불안함을 더욱 완화시킬 수 있다. 팀은 책임에 대한 두려움(또는 기타 요인)이 효과적인 치료를 방해하고 있다는 것을 알아차렸으나 해당 팀원이 그 사실을 인식하지 못하는 경우, "방 안에 있는 코끼리"를 불러낸 다음 다양한 DBT 전략 (예: 서약 전략, 감정 조절, 고통감내 및 그 외 유용한 전략들)을 사용하여 효과적인 DBT 실행으로 돌아갈 수 있도록 한다.

팀원이 DBT 준수에 지나치게 엄격하거나 느슨할 때

DBT 매뉴얼을 정확하게 따르는 것은 쉬운 일이 아니다. 이 문제는 두 가지의 형태로 나타날 수 있는데, 바로 매뉴얼을 지나치게 엄격하게 따르거나, 반대로 충실히 따르지 않는 것이다. 이 양극단은 많은 팀들이 논쟁하는 주제이고, 두 가지 모두 다 문제가 된다. 매뉴얼을 너무 엄격하게 따르면 오히려 DBT 기본 원리에서 벗어날 수 있다(Rizvi & Sayrs, 2020). 내담자를 위한 개별적인 평가와 창의적이고 유연한 문제 해결책은 DBT의 필수 요소이다. DBT는 원리 중심이면서도, 동시에 매우 유연하게 적용될 수 있도록 고안된 치료이다. 만약 어떤 팀원이 규칙에 얽매인 채 반응할 때는 기본 원리에 대해 논의하는 것이 바람직하며, 이러한 경우 오히려 치료의 방향을 어긋나게 할 수 있다는 점을 이해하도록 도와야 한다.

　"경직된"이라는 용어는 팀원이 규칙에 지나치게 얽매일 때 자주 사용되곤 한다. 하지만 이 단어는 판단적으로 들릴 수 있으므로, 가급적 피하면서 신중하게 접근할 필요가 있다. 예를 들어, "규칙을 따르려고 노력하는 것 같은데, 치료적 원리가 무엇인지 궁금하네요"와 같은 표현이 효과적일 것이며, 보다 더 신중하고 명확한 정의도 필요할 수 있다. 다양한 해결책을 함께 탐색하는 것도 유연한 반응을 촉진하는데 도움이 된다. 또한 팀은 팀원이 유연한 사고를 전개할 때 목표와 방향을 잡는 데 도움을 줄 수 있다. "혹시 지금 한 가지 해결책만 생각하고 계신가요?" 또는 "다른 해결책을 논의하면 매뉴얼에서 벗어나게 될까 걱정하시나요?" 와 같이 가볍게 묻는 것도 좋다. 양쪽 극단에 놓인 생각이 모두 타당하다는 접근 역시 큰 도움이 된다. 즉, 한 팀원이 특정한 문제 해결책을 고수하는 데에는 여러가지 타당한 이유가 있고, 다른 팀원들이 더 유연한 접근을 요구하는 것에도 역시 타당한 이유가 있는 것이다. 양극단을 모두 강조하면 궁극적으로 팀이 통합적 해결책으로 나아가는데 도움이 된다. 예를 들어, 자신의 내담자가 스킬을 배우기 위해 즉시 스킬훈련 그룹에 들어가야만 한다고 강하게 주장하는 팀원이 있다고 가정해보자(모든 내담자가 스킬 그룹에 반드시 참여해야 한다는 '규칙'을 따르려는 입장이지만, 어떤 내담자에게는 오히려 효과적이지 않을 수 있다). 나머지 팀원들은 그 내담자가 그룹 상황에서 효과적으로 스킬을 배우기 어려울 수 있다고 제안할 수 있다. 이 경우 통합적 해결방안은 사회 불안이 심한 내담자가 불안을 다룰 준비를 먼저 하도록 몇 주간 개인 스킬훈련을 진행한 후, 그룹으로 이어지게 하는 것이 바람직할 것이다

(어떤 형식으로든 내담자가 스킬을 습득하여 능력을 향상시킨다는 DBT의 '핵심 원리'에 초점을 맞춘 접근이다).

다루기 어렵기로는, 팀원이 DBT 매뉴얼을 충실히 따르지 않을 때도 마찬가지이다. 팀원들이 비행동적 용어nonbehavioral를 사용하거나, 매뉴얼이 너무 엄격하다고 말하거나, 혹은 데이터 대신 자신의 임상적 직감에 의존하려는 강한 충동을 느낄 수 있다. 이런 경우 해당 팀원은 본인의 방식에 몰입하는 반면, 나머지 팀원들은 걱정은 되지만 어떻게 접근해야 할지 모르는 상황이 되기 때문에 팀 내에서 갈등이 생기기 쉽다. 이럴 때에는 먼저 "방 안의 코끼리"를 불러낸 다음("우리가 뭔가를 놓치고 있는 것 같아요"), 매뉴얼로 돌아가기 위한 이론적 배경을 검토하는 것이 중요하다. 이론적 배경은 "매뉴얼에 이렇게 나와 있으니까요"가 아니라, 해당 개입이 내담자와 치료자의 치료 목표에 어떻게 부합하는지를 중심으로 구성되어야 한다. 예를 들어, 감정 조절 모듈에서 여러 "핵심" 스킬을 반복적으로 건너 뛰는 치료자에 대해 생각해보자. 그는 해당 스킬의 중요성을 인지하지 못했고, 자신이 선호하고 이해하기 쉽다고 느끼는 스킬에 더 많은 시간을 할애하기를 원했다. 문제는 그 팀원이 팀의 피드백을 고집스러운 태도를 취하며 수용하지 않으려 하는 점이었다. 이에 팀은 먼저 문제를 명확히 정의하며, "어떤 부분이 위협적으로 느껴지시나요?"라고 물었다. 즉, 팀이 제안을 할 때 그러한 강한 반응을 일으키는 이유가 무엇인가에 대한 탐색적 질문을 건네는 것이다. 이 논의를 통해 그가 이 스킬이 매뉴얼에 포함된 이유를 이해하지 못하고 있다는 점을 알게 되었다. 만약 팀이 단순하게 "이것은 치료를 위한 스킬의 일부이니 건너 뛰지 않아야 해요"라고 대답했다면 대화의 간극을 좁히기 어려웠을 것이다! 대신, 팀은 이러한 스킬을 실제로 어떻게 사용하는지 보여주었고, 그것이 내담자의 표적 행동과 어떻게 잘 연결되는지 잘 설명해주었다. 이 시연 이후, 그 치료자는 다가올 회기에 대한 새로운 아이디어를 떠올리게 되었다며 기뻐했다. 물론 이러한 논의가 언제나 순조롭게 또는 빠르게 진행되는 것은 아니지만, 팀원이 이론적 배경을 이해할 수 있도록 기꺼이함을 높이는 것이 무엇보다 중요하다.

아마도 DBT 준수에서 가장 어려운 문제는, 팀은 특정 팀원이 매뉴얼을 정확히 따르지 않고 있다고 느끼는데, 정작 팀원 본인은 충실히 준수하고 있다고 생각하는 경우이다. 이것은 DBT 경험이 많지 않은 팀에서 발생할 수도 있고, 반대로 경험이 풍부한 팀원이 자신도 모르게 매뉴얼에서 벗어나 있는 경우에도 발생할 수 있다. 이 문제는 팀원이 자신은 최선을 다해 치료를 제공하고 있다고 믿기 때문에 방어적 태도를 취하게 되어 감정적인 논쟁으로 흐르기 쉽다. 이 때 문제가 될 수 있는 행동을 구체적으로 정의하고(팀원이 매뉴얼을 준수하지 않는 공개적으로 알리기 보다는), 무판단적으로 탐색하여 다이어렉틱컬한 방식으로 바라보는 것이 중요하다. 예를 들어, 감정적으로 힘겨울 때마다 내담자들에게 치료를 잠시 쉬고 휴가를 갖게 하는 치료자가 있었다. 팀이 치료 방해 행동을 위한 다른 전략들도 있다는 점을 강조하자, 그는 더욱 양극화된 태도를 보이며 한 쪽으로 치우치게 되었다. 이에 팀은 치료 매뉴얼, 구체적 사례, 그리고 폭넓은 수인하기를 기반으로 문제를 정의하고 논의를 이끌어 나갔다. 결과적으로, 치료자는 다양한 DBT 전략을 익힐 수 있게 되었고 감정적 어려움이 감소하고 기꺼이하는 태도 또한 높아지게 되었다. 만약 이러한 전략들로 문제가 해결되지 않는다면, 팀이 외부 전문가 자문을 통해 도움을 구하는 것도 좋은 방법이다.

팀원이 번아웃 되었을 때

팀에서 누군가가 번아웃을 경험하면, 이는 팀 전체에 영향을 미치게 된다. 번아웃 상태에 있는 치료자는 공감적 태도를 덜 보이게 되고, 더욱 판단적이 되며, 짜증이 늘고, 창의성 또한 낮아지기 쉽다. 수년간 많은 치료자들과 일하면서, 우리는 번아웃에 대한 몇 가지 중요한 교훈을 얻게 되었다. 첫째, "번아웃"이라는 용어는 각 개인에 맞게 행동적으로 정의되는 것이 필요하다. 이 용어는 자주 사용되지만, 사람마다 의미하는 바가 매우 다르기 때문이다. 어떤 사람들에게 번아웃은 실제로 회복되기 어려운 심각하고 만성적인 상태를 의미하고, 또 어떤 사람들에게는 특정 내담자로 인하여 느끼는 약간의 좌절감을 뜻하기도 한다. 따라서 팀원들이 "번아웃되었다"고 말할 때는 그것이 무엇을 의미하는지 평가하는 것이 중요하다. 번아웃 상태를 촉발한 구체적 상황, 관련된 감정과 생각에 대해 질문을 던지고, 회피하고 있는 상황이나 감정 또는 생각이 있는지 질문하여 그 팀원이 실제 경험하고 있는 것을 명확하게 이해해야 한다.

예를 들어, 내가(JS) 번아웃을 겪었던 때가 있는데, 처음에는 그 느낌이 두려워서 자세히 평가하지 못했다. 더 이상 이 일을 하기 싫고, 계속할 수 없겠다는 생각이 든다는 것만 알고 있었다. 다행스럽게도 행동 훈련behavioral training과 마인드풀니스 훈련을 통해 우리 팀과 나는 이 문제를 더 구체적으로 정의해야 한다는 것을 깨달았다. 나는 몇 주간 매일 기분 기록지를 작성했다(특히, 활동-기분 모니터링 차트Activity-and-Mood Monitoring Chart를 완성했다. Addis & Martell, 2004, 176쪽). 이를 통해 문제를 정의하고, 몇 주간 기분이 어떻게 변했는지 확인할 수 있었다. 그 결과, 매주 특정 요일로 문제의 시기를 좁힐 수 있었는데, 이때 의무적으로 해야 했던 행정업무가 큰 스트레스를 유발한다는 것을 알게 되었다. 이 사실을 알게 되어 나는 너무나 안심이 되었다! 내가 이 일 자체를 싫어하는 것이 아니라, 단지 그 업무를 싫어했던 것이다. 하지만 이로 인한 생각과 감정은 일주일 내내 퍼지고 있었던 것이다. 우리 팀의 도움을 받아 나는 '한 가지 마음으로one thing in the moment' 스킬을 해결책으로 선택했다. 그 일을 해야 하는 날 내가 겪는 고통을 인정했고, 다른 날에는 그 업무를 하지 않는다는 것에 기쁨을 느끼려 노력했다. 여기에서 핵심은 고통을 일으키는 원인을 세심하게 정의하고, 자신의 직업이나 삶의 다른 요소들에서 즐거움을 알아차리며 그 문제를 해결하려고 노력하면, 번아웃이라는 느낌이 삶 전체로 퍼지는 것을 줄일 수 있다는 점이다. 이 평가와 개입을 통해 "번아웃 됐어"라고 말하기 보다, "나는 월요일에 그 일을 해야 하는 한 시간이 정말 싫어!"라고 말하게 되었다.

또 하나 우리가 배운 중요한 교훈은, 팀이 번아웃을 직접 해결해줄 수는 없다는 것이다. 팀은 수인하기, 문제 해결, 전화 자문 대체phone coverage, 심지어 팀원의 반려동물을 산책 시키거나 장보기 등 다양한 방법으로 도움을 줄 수 있다. 그러나 이러한 마음 상태를 해결해야 하는 부담을 팀에 지우는 것은 비현실적이며, 이런 기대는 그 팀원의 "적극적 수동성active passivity"을 강화할 수 있다. 번아웃 상태에 놓인 팀원은 자신의 고통을 인정하고, 팀의 피드백에 열린 마음을 가지며, 문제 해결책을 찾기 위해 기꺼이 노력해야 한다. 우리는 한 치료자가 자신을 치료팀 회의 안건에 배치하여 번아웃 되었다고 호소했던 사례를 경험한 적이 있다. 팀은 걱정을 많이 했고, 실제로 함께 모여 문제 평가 및 해결책 제시를 위해 노력했다. 하지만 그 후 몇 주간 그 팀원은 "저는 여전히 번아웃 된 상태에요. 팀에서 이야기했던 해결책으로는 충분하지 않은 것 같아요"라고 말하며 점점 더 의욕을 잃고 절망감에 빠져갔다. 우리는 이 팀원이 자신의 고통을 자신의 것으로 여기지 않고 있다는 것을 깨달았다. 대신, 그저 안건에 올려 놓고 저절로 나아지기를 기다리고 있었던 것이다. 우리는 팀이 번아웃을 해결해줄 수 있다는 잘못된 인식을 강화했다는 데 뒤늦게 동의했다. 기억해야 할 점은, 팀은 상담 제안 및 피드백을 제공하지만, 번아웃이나 기타 문제를 직접 해결하는 역할을 하지 않는다는 것이다. 어떤 문제이든, 결국 해결해야 하는 주체는 팀원 자신이다. 처음부터 팀이 이러한 마음가짐으로 대화를 시작했다면, 그 팀원은 더 많은 문제 해결책을 시도하고, 스스로에 대해 면밀히 평가하며, 자신의 고통의 원인과 직접 마주하려는 노력을 더 했을 수도 있다.

만약 문제 해결책이 효과를 내지 못한다면, 치료에서와 마찬가지로 팀은 다음과 같은 문제들을 점검할 수 있다. 먼저 치료자가 이해를 달리하는 부분이 있는지(더 많은 평가가 필요함) 살펴보고, 고집스러운 태도를 취하고 있지는 않은지 평가하며, 제시된 해결책이 올바른 문제에 초점이 맞춰져 있는지 확인할 수 있다. 어떤 문제는 팀의 역량으로는 해결할 수 있는 범위를 넘어설 수도 있다. 한 명의 팀원을 돕기 위해 전체 팀에 피해가 가지 않도록 주의해야 한다. 이럴 경우는 팀 리더가 개입하거나, 외부의 도움이 필요할 수도 있다. 결국 어떤 팀원들은 시간이 지나며 DBT에 대한 동기를 잃게 되기도 한다. 우리는 수년간 매우 어려운 내담자들과 함께 DBT 치료를 열심히 하던 사람들이 어느 순간 새로운 치료 또는 강도가 약하고 스트레스를 덜 받는 일을 하겠다고 결정하는 경우를 많이 봐왔다. 팀 차원에서 문제를 해결하기 위해 최선을 다하는 동시에 철저한 수용radical acceptance도 중요하다. 이런 팀원은 잠시 휴가를 다녀올 수 있게 배려하거나, 경우에 따라서는 팀에서의 활동을 완전히 마무리하는 것이 도움이 될 수도 있다. 드물지만, 팀은 해당 팀원이 원하지 않음에도 불구하고 휴가를 제안하기도 한다. 이 방법은 그 팀원의 번아웃이 내담자에 영향을 미치고, 다른 개입이 효과가 없을 때에만 한정적으로 매우 드물게 수행된다. 이 주제는 3장에서 자세히 설명하였다.

팀 전체에서 발생하는 문제

팀 전체가 하나의 단위로 문제를 겪는 경우도 있다. 예를 들어, 팀 문화 전체가 동의사항에서 벗어나거나, 일부 팀원이 문제 행동을 일으키는 경우가 그렇다. 앞서 설명한 모든 치료 기본 원리들은 이러한 상황에서도 여전히 중요하지만, 추가로 고려할 수 있는 해결책들도 있다.

1. 팀 전체가 함께 문제를 정의한다.

2. 팀 동의사항을 함께 검토한다.

3. 팀 내 규범과 문화를 변화시키기 위해 연습하기, 자유 글쓰기, 토론 및 팀 리트리트를 활용한다. 이를 통해 모든 팀원이 효과적인 문제 해결 방안을 모색할 수 있도록 돕는다.

4. 특정 행동을 다루기 위해 관찰자 리마인더를 추가하거나, 정기적으로 팀 문제를 논의할 시간을 따로 두는 등 필요에 따라 팀 구조를 변경한다.

5. 팀원이 원하는 행동을 강화할 수 있는 방법을 브레인스토밍한다. 문제를 제기하는 것은 첫 번째 단계일 뿐이다. 팀은 해결책 없이 불평만 하는 문화를 강화하지 않도록 주의하며, "방 안의 코끼리"에 대한 논의를 강화해야 한다. 효과적으로 문제를 식별하고 평가하며 해결책을 마련하는 것, 역시 신중하고 의도적으로 강화하는 것이 중요하다.

이후에 이어질 부분에서는 팀 차원의 문제 사례들을 몇 가지 다룰 것이다. 앞서 언급했듯이 이는 가능한 많은 문제 해결책 중 일부일 뿐이며, 각 팀은 구체적 문제에 맞게 평가하고 문제 해결책을 개발해 나가야 한다.

팀이 각 팀원을 충분히 수인하지 않는 경우

우리는 변화에 지나치게 치중하고 수인하기가 부족한 팀들과 함께 작업했던 적이 있다. 보통은 이것이 큰 문제가 되지는 않는다. 대부분의 팀은 회복탄력성이 높은 편이어서, 수인을 특별히 하지 않고도 신속하게 문제 해결을 할 수 있다. 그러나 팀의 회복탄력성이 저하되있거나, 특정 팀원이 내담자에 대해 특히 감정적으로 반응하는 경우에는 문제가 될 수 있다. 팀원은 팀이 진실의 일면을 찾으려 얼마나 노력하는지, 팀원의 반응을 이해할 수 있다는 것을 어떻게 표현하려 하는지, 얼마나 자신을 있는 그대로 받아들이려 하는지 마인드풀한 자세로 살펴야 한다. 관찰자는 회의가 끝날 때 팀원 전체가 서로를 충분히 수인했는지 팀에 물어볼 수 있다. 또한 특정 팀원에게 팀으로부터 충분한 수인을 받았는지, 치료에 대한 동기를 지속하기에 부족함이 없었는지 물어볼 수도 있다. 물론 필요하다면 팀원이 직접 팀에 더욱 많은 수인을 요청하는 것도 중요하다.

팀이 변화를 주저할 때

치료팀이 변화를 회피하는 데는 여러 이유가 있을 수 있다. 예를 들어, 팀이 강렬한 감정에 불편함을 느끼는 경우, 어려운 문제나 특정 전략으로부터 주의 분산시키거나 그 주제를 완전히 피하게 만들 수 있다. 또는 팀이 특정 팀원의 전략이 효과적이지 않았음에도, 그 전략이 효과적이었다고 하며 과도하게 수인할 수도 있다. 좀 더 미묘한 수준에서는, 팀은 무심코 만족감을 표현하는 팀원을 강화하고, 문제를 제기하는 이들에게 처벌적 방식으로 반응할 수 있는데, 이로 인하여 외관상 능숙함apparent competence이 커지고 진솔하지 않은 문화가 구축될 수 있다.

이럴 때는 유관성에 대해 의식적으로 인식하는 것이 매우 중요하다고 할 수 있다. 팀원 한 사람이 불만이나 어려움 또는 팀 내에서의 변화 필요성을 표현할 때, 그들이 어떤 반응을 받느냐에 따라 향후 다시 변화를 요청할 것인지 여부가 결정된다. 앞서 언급했듯이, 주제가 다소 불편하거나 고통스럽더라도, 그 팀원의 행동을 강화하는 것은 매우 중요하다. 방어적 태도를 취하거나, 논쟁하거나, 비수인적으로 행동하면, 앞으로 문제를 식별하고 해결하려는 행동은 줄어들게 된다. 반면에 경청하고, 문제를 함께 해결하려 하고, 수인하면 보다 효과적인 행동이 나타날 가능성이 높아진다. 해당 팀원에게 무엇이 강화물의 역할을 하는지 파악하고, 설령 자신이 상처를 받거나 좌절감을 느끼더라도 그 강화물을 제공하는 것은 결코 쉬운 스킬이 아니지만 매우 중요하다. 이러한 대화 상황에서 매우 마인드풀하게 자신의 반응을 살핀다면, 개방적이고 솔직한 논의로 이끌어 갈 수 있다.

동시에, 팀은 불평만 하는 방향으로 행동조형을 하고 있지 않은지 인식할 필요가 있다. 강화는 생산적이고 건설적인 논의와 문제 해결을 목표로 하는 행동에 주어져야 한다. 비생산적인 불만 토로, 또는 해결책이 아닌 문제에만 중점을 두는 것은 침묵으로 일관하는 것만큼이나 팀 문화에 해를 끼칠 수 있다. 이런 경우 팀 토론을 열고, 효과적인 팀 행동을 마인드풀하게 강화하는 것은 건강한 팀 문화로 나아가는 전략이 될 수 있다. 예를 들어, 한 팀원이 "오늘 팀 분위기 정말 별로네요!"라고 말하면, 팀은 "지금 정말 수인받지 못한 느낌이에요"와 같이 자신의 감정을 좀 더 구체적으로 표현하도록 요청할 수 있다. 이 시점에서 "방금 선생님을 수인했던 것 같은데요!"라고 말하기보다는, 잠시 멈추고, 잘 듣고, 수인할 만한 타당한 점을 찾은 뒤, "어머, 우리가 예상했던 것과는 정반대 결과가 나타났네요! 어떤 부분이 비수인적으로 느껴졌는지 말씀해 주시겠어요?"라고 말하면 효과적인 행동이 강화되고 유용한 해결책을 만들어 낼 수 있다.

팀이 변화 중심 문화를 만들기 위해 활용할 수 있는 전략에는 여러가지가 있다. 첫째, 팀에서 서로에게 어려운 피드백을 하는 연습을 하는 것이다. 이는 사실일 필요는 없고, 연습을 위해서 만들어낸 피드백이어도 괜찮다. 예를 들어, 우리 팀에서는 연습을 위해 서로에게 좋지 않은 냄새가 난다고 말하는 연습을 했다. 이것은 팀원 간에 불편한 말을 꺼내고, 또 그것을 받아들이는 연습을 모두가 동시에 할 수 있는 매우 유용한 연습 방법이다. 앞서 언급했듯이 팀이 점점 더 어렵거나 정곡을 찌르는 주제로 강도를 점차 높여가면서 팀원이 실제 행동에 대한 피드백을 듣는 데 익숙해지도록 행동조형 전략을 사용할 수 있다. 연습을 마치고 팀은 서로 피드백을 주고받는 시간을 보내는 것이 좋다. 만약 연습 과정에서 상처를 주거나, 악의적이거나, 판단적 언어로 이어졌다면, 팀은 그 행동을 조형할지 여부와 방법에 대해 논의할 수 있다.

팀이 안건을 끝까지 다루지 못할 때

회의 안건에서 우선순위가 높은 항목을 반복적으로 다루지 못하는 상황은, 대개 팀이 안건을 효과적으로 처리하기 어려운 구조적 문제가 있거나, 자신의 발언시간이 끝났는데도 멈추지 못하는 팀원이 있을 때 나타난다. 첫 번째 문제의 경우, 안건 자체에 대한 팀 차원의 논의를 하는 것이 좋다. 발언 시간이 끝났음을 알리는 타이머를 사용하거나, 구체적인 도움을 요청하는 방식 등 회의 구조를 보다 엄격히 설정하는 아이디어로 이어질 수 있다. 두 번째 문제, 즉 팀원들이 발언을 멈추지 못하는 경우에는, 모두가 "이제 그만 말씀하셔야 할 시간이이요"라고 말하는 역할극을 하거나, 말하는 도중에 중단시키는 연습을 해볼 수 있다. 이러한 연습은 팀원이 자신의 차례가 끝난 후에도 계속 말하거나, 다른 사람들이 길어질 때 중단시키지 않고 계속 말하게 두는 것도 팀의 구조에 방해가 된다는 것을 더 잘 인식할 수 있도록 도와준다. 이 구조가 왜 필요한지에 대한 이론적 배경을 다시 확인하는 것도 도움이 될 수 있다. 예를 들어, 한 팀원이 시간을 초과하면 다른 팀원 두 명이 시간을 갖지 못한다는 것에 대해 구체적으로 논의하면, 팀이 문제를 해결하려는 마인드풀한 마음과 기꺼이함을 증진시키는 데 도움이 될 수 있다. 팀은 또한 각 팀원이 이번 주를 잘 넘길 수 있을 만큼의 도움만 받아도 되고, 팀 회의가 끝날 때까지 모든 문제를 완전히 정의하거나 해결할 필요가 없다는 것을 서로에게 상기시킬 수 있다. 내담자가 겪는 복잡하고 심각한 문제들을 생각해볼 때, 한 번의 팀 회의로 모든 것을 해결할 수 있을 거라 기대하는 것은 현실적이지 않다! 마지막으로, 이 문제가 지속된다면 팀 회의 시간을 연장하는 것도 고려할 수 있다. 팀과 내담자의 요구를 충족시키기에 실제로 시간이 충분하지 않다면, 시간을 늘리는 것으로 간단하게 해결할 수 있다.

외부자와 내부자로 나뉠 때

팀 안에서 어떤 팀원은 "내부자로" 또 어떤 팀원은 "외부자"로 나뉘어 스스로 그렇게 여기는 상황이 발생할 수 있다. 이러한 상황은 인종, 민족, 문화, 연령, 수퍼바이저와 수련생 지위, 개인적 친분 및 기타 다양한 역할 차이로 인해 나타날 수 있다. 우리는 이러한 문제가 팀을 깊이 분열시키고 특정 팀원들이 배제되거나 이해 받지 못한다고 느끼는 사례를 많이 보아왔다. 이 문제는 겉으로 드러나지 않고 무시될 때 더욱 심각하게 악화된다. 따라서 "외부자"로 느끼는 경험에 대해서 공개적으로 이야기해야 할 필요가 있다. 우리는 팀이 종교(종교에 대한 발언때문에 어떤 팀원이 차별을 느낀 경우), 인종(여러 팀원이 한 팀원의 발언을 인종차별적이라고 경험했던 경우), 성별(어떤 팀원의 행동으로 인해 여러 팀원들이 차별받았다고 느낀 경우), 성적 지향(팀의 유일한 레즈비언으로서 차별받았다고 느낀 경우) 등에 관한 문제를 논의하도록 도왔다. 너무나 많은 팀에서 이러한 문제들을 경험하는 것으로 보아, 사실상 이는 거의 모든 팀이 겪는 보편적인 문제라고 여기게 되었다.

이 상황이 어려운 이유는 바로 대부분 공개적으로 논의되지 않기 때문이다. 이를 해결하기 위한 한 가지 방법은 팀 내에서 토론이나 자유롭게 글쓰기 연습을 통해 각 팀원이 스스로 외부자처럼 느낀 경험을 공유하는 연습을 해보는 것이다. 이 연습을 통해 팀이 각 팀원의 경험을 더 잘 이해할 수 있다. 예를 들어, 우리 팀에서는 팀 회의에서 어떤 사건이 특정 팀원에게 분리되고 배제된 느낌을 갖게 한다는 사실을 직접 이야기할 때까지 누구도 깨닫지 못했다. 하지만 논의를 통해 팀은 그 표현들이 불쾌감을 줄 수 있었음을 인정하게 되었고, 실수 가능성 동의사항fallibility agreement에 따라 그러한 표현을 더 이상 사용하지 않게 되었다. 하지만 이 문제는 공식적으로 논의가 이루어지기 전까지는 전혀 드러나지 않았다.

이와 같은 상황은 또한 팀원 모두가 고통감내 스킬을 적용하는 것의 중요성을 강조한다. 모든 팀원들이 서로에게 불편함을 줄 수 있는 표현을 완전히 피하는 것은 불가능하다! 또한 팀이 그러한 표현 하나하나를 전부 논의하게 되면, 임상적으로 중요한 다른 주제를 다룰 시간이 부족해질 것이다. 작은 문제들은 팀 회의 중 신속하게 해결할 수 있지만, 보다 깊이 있는 "외부자 경험"에 대한 논의는 정기적으로, 예를 들어 연 1회 정도 일정을 따로 마련하는 것이 좋다. 이렇게 하면 이 문제를 정기적으로 다룰 수 있고 동시에, 다른 중요한 주제들 또한 놓치지 않게 된다.

관찰자의 피드백이 혐오적으로 느껴질 때

이 문제는 우리가 쉽게 빠질 수 있는 함정이다. 그 이유는 관찰자가 주로 팀 내 문제를 식별하고 팀을 변화로 이끄는 데 집중하는 역할이기 때문이다. 이 과정에서 다른 팀원들은 점차 불편감을 느낄 수 있다. 이때에는 치료팀 동의사항을 다시 검토하고 왜 중요한지에 대해 함께 살펴보는 것이 좋다. 이를 통해 모든 팀원에게 관찰자 역할에 대한 이론적 배경을 다시 떠올리게 할 수 있다. 또한 관찰자가 처벌하려는 것이 목적이 아니라, 동의사항에서 벗어날 때 주의를 기울이도록 하는 것임을 이해시켜야 한다. 뿐만 아니라 때로는 듣기 어려운 피드백이더라도, 이것이 팀 문화를 지지하는 행동을 키우는데 필요하다는 점을 강조하는 것 또한 효과적인 관찰자 역할을 수행하는 데 도움이 된다. 팀이 정기적으로 이 역할을 교대하여 담당하면, 모든 팀원이 직접 관찰자 역할을 경험하게 되어 그 역할의 어려움을 더 잘 이해할 수 있다. 이렇게 하면 관찰자가 특정 행동에 대해 언급할 때 더욱 고마운 마음을 갖게 되고 불편감을 덜 느낄 수 있다. 만약 팀원이 관찰자의 피드백에 방어적으로 반응한다면, 그 태도에 대해 강조하는 것이 중요하다. 그리고 이 문제를 더 깊이 논의해야 하는 경우, 해당 팀원을 다음 안건에 올려 팀 전체와 함께 나누는 것이 좋다. 팀은 피드백을 어떻게 전달할 것인지에 대해 함께 논의할 수 있다. 필요하다면 피드백을 주고받는 연습을 해보는 것도 좋다. 이를 통해 팀원들이 피드백에 덜 민감해지고 관찰자의 피드백을 더 잘 받아들이도록 도울 수 있다. 마지막으로 중요한 것은, 팀의 모니터링 책임을 모든 팀원과 공유하는 문화를 함께 만드는 것이다. 관찰자 한 사람에게만 책임을 지우기 보다, 모든 팀원이 팀을 모니터링하고 문제를 알려야 한다는 인식을 가질 필요가 있다. 팀 회의에서 문제가 생겼을 때 모든 팀원이 침묵한 채, 관찰자가 그것을 포착하여 해결할 것이라 기대하는 팀과 작업했던 사례를 나누도록 하겠다. 이러한 경우 팀은 문제를 놓치는 것뿐만 아니라, 팀원들 사이에서 수동적 태도가 확산될 가능성이 높다. 모든 팀원이 팀 문화를 공동으로 책임진다는 인식이 이 문제를 해결하는 데 핵심이다. 우리(JS) 팀에서는 팀 회의가 끝날 때 5분을 추가하여, 관찰자가 리마인더를 읽고 팀원들에게 그 문제가 발생했는지 물어보도록 했다(자세한 설명은 4장 참조). 팀원들은 문제를 인식할 수 있었고, 발생한 문제에 대해 신중하게 답변하고 논의했다(예: 팀 회의 중에 문자가 와서 집중이 흐트러졌다고 말할 수 있다). 바로 해결책을 논의하거나, 다음 팀 회의 안건에 해당 팀원이나 주제를 배치할 수도 있다. 팀 회의가 끝날 때 짧게 이에 대해 논의하면, 팀 전체를 매주 팀 문화에 대한 토론에 참여시켜서 관찰자가 놓쳤을 수도 있는 행동을 포착할 수 있는 시스템을 구축하게 된다. 또한 팀 문화를 유지하기 위해 노력한 팀원의 행동을 강화할 수 있는 기회가 마련되고(예: "오늘 A 선생님은 우리가 더 다이어렉티컬하게 접근할 수 있도록 도움을 주셨어요. 감사합니다!"), 경험이 많은 팀원의 의견을 통해 배울 수 있는 좋은 기회가 될 수 있다.

팀이 너무 크거나 너무 작을 때

DBT 치료팀이 지나치게 커지는 경우가 있다. 팀의 규모에 대한 명확한 규칙이 존재하지는 않는다. 8장에서 더 자세히 논의하겠지만, 팀이 되려면 최소 두 명 이상이 필요하며, 상한선은 모든 팀원이 최상의 DBT를 제공할 수 있도록 팀이 효과적으로 기능하는지에 따라 결정된다. 팀이 지나치게 커졌는지 파악하는 것은 쉽지 않다. 예를 들어, 더 많은 시간이 필요하다거나, 요구 사항이 충족되지 않는다거나, 또는 서로를 충분히 잘 알지 못해 각자의 유약함을 공유하기 어렵다는 등의 미묘한 불만의 형태로 나타나기도 한다. 팀의 건강 상태와 모든 팀원의 상황을 정기적으로 점검하는 것은 팀의 규모가 실제 문제가 되는지 파악하는 데 도움이 될 수 있다. 앞선 예에서 언급했듯이, 우리(JS) 팀에서는 팀원들의 불만이 제기되기 시작했고, 이를 계기로 여러 차례 논의와 연습을 진행한 끝에 결국 팀을 두 개로 나누기로 결정했다. 팀원들은 서로를 너무나 좋아했고 잘 지내고 있었기 때문에 정말 어려운 결정이었다. 따라서 두 팀의 회의를 연달아 배치하되, 중간 30분 동안 모두가 함께 점심을 먹으며 중요한 사항들(예: 간단한 치료 조정, 업데이트, 공지사항)을 다룰 수 있는 구조를 만들었다.

좀더 복잡한 상황은 일부 팀원은 팀이 너무 크다고 느끼는 반면, 다른 팀원들은 형식을 변경하고 싶어하지 않을 때이다. 이것은 팀 리더에게 도전 과제가 될 수 있는데, 충족되지 않고 있는 요구사항들이 무엇인지 구체적으로 정확히 평가하고, 이러한 문제를 해결하기 위한 다양한 해결책을 브레인스토밍함으로써, 팀을 분리하지 않고도 문제를 해결할 수 있는 방법을 모색해야 한다. 예를 들어, 어떤 팀원이 자신의 사례에 대해 오래 이야기하고 싶어 시간을 더 요구한다면, 그 기대치를 조정하며 현실적인 시간 배분에 대해 설명하는 것이 더 도움이 될 수 있다(예: 자신의 안건에 30분을 온전히 쓰기는 어렵다는 것을 이해시킨다). 또한, 팀 외부에서 정기적으로 다른 팀원들과 접촉할 수 있도록 하고, 팀 내에서 더 많은 시간을 원한다는 바람을 수인해줄 수 있다. 만약 다른 팀원들이 팀의 규모에 대해 문제를 느끼지 않는다면, 이러한 해결책으로 충분할 수 있다.

반대로 팀이 너무 작은 경우도 있다. 우리는 두 사람으로 구성된 팀과도 작업을 해봤는데, 경우에 따라 아주 잘 작동하기도 한다. 두 사람이 다이어렉티컬한 태도를 유지하는 데 어려움을 겪고 극단적으로 치우치거나 빠진 부분을 찾는 대신 양극화되면, 한두 명의 추가 구성원이 팀 내 의견과 전략을 다양화하는 데 도움이 될 수 있다. 팀은 스스로의 효과성에 대해 논의하고, 다양한 해결책을 만들어 내어 양극화를 방지할 만큼 충분한 인원이 있는지 논의할 수 있다.

한 명의 문제가 있는 팀원이 팀 전체에 영향을 끼치는 경우

팀원 한 명에 의해 팀 전체가 심각한 영향을 받는 경우도 종종 있다. 이 팀원은 팀원들로부터 존중받지 못하거나 호감을 얻지 못하며, 팀 전체가 화나게 만드는 행동을 반복하기도 한다. 예를 들어, 팀 동의사항을 따르지 않거나, 다른 팀원이 취약해진 상황에서 비난하듯 말하는 경우도 있었다. 다이어렉티컬하지 않거나, 판단적이며, 행동에 기반하지 않은 접근을 고수하는 경우도 있었다. 또한 별다른 이유 없이 특정 팀원에게만 다르게 반응하는 팀도 있었다. 이런 문제를 해결하기 위해서는 행동적 구체성behavioral specificity을 갖추는 것이 중요하다. 어떠한 문제를 "저 사람과는 잘 맞지 않아요" 또는 "그 선생님은 DBT를 하고 있지 않아요"와 같이 말하는 대신, 팀은 사람이 아닌 행동에 초점을 맞추고 문제를 명확한 정의하며 예시를 들어 논의하면 문제 해결에 더욱 집중할 수 있을 것이다. 예를 들어, 한 팀원이 "선생님이 직설적 표현을 하시면 감정이 상할 때가 많아요" 또는 "저희가 제안을 하면 별로 효과가 없을 거라고 말할 때마다 무력감을 느껴요"라고 표현할 수 있다. 또한 "선생님이 DBT와 다른 치료 방식을 혼합해서 제안하실 때 혼란스러운 경우가 많아요. 가능한 일관된 이론적 틀 안에서 제안해주시면 더 좋을 것 같아요" 등으로 요청할 수 있다. 팀원에게 어려운 피드백을 하는 것은 결코 쉬운 일이 아니며, 팀원들은 자신이 느끼는 감정으로 인해 상황을 악화시키지 않도록 주의해야 한다. 이 대화에서 다이어렉티컬한 태도를 유지하고, 양극단 모두에서 타당성을 찾으며, 측은한 마음을 가지면서도 행동적으로 구체적이어야 하고, 호기심과 관심을 갖고 문제를 바라보는 것이 도움이 될 것이다.

다시 말해, 팀은 이 문제가 해결할 가치가 있는 문제인지 평가해야 한다. 만약 팀원들의 동기부여나 역량에 방해가 되지 않는다면, 굳이 개입하지 않고 넘어가는 것도 하나의 방법이 될 수 있다. 예를 들어, 한 팀원이 의도적으로 직설적인 발언을 했는데, 다수의 팀원들이 이를 불쾌하게 느끼는 상황을 생각해 보자. 이러한 발언들이 몇 차례 이어진 후, 팀원들의 기분이 상했다는 것을 '코끼리'라고 명명하였다. 그리고 그 팀원의 발언 의도가 무엇인지와 어떻게 불쾌감을 줄 수 있다는 것을 인지하지 못했다는 점들에 대해 논의하였다. 결국 팀은 내담자 관리에 집중하기로 하고 이를 감내하기로 결정했다. 팀은 문제들 간의 우선 순위를 고려한 결과, 이 발언은 치료자를 위한 치료보다 더 우선하지 않는다고 평가했다. 강도 높은 그룹 작업의 특성상, DBT 팀에서는 개인의 차이를 용인하는 것이 유용한 해결책이 되기도 하며, 이를 통해 문제를 낮은 우선 순위에 두게 된다.

때로는 팀원이 자발적으로 치료팀에 합류한 것이 아니라서 문제가 생기기도 한다. 예를 들어, 소속된 기관에 의해 억지로 팀에 합류했다면, 팀 차원의 개입 뿐만 아니라 팀 리더가 해당 팀원이 속한 기관의 행정부서와 소통하여, 비자발적인 팀원의 참여가 팀에 미치는 영향을 설명하고, 이 팀원의 기꺼이 함을 증진시키는 전략과 서약 절차 없이 새로운 인원을 추가하지 않도록 하는 전략을 마련해야 한다. 또한 팀 리더는 이들과 솔직한 대화를 나누며, 각 팀원에게 기대되는 역할을 강조하거나 검토하는 것도 필요하다.

안타깝게도 팀 리더에 관한 장(3장)에서 논의한 바와 같이, 어떤 팀원이 그 팀과 맞지 않는 사람일 수도 있다. 또한 이들의 행동이 팀 회의에서 높은 우선순위를 차지할 때도 있다. 이들은 팀 동의사항을 존중하지 않거나, 반복적인 피드백에도 불구하고 팀원을 판단하거나, 번아웃 상태에서도 문제 해결에 관심이 없거나, 애초에 DBT를 하고 싶지 않은 사람들일 수 있다. 팀 리더와 팀은 문제를 해결하려고 노력할 수 있지만, 때로는 해당 팀원이 자발적으로 팀을 떠나거나, 드물게는 리더의 결정에 따라 팀에서 제외되기도 한다. 이러한 이탈이나 제외가 감정적으로는 불편할 수 있지만, 우리는 이러한 결정이 모두에게 최선의 해결책이었던 사례들을 지켜봐왔다. DBT 치료에서와 마찬가지로 이러한 해결책은 다른 모든 방법이 효과가 없다고 판단한 후 최후의 수단으로 고려되어야 한다.

내담자의 주치료자가 없을 때

팀 내에서 어떤 내담자의 주치료자가 누구인지에 대한 의견 차이가 있을 경우, 치료의 통합성이 위협받을 수 있다. DBT에서는 일반적으로 개인 치료자가 주치료자 역할을 한다. 주치료자는 내담자와 함께 치료 계획을 수립하고, 자살 위기를 관리하며, 치료의 진행 상황을 모니터링한다.

물론 여기에도 예외는 있다. 예를 들어, 내담자의 개인 치료자가 없는 경우(예: 스킬훈련 그룹에만 참석하는 경우)에는, 누가 내담자와 함께 치료 결정을 내리고, 치료에 대한 책임을 지며, 자살 위험이나 기타 생명 위협 행동을 다룰 것인지 명확하게 구분하는 것이 중요하다. 내담자가 DBT 팀 외부에서 개인 치료자를 만나고 있다면, 추가적으로 고려해야 하는 사항이 있다. 특히 외부 치료자가 DBT를 제공하지 않는 경우, 임상 업무 분배를 더욱 명확히 해야 한다. 예를 들어, 팀은 외부 기관의 치료자가 책임을 맡고 있다는 것을 문서로 확인할 수 있도록 관련 서류를 요청할 수 있다(외부 치료자가 작성할 수 있는 협약서 예시는 Linehan, 2015b참조). 만약 외부 치료자가 없는 경우, 팀 리더는 스킬 훈련자에게 이러한 상황을 알리고, 역할을 충분히 인식시키는 동시에, 팀의 포함/제외 준거를 공유해야 한다. 예를 들어, 많은 프로그램에서는 자살 위험이 높은 내담자의 경우 자살 위험도를 평가하고 다룰 개인 치료자 없이 스킬 훈련 그룹에 참여하는 것을 허용하지 않는다. 이에 대한 결정이 내려지면, 내담자가 최상의 치료를 받을 수 있도록 조율하는 것이 중요하다.

DBT 팀 내에서 정신과 의사가 이러한 역할을 수행하며 어려움을 겪기도 한다. 정신과 의사들은 그들의 훈련 배경과 일반적 임상 환경에서 주치료자 역할을 하는 경우가 많기 때문에, 이와 같은 역할에 익숙할 수 있다. 정신과 의사들 또한 많은 법적 책임을 지고 있기 때문에, 임상적 결정에 더 큰 권한을 갖고자 하는 경향이 있을 수 있다. 하지만 개인 치료자가 주치료자 역할을 하는 DBT의 원칙은 DBT 팀에 합류하는 정신과 의사에게 혼란과 불만을 일으킬 수 있다. 이러한 경우에는 무엇보다 예방 전략이 중요하다. 정신과 의사는 팀에 합류하기 전에 DBT 구조에 대한 명확한 설명을 들어야 하며, 개인 치료자가 주치료자로서 내담자와 함께 치료 계획을 수립하고, 정신과 의사나 스킬 훈련자 등의 역할은 개인 치료자와 내담자에 의해 초빙된 역할을 수행한다는 점을 이해해야 한다. 이는 정신과 의사의 역할 자세가 달라진다는 뜻이 아니라, DBT의 틀 안에서는 개인 치료자가 치료의 주요 방향을 결정하는 역할을 한다는 의미이다. 일부 환경에서는 기관 자체가 이러한 구조를 방해할 수도 있다. 이 경우, 팀 리더는 이 문제를 행정 부서와 상의하여 근거 기반 치료의 중요성을 강조하는 것(결과, 비용 효율성, 법적 책임 포함)이 도움이 될 것이다(행정 부서와의 소통에 대한 논의는 3장 참조).

우선 순위에 대한 팀 내 의견차이가 있는 경우

가장 어려운 문제 중 하나는 한 명 이상의 팀원이 중요한 팀 문제나 치료자의 문제를 발견했으나, 다른 팀원들이 그 문제를 팀 회의에서 다루고 싶어하지 않는 경우이다. 다른 팀원들은 그 문제를 심각하게 여기지 않거나, 더 중요한 문제들이 있다고 생각하거나, 혹은 감정적으로 부담이 되는 논의에 참여하고 싶지 않을 수 있다. 이는 다루기 어려운 다이어렉티컬한 상황이다. 한편으로는, 한 팀원이 불편함을 느낀다면 팀은 그 문제를 진지하게 받아들이며 타당성을 찾아 해결하려고 노력해야 한다. 그 팀원은 자신의 고통이나 불편함을 해결하기 위해 팀 회의에서 시간을 사용할 수 있으며, 이 과정에서 개인이나 팀의 변화가 필요할 수 있다. 다른 한편으로, 다른 팀원들 각자의 팀 시간도 똑같이 중요하다. 모든 팀원이 최선을 다하고 있다는 점을 기억하는 것이 중요하며, 팀 내에서 발생하는 문제들 가운데 많은 것들이 다뤄지지 않을 수 있다는 점을 인지해야 한다. 이때, 팀 리더는 해당 문제가 팀 전체에 영향을 미치는지, 아니면 팀원이 개인적으로 해결할 수 있는 문제인지, 혹은 팀이 다루지 않기로 선택한 문제에 속하는지 판단할 수 있도록 도움을 주어야 한다.

결론

이 장에서는 DBT 팀에서 발생할 수 있는 여러 문제들을 다루었으며, 이러한 문제들이 해결되지 않으면 팀 전체에 위협이 될 수 있다는 것에 초점을 맞추었다. DBT 팀 역시 대인관계 문제를 겪을 수 있다는 점은 사실이지만, 팀 자체가 지닌 지혜 또한 무시할 수 없다. 문제를 공개적으로 논의하고, 팀 전체가 하나의 단위로 그 문제를 해결하는 과정은 꽤나 유용한 해결책을 찾는데 도움이 되며, 그 과정에서 성장하고 더욱 단단해 질 수 있는 것이다. 이 팀의 구성원들은 DBT, 내담자, 그리고 팀 자체에 헌신한 사람들이기에 팀에 선택된 것이다. 이들은 DBT 스킬과 전략을 알고 있으며, 자신과 다른 사람들에게 그것을 어떻게 적용해야 할지 잘 알고 있다. 핵심은 이러한 문제들이 효과적인 방식으로 드러날 수 있도록, 다이어렉티컬하고 행동적으로 구체적이며, 무판단적이고 감정에 집중하는 문화를 조성하는 것이다. 팀 동의사항 및 팀 리더가 제공하는 지침과 구조 속에서, 팀은 이러한 어려움을 창의적이고, 자애로우며, 지혜롭게 해결할 방법을 찾을 수 있을 것이다.

팀 운영을 위한 연습

■ 팀을 위한 팀 리트리트를 기획한다.

■ 팀 체크인 질문 중 하나를 중심으로 토론을 진행해본다(129-130쪽 참조, 또는 팀에 맞게 특별히 만든 질문을 사용한다).

■ 번아웃 또는 관련된 주제에 대한 공식적인 평가지를 작성한다. 각 팀원들이 자신의 생각을 나눈 뒤, 비슷한 점, 차이점 및 팀이 직면할 수 있는 문제에 대해 논의한다.

■ 각 팀원이 최근에 했던 팀 방해 행동에 대해 토론한다. 자신의 행동에 초점을 맞추고, 그 행동이 일어나게 된 배경과 그 행동을 유지시키는 요인을 설명한다. 문제를 평가하고 해결하는 데 도움을 요청하도록 한다.

■ 각 팀원이 팀 내 긴장이나 갈등을 피하려고 하는 편인지, 반대로 직접 해결하려는 경향이 있는지 확인한다. 이러한 경향이 언제 효과적이고 언제 그렇지 않은지 함께 논의하도록 한다. 반대편 극단을 위한 스킬을 연습하는 방법을 브레인스토밍한다.

(예를 들어, 팀 문제를 다루는 것을 회피하는 경향이 있는 팀원은 정반대 행동Opposite Action과 **DEAR MAN** 스킬을 연습할 수 있고, 팀 내 긴장에 더 강하게 반응하는 팀원은 철저한 수용Radical Acceptance과 무판단적인 마음갖기Nonjudgmentally를 연습할 수 있다.)

■ "전문가" 역할이나 팀 회의에서 주도적인 역할을 전체 회의 동안 번갈아 맡아 보는 연습을 한다. 이 연습을 할 때는, 각 팀원들이 팀 회의에서 더 적극적이고 지시적인 역할을 해보고, 나머지 팀원들은 덜 주도적인 역할을 맡아 회의에 참여한다. 이 과정을 통해 각 팀원들이 각자의 자연스러운 반응 양식을 인식하며, 다양한 스타일을 시도할 수 있다. 모든 팀원이 한 번씩 역할을 맡은 후, 이 연습이 팀 상호작용에 어떠한 영향을 미쳤는지에 대해 팀 차원의 토론을 진행하여 향후 팀에 도움이 될 수 있도록 한다.

■ 팀과 함께 1장을 검토하여, 팀이 DBT 팀 문화를 유지하기 위한 실천에서 얼마나 벗어났는지 평가한다. 그 후, 문제해결 스킬Problem solving을 사용하여 이를 해결할 방법을 논의하고 개선책을 구현한다.

■ '1년 후에 우리 팀이 어떤 모습이기를 원하는가?'를 주제로 논의한다. 어떤 변화가 있었으면 좋겠는지 나누면서, 팀의 향후 방향성을 구체화하고, 목표를 달성하기 위한 실질적 계획을 수립해본다.

자살 위기와 DBT 팀

제 7 장
자살 위기와 DBT 팀

팀이 겪을 수 있는 가장 어려운 일 중 하나는 내담자의 죽음, 특히 자살로 인한 사망이다. 이러한 사건은 흔하지는 않지만, 임상 경력이 길어질수록 대부분의 치료자는 어떤 방식으로든 자살과 관련된 경험을 하게 될 가능성이 높다. 자살은 발생 빈도가 낮기 때문에, 치료자들은 정서적으로 준비되어 있지 않거나, 실제 발생 시 어떻게 대응해야 할지 구체적인 전략을 갖추고 있지 않을 수 있다. 일부 팀원은 자살에 대한 경험이 전혀 없어, 실제로 어떤 상황이 일어나는지 예상하기 어려울 수 있다. 개인적으로나 임상 상황에서 자살과 관련된 과거 경험이 있는 치료자들은 예상보다 훨씬 강렬하고 예기치 않은 반응을 보일 수도 있다. 또한 강렬한 감정을 불러 일으키는 자살이라는 주제에 대한 논의를 회피하는 경향이 있을 수 있다. 그렇기 때문에 팀은 자살 위기 전후로 어떻게 대처할지 전략을 미리 세워두는 것이 좋다. 자살 위기 상황에서는 강렬한 감정과 급박하게 진행되는 상황으로 인해 의사 결정에 어려움이 있을 수 있기 때문이다. 여기에서 다루는 주제 중 많은 부분은 자살 이외의 다른 임상적 위기에도 적용될 수 있다. 예를 들어, 치명적이지 않은 자살 시도, 자해, 사고 또는 타살로 인한 내담자의 사망 등도 해당된다. 이 장에서는 DBT 팀의 입장에서 바라보는 자살 위험에 대해서 주로 다루고 있으며, 자살 위험 관리를 위한 포괄적인 임상적 지침은 다음의 자료에서 참고할 수 있다(예: Linehan, 1993; Katz & Korslund, 2020; Sung, 2016a, 2016b; suicidology.org; sprc. org; intheforefront.org). 또한, 이 장은 법적 자문을 제공하는 목적이 아니며, 자살로 인한 법적 책임이 우려되는 경우 도움을 받을 수 있는 관련 기관에 연락하는 것이 좋다.

자살 위기가 발생하기 전에

DBT 팀이 위기 상황 이전에 취할 수 있는 몇 가지 단계들이 있다. 여기에는 팀 구조 확립, 관련 교육 참여, 절차 개발, 위기 상황에 대비한 팀 연습 등이 포함된다.

구조 확립하기

고위험 내담자를 치료할 때, DBT 팀은 자살을 즉각적으로 그리고 장기적으로 예방하는데 중요한 구조를 갖추고 있어야 한다. 특히, DBT 팀은 팀 회의 안건을 활용하여 이러한 위기를 예방하고 사전에 대응할 수 있다. 팀 안건은 다음과 같은 방식으로 구조를 확립할 수 있다.

- 고위험 내담자에 대한 논의 리마인더. 회의 리더는 위험한 행동을 하거나 상태가 악화되고 있는 내담자를 만나는 팀원이 있을 때, 안건에 자신을 배치하도록 리마인드 해줄 수 있다. 팀 전체는 고위험 내담자를 지속적으로 관리하고 주의를 기울여야 한다.

- 위기 평가 양식 활용에 대한 리마인더. 회의 리더는 팀원들이 서류 작업을 완결하였는지에 대해 평가하고 독려해야 한다. 모든 팀원이 정기적으로 위기 평가를 하고 이를 문서화하면(예: LRAMP, Linehan, Comtois, & Ward-Ciesielski, 2012), 위험 상황에서 효과적으로 모니터링하고 개입할 가능성이 높아진다.

- 고위험 상황 우선 순위 배정 시스템. 팀은 각 팀원이 효과적으로 개입할 수 있는 역량이 있는지와 동기를 가지고 있는지 점검한다. 이 과정에서 치료자의 두려움, 좌절감, 회피, 기술 부족 또는 기타 다양한 문제 등 최선의 치료를 막는 모든 장애물을 평가하고 해결책을 도출한다. 이로써 팀은 치료자와 내담자 모두에게 실질적인 도움이 되는 효과적인 개입 방식을 생성하고 촉진할 수 있다.

- 회기 녹화 및 녹음 계획에 관한 리마인더. 회기 녹화본 및 녹음본을 모니터링하는 팀은 조기에 위험신호를 인식할 가능성이 더 크다.

- 전반적으로 DBT 팀은 자살 위험을 최소화하기 위한 팀원들의 효과적인 전략을 모니터링하고 촉진하는 데 도움을 준다. 즉, 각 치료자가 위험도를 직접 평가하고, 적극적으로 관리하며, 관련 주제 또는 특정 내담자를 피하지 않고, 적시에 이러한 대응에 대해 문서화하는 것을 잘 해 나가도록 돕는 것이다.

교육 참석

모든 팀원은 자살 위기 평가 및 관리에 대한 전문가 교육을 반드시 이수해야 한다. 기본 교육을 받은 후에는, 한 명 이상의 팀원이 정기적으로 추가 교육에 참석하여 관련 정보를 팀에 공유하는 것이 좋다. 이를 통해 팀은 자살 관련 상황에 최신 정보에 따라 더욱 효과적인 대응 전략을 마련할 수 있다. 이때 교육 제공자의 개인적 경험에만 의존하는 것이 아닌, 관련 데이터를 기반으로 한 것일 때, 가장 유용하면서도 근거에 기반한 정보를 얻을 수 있다.

절차 개발

팀은 자살 사고 이후에 수행해야 하는 절차를 사전에 철저하게 마련해두는 것이 좋다. Sung(2016a, 2016b)은 내담자 자살과 관련하여 팀이 자체 절차를 수립하는데 활용할 수 있는 구체적인 권고사항을 제시하였다. 여기에는 사고 발생 직후 완료해야 할 일, 자살에 대한 정서적 반응 다루는 방법, 사례 검토 등의 절차가 포함되어 있다. 팀은 이러한 권고 사항을 팀의 상황에 맞게 조정하고, 이러한 상황이 발생했을 때 어떻게 대처할 것인지에 대해 팀 전체가 충분히 논의하여, 공통된 이해와 합의에 도달하는 것이 중요하다. 이미 내담자의 자살 사망에 대한 대응 절차가 마련되어 있는 팀의 경우, 이 절차를 정기적으로 검토하고 다른 팀이나 기관들의 지침 및 프로토콜(예: 인용 참고)을 참고하여 필요한 단계들이 모두 포함되었는지 확인할 수 있다. 이러한 상황에서는 매우 감정적으로 고통스러울 수 있으며, 때로는 법적 분쟁으로 이어질 수 있기 때문에, 실제 위기 상황에서 추가적인 어려움을 예방하기 위해 사전 계획 수립과 팀 차원의 논의가 필수적이다.

팀 연습에 참여하기

팀은 자살 및 고위험 행동에 보다 효과적으로 대비할 수 있도록 관련된 연습 활동에 주기적으로 참여하는 것이 좋다. 이는 위기 상황에서 팀원들이 자신과 서로의 반응을 더 잘 예측하고 이해하는데 도움이 될 것이며, 두려움으로 인하여 임상적 결정에 문제가 발생하는 것을 최소화하는 데 도움이 될 수 있다. 또한 이 어려운 일을 계속해 나가는 데 필요한 치료자의 동기와 서약을 향상시킬 수 있다. 위기가 발생하기 전에 자살과 관련된 가치와 감정을 솔직하게 나누는 시간을 가지면, 치료자뿐 아니라 팀 전체가 자살 관련 위기에 더 잘 대비할 수 있게 된다.

이 장에서 두 가지의 팀 연습 예시를 다룰 것이다. 각 팀은 자신들의 상황에 맞추어 연습 방식을 조정하고 개발해야 한다. 팀원들은 이 연습을 할 때 매우 강렬하고 다양한 정서적 반응을 보일 수 있다. 특히 이전에 사랑하는 사람이나 내담자의 자살을 경험한 경우에 더욱 강한 반응을 보일 수 있으며, 자살을 직접 경험한 적이 없는 팀원들도 강렬한 감정을 느낄 수 있다. 팀원들은 이러한 감정을 충분히 수인할 수 있어야 하며, 높은 수준의 감정이 문제가 된다는 인상을 전달하지 않는 것이 중요하다. 이 연습을 진행하면서 어떤 형태라도 부정적인 반응을 보이는 것은 팀원들이 감정을 표현하고 도움을 요청하는 행동을 처벌하는 효과를 가져올 수 있다. 팀원이 특정 신념이나 반응을 드러내지 않아야 한다고 생각하면, 고위험 상황 전후에 도움을 요청하지 않는 문제가 발생할 수 있다. 이러한 경우, 수인하기 4단계(상대방의 과거 경험을 고려하여 이해하기)와 5단계(상대방의 현재 상황을 고려하여 이해하기)가 도움이 될 수 있다.

연습 1*

첫 번째 연습은 팀원들이 죽음과 자살의 본질 및 의미에 대한 자신의 가치관과 신념 체계를 탐구하도록 유도하는 질문으로 구성된다. 또한, 자살을 막기 위한 자신의 역할에 대한 신념을 탐색하게 한다. 이러한 질문들은 개방형이며, 자신의 가치관이 치료와 팀 내 의사결정에 어떠한 영향을 미칠 수 있는지 깊이 생각해보도록 구성되어 있다.

팀원들은 다음 질문에 대한 답을 차분하고 조용한 환경에서 글로 작성한다.

- "죽음이란 무엇인가?"
- "나는 자살에 대해 어떠한 신념을 가지고 있는가?"
- "내가 만나고 있는 내담자는 스스로 목숨을 끊을 권리가 있는가?"
- "나에게 그들을 막을 권리가 있는가?"
- "나에게 자살할 권리가 있는가?"
- "누군가 나를 막을 권리가 있는가?"

그런 다음 팀원들이 자신의 답변을 돌아가며 공유한다. 모든 사람이 의견을 나눌 때까지 각 답변에 대해 논의를 하지는 않는다. 이 논의는 여러 번의 팀 회의에 걸쳐 이루어질 수도 있지만, 처음 논의할 때는 최소 15분 이상 확보하는 것이 좋다.

각 팀원이 자신의 의견을 공유한 후, 팀은 그 답변이 팀원들의 행동에 어떤 영향을 미칠

---

* Marsha M. Linehan의 승인을 받아 아래 자료에서 발췌하여 수정하였음. 미출간, University of Washington Behavioral Research and Therapy Clinics.

지에 대해 논의한다. 예를 들어, 한 팀원이 자살을 도덕적으로 잘못된 행위로 여긴다면, 이 가치 체계가 고위험 상황에서 그 팀원의 행동에 어떠한 영향을 미칠지 논의할 수 있을 것이다. 반면에 또 다른 팀원은 내담자에게 자살할 권리가 있고, 자신에게는 이를 막을 권리가 없다고 생각할 수도 있다. 이 신념 체계 역시 치료자의 행동에 상당한 영향을 미친다. 팀원의 종교적/영적 신념, 문화적 관습, 자살에 대한 과거 경험 등 관련된 모든 요소가 포함될 수 있다. 이 논의에서 어떠한 다이어렉티컬한 긴장이 발생하는지 살펴보고, 각 팀원의 신념과 가치관이 DBT 실행에 어떠한 영향을 미치는지 함께 살펴본다. 여기에서의 목표는 "옳고, 그름"을 찾는 것이 아니며, 다른 이의 관점을 변화시키거나 "고치려는 것"이 아니다. 각 팀원의 경향성과 유약성을 미리 인지하는 데에 그 초점이 있다. 그런 다음, 팀은 특정 내담자와 관련된 해결책을 브레인스토밍한다. 즉, 감정적 마음상태에서도 효과적인 상태를 유지할 수 있도록 하는 구체적 대응 단계를 작성하거나, 이러한 상황에서 최선의 개입을 하지 못했을 때, 이를 개인과 팀이 알아차릴 수 있도록 사전 합의를 만들어 둘 수도 있다.

예를 들어, 나(JS)의 친한 친구가 암으로 사망한 후 얼마 동안, 내담자가 자살에 대해 이야기할 때 "원하지 않지만 세상을 떠나는 사람들이 있는데, 스스로 목숨을 버리려고 하네... 너무 불공평해!"라는 생각이 들면서 화가 났다. 이 반응은 충분히 이해할 수 있는 반응이었지만, 우리 팀은 이러한 생각이 나를 감정적 마음상태로 이끌어 자살을 고민하는 내담자들을 효과적으로 돕는 데 방해가 될 수 있다는 것을 인식하도록 도와주었다. 팀과 나눈 대화를 통해 이러한 생각이 완전히 사라지지는 않았지만, 나와 팀 모두는 이 문제를 더욱 잘 인식하게 되었고 나의 감정의 강도가 잦아들 때까지 정기적으로 이 문제를 논의할 수 있었다.

연습 2*

이 연습은 문제에 미리 대비하기 스킬$^{Cope Ahead Skill}$ (Linehan, 2015a, 2015b)에 기반한 것으로, 팀의 상황에 맞게 조정할 수 있다. 이 연습은 고위험 내담자를 대할 때 강렬한 감정을 느끼는 팀원들에게 특히 유용하다. 이번에도 팀원들은 자신의 의견을 작성하고 모두가 마친 후에 논의를 시작한다.

1. 기술하기 스킬^{Describe}을 사용하여, 내담자의 자살 행동과 관련해 자신에게 강한 정서 반응을 유발하는 상황을 구체적으로 기술한다. 가상의 시나리오일 수도 있고, 미래에

---

* Marsha M. Linehan의 승인을 받아 아래 자료에서 발췌하여 수정하였음. 미출간, University of Washington Behavioral Research and Therapy Clinics.

일어날까 걱정하는 상황일 수도 있으며, 과거 경험일 수도 있다. 이 상황에서 어떤 부분이 강렬한 감정을 일으키는지 구체적으로 기술하도록 한다. (예를 들어, 내담자가 자살로 사망한 후 법적 분쟁에 휘말릴지도 모른다는 두려움, 클리닉이 문을 닫게 될지도 모른다는 염려, 극심한 죄책감과 수치심을 경험하게 될까 두려움, 동료들의 신뢰를 상실하게 될까 두려움, 내담자가 자살을 시도하고 있다는 문자를 받았지만 연락이 닿지 않는 상황에 대한 두려움 등)

a. 사실 확인하기 스킬Check the Facts을 사용한다. 즉, 자신의 생각이나 해석 중 가정이나 판단 및 편향된 사고가 무엇인지 식별한다. 내가 느끼고 있는 두려움은 얼마나 현실적인가? 자신의 상황에 맞게 스킬을 조정하여 사용한다.

b. 그 상황에서 경험할 가능성이 높은 감정을 명명한다.

3. 그 상황에서 효과적이라고 여겨지는 대응 전략 목록을 작성한다. 구체적으로, 상황 자체, 타인, 자신의 생각, 충동, 감정에 어떻게 대처할 것인지 자세히 기록한다.

4. 자신이 느끼는 두려움과 대응 전략을 팀원들과 같이 논의한다. 팀원들은 이를 수인하고, 효과적인 반응들을 추가적으로 제안할 수 있다.

5. 상상 속에서 그 상황을 가능한 생생하게 떠올린다. 이는 문제에 미리 대비하기 스킬 Cope Ahead의 핵심적인 단계로, 단순히 상황을 생각하는 것이 아니라 자신의 반응(생각, 감정, 행동 등)을 마치 지금 이 순간에 일어나는 것처럼 상상하는 것이 중요하다.

6. 그 후 마음 속으로 효과적으로 대응하는 것을 시연하고 연습한다. 단순히 전략이나 해결책을 결정하는 수준을 넘어서, 상상 속에서 상황 자체, 타인, 자신의 생각, 충동, 감정 각각에 대한 구체적 전략을 하나씩 실행해보는 것이 중요하다. 시연 전략을 연습할 때는 마치 이 순간에 일어나는 일처럼 마음 속으로 모든 전략을 세부 사항별로 살펴보는 것이 핵심이다.

7. 이 상황에서 어떤 장애물이 발생하고 어떤 새로운 문제가 생겨날지 상상해본다. 각각의 상황에 대해 효과적으로 대응할지 시연해 본다.

8. 이 연습을 마친 뒤에 대해 팀원들과 함께 논의한다. 추가로 어떠한 장애물이 추가로 발생할 수 있는지, 가장 효과적인 대응방법이 무엇인지 브레인스토밍한다. 적절한 해결책이 잘 떠오르지 않는 경우, 팀이 해결책을 구체화하는 데 도움을 줄 수 있다.

그간의 경험에 비추어 볼 때, 두렵거나 불안감을 불러일으키는 매우 다양한 상황이 있으며, 팀원들은 이러한 결과가 자신의 행동에 미치는 영향을 인식하지 못하는 경우가 많다. 그 결과, 위기 상황에 처했을 때 더욱 감정적으로 행동할 가능성이 커지며, 팀원들은 이를 비수인하거나 효과적인 문제해결 전략을 제시하지 못할 수 있다. 이 두 가지 연습은 팀원들이 자신의 행동에 영향을 미칠 수 있는 요소에 대해 더 주의를 기울이게 돕는다. 하나씩 따로 실행하거나, 서로 보완하여 진행할 수도 있다. 첫 번째 연습은 팀원들이 자살과 죽음에 대해 가지고 있는 일반적인 신념을 탐색하게 해주는 반면, 두 번째 연습은 자살 위기에서의 어려운 측면에 대한 노출적 요소를 포함하고 있어, 차분한 상태에서 미리 해결책을 모색하도록 돕는다. 두 가지 연습을 함께 실행하면 팀원들이 위기 상황에서 더 효과적으로 이해하고 대응할 수 있다. 위에서 언급했듯이 각 팀이 처해있는 상황에 맞게 자체적으로 조정하여 연습하면 팀의 효율성과 대응 능력을 크게 향상시킬 수 있다.

자살 위기 상황에서

팀은 또한 내담자의 자살 위기 상황에 놓인 팀원들을 지원하는 데 중요한 역할을 할 수 있다. DBT에서 많은 내담자들이 자살에 대한 강렬한 생각과 충동을 자주 경험하지만, 모든 자살 관련 생각이나 충동이 위험한 상황으로 발전하는 것은 아니다. 자살 위기란, 치료자가 판단하기에 내담자의 자살 위기가 급격히 증가했지만, 치료자와 내담자가 즉각적으로 그 위험을 줄이지 못하는 상태를 말한다. 예를 들어, 내담자가 치료 계획을 따르지 않으려 하거나, 치료자가 내담자가 자살 시도 또는 위험한 고의적 자해와 같은 행동을 하지 않고서는 상황을 감당할 수 있는 스킬이 없다고 판단하는 경우가 여기에 해당한다. 이러한 상황에서 모든 DBT 기본 원리와 전략들은 다른 표적(예: 평가, 서약 전략, 체인 분석, 문제해결 분석, 수인하기, 다이어렉티컬 전략 등)들과 마찬가지로 내담자에게 적용된다. 이러한 내용들은 이 책에서 다루지 않으며, Linehan(1993, 2015a, 2015b)과 Katz & Korslund(2020)의 저서와 논문에서 확인할 수 있다. 마찬가지로 이 책에서 논의된 모든 팀 전략도 또한 전반적으로 모두 적용될 수 있다. 여기에서는 DBT 치료에서 겪을 수 있는 특히 강렬한 순간에 팀이 어떻게 효과적으로 대응할 수 있는지, 자살 위기에 초점을 맞춘 몇 가지 전략을 소개하도록 하겠다.

1. 가장 중요한 것은 서로 수인하고 격려하는 것이다. 자살 및 기타 고위험 위기에는 스트레스가 심해질 뿐만 아니라, 쉽게 지치게 되며, 많은 시간을 쓰게 된다. 그러므로 이때 팀원들은 자신의 이러한 반응이 자연스러운 것이고, 그럼에도 어떤 의미와 가치를 가지고 있기 때문에 이 일을 하는 것이며, 내담자에게 필요한 모든 조치를 다하고 있다는 격려가 필요하다. 또는 이 위기는 단기적인 것이며, 팀이 정서적으로 지지하고 응원하고 있다는 것을 알려줘야 한다. 이러한 위기 상황에서 초콜릿, 커피, 꽃과 같은 작은 성의도 큰 위로가 될 수 있다.

2. 위험을 평가한다. 팀은 팀원이 개인적으로나 내담자와의 관계에서 추가적 도움이 필요한지 파악하는데 도움을 줄 수 있다. 또한 치료자의 동기 저하나 스킬 적용에 있어 방해가 되는 요인을 파악하는 것에도 도움을 줄 수 있다. 팀이 문제를 가능한 명확하게 이해해야만, 이를 바탕으로 적절한 수인과 문제 해결을 할 수 있다.

3. 자문을 제공한다. 이는 치료자를 위한 치료(5장)에서 포함된 전략 모두를 뜻한다. 즉, 팀원들이 고통을 잘 감내하고, 감정을 조절하며, 지혜로운 마음을 갖도록 돕고, 내담자를 수인하고, 평가하고, 개입하기 위한 실질적으로 도움이 되는 제안을 하는 것이다. 팀원은 치료자가 위험을 사전에 모니터링하고, 내담자와 지속적인 소통을 유지하고 있는지, 회피하고 싶은 충동이 강할 때에도 상황에 적극적으로 참여하고 있는지 함께 점검할 수 있다.

4. 팀 외부자문을 제공한다. 회기 전후, 특히 업무 시간 외에도 팀원들 간에 언제든 연락할 수 있는 환경을 마련하는 것이 중요하다. 팀원들은 동료에게 위기가 발생했을 때 언제든 도움을 줄 수 있도록 준비되어 있어야 하며, 이를 통해 좌절감과 두려움을 완화시킬 수 있도록 돕고, 제안과 직접적인 지침을 제공할 수 있어야 한다.

5. 휴식할 수 있도록 돕는다. 내담자가 장기간 위기 상태에 놓여 있는 경우, 담당 치료자는 심한 피로를 느낄 수 있다. 팀은 주말 동안 전화 자문을 대신해주거나, 치료자가 하루쯤 휴가를 다녀올 수 있도록 해당 내담자 뿐 아니라 다른 내담자를 대신 만날 수도 있다. 이로써 위기 상황 동안 부담을 서로 나누어 치료자가 휴식하고 재충전할 수 있게 돕는 것이 좋다.

6. 실질적인 도움을 준다. 팀은 치료자가 위기에 처한 내담자와 적극적으로 소통할 수 있도록 실질적인 지원을 하기도 한다. 치료자가 내담자와 더 많은 시간을 보내야 하는 경우, 팀은 특정 기간동안 반려견 산책시키기, 장보기, 아이 돌보기, 다른 내담자를 대신 만나기, 다른 업무를 대신 담당하기 등 위기 상황을 처리하는데 필요한 여유를 줄 수 있다.

자살 위기 이후

위기 이후에는 별다른 조치가 필요하지 않을 수도 있다. 내담자의 위험이 감소하고 팀원, 내담자 및 전체 팀이 평소와 같이 업무에 복귀할 수도 있다. 반면, 내담자가 위기를 잘 넘겼다 하더라도 치료자는 내담자에게 좌절감이나 피로감에 대해 비효과적으로 표현하거나, 내담자의 위기 행동을 강화하지 않도록 하기 위한 자문이나 도움을 필요로 하는 경우도 있다. 팀원은 앞으로 이러한 어려움을 피하기 위해 치료 계획을 세우는 것에 대해 도움이 필요할 수도 있다.

하지만 DBT 팀이 가장 중요하게 작동해야 하는 순간은, 내담자의 위험 증가가 사망, 특히 자살로 이어졌을 때이다. 다행히도, 내담자의 위기가 실제 사망으로 이어지는 경우는 드물지만, 대부분의 DBT 팀은 언젠가 자살 사건을 경험하게 될 가능성이 크다. 내담자의 자살 소식은 다양한 방식으로 전해질 수 있다. 그의 가족이 알려줄 수도 있고, 뉴스나 인터넷을 통해서 접할 수도 있다. 사망 직후에 바로 전해질 수도 있고, 시간이 꽤 지난 후에 알게 되는 경우도 있다.

내담자의 사망과 관련된 소식을 전달하는 방법에 대한 계획을 세우는 것은 특히 규모가 큰 팀에서 더욱 중요하다. 실제로, 처음 사망 소식을 접하는 사람이 담당 치료자가 아닌 접수 담당자나 다른 팀원인 경우도 많기 때문에, 미리 누구에게 어떤 순서로 알릴지 명확히 해두는 것이 좋다. 여기에는 주치료자(대부분 개인 치료자이며, 개인 치료를 제공하지 않는 팀에서는 내담자와의 주요 연락담당자), 팀 리더, 전체 팀 및 기관(해당되는 경우)이 포함될 수 있다. 또한 소식을 전달하는 방법도 미리 정해야 한다. 직접 만나기, 전화, 또는 보안 이메일 등 기준을 마련하는 것이 좋다. 그간의 경험상 이메일은 차갑게 느껴지고 지지 받는 느낌을 받기 어려우며, 불필요하게 지연되는 문제를 일으킬 수 있어 가장 선호되지 않는 방법이다. 직접 만나서 전하는 것이 가장 이상적이지만, 상대방을 만나기 위해 오래 기다려야 하는 경우에는 바람직하지 않을 수도 있다. 반면, 전화 연락은 즉시 소통 가능하고, 따뜻한 마음을 전할 수 있으며, 어느 정도 지원이 필요한지 가늠할 수 있기 때문에, 이 방식이 효과적이라고 보고 있다.

주치료자와 팀 리더에게는 이 사실을 즉시 알려야 한다. 두 사람은 함께 팀 전체에게 알리기 위한 계획을 세울 수 있다. 주치료자가 팀 모두에게 직접 알리고 싶을 수도 있고, 팀 리더가 이 역할을 대신 해주기를 바랄 수도 있다. 모든 팀원들이 가능한 한 빨리 소식을 들을 수 있도록 해야 한다. 또한 사망 이후에도 비밀 유지는 중요하며, 미국의 일부 주에서는 사망 원인 자체도 기밀일 수 있다. 이는 팀원이 교사나 가족 등 팀 외부의 사람에게 사망 원인을 알릴 수 없다는 것을 의미한다. 따라서 미리 해당 지역의 사망 및 기밀 유지 관련 법률을 숙지하는 것이 도움이 된다.

자살 사건 이후, 치료자들은 경험 부족이나 강렬한 감정으로 인해 무엇을 해야 할지 모르는 상황에 처할 수 있다. 팀 리더는 해당 치료자와 다른 팀원들이 이 어려운 상황을 극복할 수 있도록 많은 정서적 지원을 제공해야 하며, 동시에 팀 리더 역시 추가적인 지원을 필요로 할 수 있다. 자살 소식을 접한 후 팀에서 고려해야 할 주요 사항들은 다음과 같다. (1) 법적 책임 문제를 다루기 (2) 서로를 지지하기 (3) 팀의 기능을 점검하기 (4) 유가족과 소통하기 (5) 다른 내담자에게 알리기 (6) 의미를 찾기. 자세한 내용은 아래에서 차례로 다루게 될 것이다.

법적 책임 문제를 다루기

자살 직후의 기간은 특히 고통스럽고 어려운 시기이다. 한편으로는 슬픔을 겪으면서, 동시에 죄책감이나 비난받을 것에 대한 두려움을 느낄 때 더욱 그렇다. 앞서 논의한 바와 같이, 법적 책임에 대한 두려움에 기반하여 결정을 내리는 것은 문제가 될 수 있다. 자살 사건 직후, 이러한 두려움은 더욱 강렬해질 수 있으며, 때로는 법적 책임을 다루는 것과 효과적인 임상 치료를 제공하는 것이 상충된다고 느껴질 수 있다. 자살 위험과 관련된 모든 의사 결정을 법적 책임에 대한 두려움에 기반하여 내리는 것은 효과적이지 않다. 대신, 두 가지 요구(법적 책임과 임상 치료)를 다이어렉티컬하게 고려하는 것이 더 효과적일 것이다. 이것은 양극단 (법적 책임 및 임상 치료) 모두에 타당한 점을 찾아보고, 자문을 받으며, 지혜로운 마음을 활용해 앞으로 나아갈 방향을 결정하는 것을 의미한다.

실제로 법적 소송을 경험할 가능성은 낮은 편이다(미국심리학회에 따르면, 20년 경력의 심리학자가 의료 과실 소송을 겪는 비율은 2% 미만이라고 보고되었다, Novotney, 2016). 법적 책임에 대응하기 위한 절차를 미리 마련해두면 두려움을 느끼는 팀원들에게 매우 안정감을 줄 수 있다(반면, 법적 책임에 대해 생각하고 싶어하지 않는 팀원에게는 불안감을 유발할 수도 있다). 자살 사건 이후, 법적 책임에 대한 두려움을 느끼는 치료자에게 팀의 정서적 지지는 매우 중요하다. 여기서 법적 책임을 먼저 논의하는 이유는 이것이 다른 주제들보다 더 중요해서가 아니라, 자살 사건 이후에 주로 시간을 다투는 주제와 대응 행동들에 대한 자문을 필요로 하기 때문이며, 다른 단계에 영향을 미칠 수 있기 때문이다. 팀이 법적 책임과 관련하여 고려해야 할 영역은 다음과 같다.

- 가장 먼저 팀원들은 해당 내담자와 만났던 팀 동료들이 배상책임 보험사와 상의할 수 있도록 도와야 한다. 임상적 책임을 갖는 주치료자 또는 관련 치료자는 자살 소식을 접하고 나면 즉시 보험사에 연락해야 한다. 효과적인 상담을 받기 위해 보험사에 정보를 제공해야 할 수도 있으므로, 이때 팀 리더나 또는 다른 팀원이 함께 자리하여 질문에 답하는 것을 도울 수 있다. 이 단계는 문제를 조기에 파악하고, 치료자와 팀이 어떻게 대응해야 할지 구조를 제공하며, 무엇보다 법적 책임에 대한 두려움을 완화하는 데 도움이 된다.

- 초기 상담에서는 팀 내에서 무엇을 공유할 수 있고, 할 수 없는지에 대해 기준을 확인하는 것이 중요하다. 만약 자살 사건에 대해 다른 사람들과 논의했다면, 그 정보는 법적으로 보호받지 못할 수도 있다. 이러한 문제는 친구나 동료, 또는 팀과 상의하기 보다는 보험사에 직접 확인하는 것이 좋다. 보험사 측에서 무엇을 논의할 수 있고, 없는지에 대해 안내를 해줄 것이다. 팀 내에서 치료자의 감정, 반응, 행동에 대해 논의하는 것도 중요하지만, 내담자의 사망에 대한 특정 구체 정보는 보험사나 또는 개인 변호사와만 논의해야 할 수도 있다. 2장에서 다룬 팀 동의사항은 팀 내 정보를 기밀사항으로 설정하는 것을 목표로 하지만, 법적 상황에서는 예외가 발생할 수 있다. 이 점에 대해서도 보험사와 상의하여 적절한 안내를 받아야 한다.

- 팀은 치료자가 지혜로운 마음 상태^{wise mind}에 있지 않을 때, 보험사의 권고 사항을 따르도록 도와야 한다. 팀은 치료자가 지혜로운 마음을 갖도록 돕고, 위기 생존 전략을 사용하게 하며, 강렬한 감정을 관리할 수 있도록 도와야 한다. 또한 팀은 치료자가 근거 기반 치료를 시행했고, 정기적으로 효과적인 자살위기 평가를 실시했으며, 팀 협력을 통합한 치료를 제공한 것이 최상의 치료였다는 것을 떠올리게 도와야한다. 이러한 전략들은 법적 책임의 측면에서도 보호 기능을 한다. DBT 매뉴얼을 따르고, 이를 문서화하면, 치료

자가 위기 상황에 효과적으로 대응하기 위해 최선을 다했음을 입증하는 데 도움이 될 수 있다. 이러한 개입은 치료자가 보다 침착하게, 효과적으로 자문에 임할 수 있도록 도와준다.

- 무엇보다 중요한 점은 자살과 관련된 소송은 드물다는 점과 도움을 받을 수 있다는 점을 기억하는 것이다. 내담자의 죽음을 애도하는 것만으로도 충분히 힘든데, 여기에 법적 문제에 대한 걱정이 추가되면 고통은 더욱 커진다. 따라서 이와 같은 어려운 상황을 헤쳐 나가기 위해서는 심리치료, 법률적 상담 및 기타 지원을 활용할 수 있다.

- 일정 시간이 지나 감정이 다소 진정되면, DBT 팀은 내담자의 차트를 검토하는 과정을 진행할 수 있다 (이때 역시, 보험사와 이 과정을 어떻게 진행할지에 대해 상의하는 것이 좋다). 주치료자 또는 팀 리더가 내담자의 차트 기록을 확인하여 모든 기록이 잘 되어있고 서명이 되어있는지, 위험에 대한 평가가 적절히 이루어졌는지, 치료자가 자살 위험을 추적하고 치료한 기록이 있는지 확인한다. 만약 기록이 누락되었거나 차트에서 문제의 소지가 있는 사항을 발견하면, 이는 매우 큰 스트레스가 될 수 있다! 이럴 때는 기록을 수정하지 않도록 주의하고, 대신 주치료자 또는 팀 리더는 보험사에 즉시 자문을 요청해야 한다. 보험사는 관련 조언과 안내를 제공해 줄 것이며, 어떤 경우에는 보험사가 전담 변호사를 배정하여 도움을 줄 수도 있다. 관련 팀원들은 팀 리더나 다른 팀원들에게 감정적으로 어려운 대화를 나눌 때 정서적 지지를 청할 수 있다. 이때 사망과 관련된 특정 세부 사항을 비밀로 유지하라는 보험사의 권고가 있다면, 이를 따르는 것이 중요하다.

서로를 지지하기

내담자가 사망한 후, 팀의 주요 역할은 서로를 정서적으로 지지하는 것이다. 여기에는 주치료자, 스킬훈련자, 내담자와 접촉한 다른 팀원, 내담자를 한 번도 만난 적이 없는 팀원이나 팀과 함께 일하는 행정직원도 포함될 수 있다. 팀원들은 자살 사건에 대해 분노, 슬픔, 수치심, 두려움, 안도감, 무감각함, 자신감 상실, DBT 치료나 다루기 어려운 내담자를 만나는 것에 대한 동기 상실 등과 같이 다양한 반응을 보일 수 있다. (내담자 자살에 대한 치료자의 반응에 대한 더 자세한 내용은 Hendin, Lipschitz, Maltsberger, Haas, & Wynecoop, 2000; Ruskin, Safinosky, Bagby, Dickens, & Sousa, 2004; Draper, Kolves, DeLeo, & Snowdon, 2014; Gulfi, Castelli Dransart, Heeb, & Gutjahr, 2015 참조). 어떤 팀원은 급성 스트레스 장애 또는

PTSD를 경험할 수도 있다(Ruskin et al., 2004). 또 다른 팀원들은 별다른 어려움을 느끼지 않거나, 안도감을 표현하는 경우도 있을 수 있다. 이러한 모든 반응은 정상적 범주에 속해 있다.

팀은 각 팀원이 어떤 상태인지 직접 평가해야 하며, "괜찮다"고 가정하지 않아야 한다. 감정, 자기 비난 등의 생각, 충동, 그리고 자신의 반응을 다룰 수 있는 자원이 무엇인지에 대해 명확하게 질문해야 한다. 또한, 다른 내담자나 DBT에 대한 행동 및 태도에 변화가 있는지, 자살에 대한 논의를 회피하려는 경향이 높아지는지, 내담자를 입원하게끔 하고 싶은 충동이 생기는지, 내담자들에 대한 짜증감이 높아지는지, 불안한 생각에 사로 잡히는지, DBT 치료를 그만두고 싶거나 직업을 바꾸고 싶은 마음이 드는지 등에 대해서도 확인해야 한다. 이러한 경험에 대해 팀원 한 명 한 명에게 직접적으로 묻는 것이 매우 중요하다. 특정 팀원이 자살 사건에 대해 법적 책임이 있는지 여부를 논의하기 전에 보험사나 법률 자문을 먼저 받는 것이 좋지만, 감정, 생각, 그리고 기타 반응에 대해 논의하는 것은 전혀 문제가 없으며 오히려 중요하다. 또한 팀으로부터 집중적인 지지를 받는 것이 가장 필수적이다.

팀원 중 일부는 죄책감, 의심, 자기 비난과 같은 강렬한 반응을 경험할 가능성이 있다. 예를 들어, 주치료자는 치료의 "중심" 역할을 하며 치료 계획을 수립하고 위험 상황을 모니터링했기 때문에 더욱 강한 반응을 보일 수 있다. 반면, 어떤 팀원들은 괜찮다고 하며 별다른 지원이 필요하지 않다고 말할 수도 있다. 하지만 경험상, 이러한 경우에도 반복적으로 상태를 평가하고 정서적 지원을 제공하는 것이 매우 중요하다. 시간이 지나면서 정서적 지지를 필요로 하는 경우가 생길 수 있기 때문이다. 스위스에서 실시된 정신 건강 및 사회 복지 종사자 대상 설문 조사에 따르면, 충분한 지지를 받지 못했다고 보고한 치료자들이 자살 사건의 영향을 더 크게 경험했다는 결과가 있었다(Castelli, Dransart, Heeb, Gulfi, & Gutjahr, 2015). 그러므로 정서적 지지는 누구에게나 필수적이다.

팀 리더도 자살 사건 이후 강렬한 반응을 경험할 수 있음에도, 역할의 특성으로 인해 이들에 대한 평가를 놓치기도 한다. 팀 리더의 반응은 팀 내 다른 팀원들과는 다를 수 있다. 팀의 리더로서, 그리고 DBT 프로그램을 감독하는 책임을 지닌 사람으로서 자살 사건에 대해 더 큰 책임감을 느끼고, 특히 죄책감, 불안, 자기 비수인적 생각에 빠지기 쉽다. 팀 리더는 주치료자, 팀 전체, 내담자의 가족, 그리고 기관의 요구 사항을 관리하면서 이에 압도당할 수 있으며, 그로 인해 자신에게 필요한 정서적 지지 등에 대해 스스로 무시하게 될 수 있다. 만약 기관으로부터 지원을 받지 못한다고 느끼거나, 특정 팀원이 프로토콜을 따르지 않았다고 생각하는 경우, 팀 리더는 무력감이나 분노를 느낄 수 있다. 따라서 팀 리더의 상태를 팀 차원에서 점검하고, 리더 자신도 여러가지 지원을 받을 수 있도록 적극적으로 요청하는 것이 중요하다.

팀 차원의 주요 지지 방식은 충분히 수인하면서, 비효율적인 대처 전략을 사용하는 팀원이나, 앞으로 나아갈 방향에 대한 지침을 필요로 하는 이들에게 관련 지침을 제공하는 것이다. 팀원들은 서로에게 치료는 혼자 하는 것이 아니며, 팀 전체가 함께 내담자를 치료하고 있다는 점을 상기시켜야 한다. 이를 통해 팀이 치료자들의 공동체임을 인식하게 하며, 서로에게 영감과 동기를 줄 수 있다. 자살 위험이 높은 사람들은 효과적인 치료를 받기 매우 어려운 집단이며, 팀에게 이러한 사람들을 치료할 의지가 있다는 사실 자체가 매우 의미 있는 일이다. 팀이 자살 위험을 완전히 없앤다는 것은, 결국 그 치료가 필요했던 사람들에게 치료를 제공하지 않겠다는 것과 다름없다. 왜 이 치료를 하기로 결심했는지를 기억하면 내담자의 죽음 이후에 나타날 수 있는 절망감이나 회의감을 극복하는 데 도움이 될 수 있다.

자살 사건과 관련된 초기 논의가 끝난 후, 팀은 추가적인 공식 회의 또는 리트리트를 통해서 팀의 정서적 반응을 다루는 것이 좋다. 이러한 모임은 가능한 빨리 잡을수록 좋지만, 내담자의 자살 소식을 접한 직후에 진행해야 하는 것은 아니다. 팀 리더와 다른 팀원들은 대화, 자유 글쓰기, 그리고 연습 활동 등 함께할 활동을 구상한다. 예를 들어, 우리 팀(JS)에서는 내담자의 자살 사건 이후에 3시간 동안 리트리트를 진행했고, 팀원들의 의견을 반영하여 다음과 같은 활동을 진행했다.

- 마음을 진정시키는 음식을 함께 나누었다.

- 클리닉 외부환경(한 팀원의 집)에서 만났다.

- 각자 자살 사건에 대한 감정, 다른 내담자들에 대한 생각 및 전반적인 느낌을 공유했다. 팀원들의 행동 변화도 논의했는데, 예를 들어 인터넷에서 죽음에 관한 정보를 검색하거나, 다른 고위험 내담자와의 치료를 중단하고 싶은 충동을 느끼거나, 다른 내담자들을 평소보다 더 자주 입원하도록 권하고 싶은 충동 등이었다. 팀은 이러한 반응을 충분히 수인해 주었다.

- 팀 리더는 DBT 치료팀이 매우 중요한 일을 하고 있다는 점을 다시 떠올리게 했다. 예를 들어, 우리 팀은 자살 위험이 높아 다른 곳에서 도움을 받기 힘든 사람들을 돕고 있다는 점을 상기시켰다.

- 팀 리더는 팀 전체에게 내담자의 행동을 통제하는 것이 우리가 하는 일이 아니라는 점을 강조했다. 고통에 대처하는 새로운 방법을 가르치지만, 모든 행동을 통제할 수도 없고 통제해서도 안 된다. 이는 자살 사건이 발생할 가능성은 존재하며, 이런 위험은 DBT를 하는 과정에서 불가피한 영역이다. 그 누구도 자살을 완전히 예방할 수 있는 방법을 알지 못하며, 팀은 단지 내담자가 살아갈 가치가 있는 삶을 구현할 수 있도록 최선의 전략을 제공할 뿐이다. 우리는 문제에 미리 대비하기 스킬Cope Ahead을 연습했다. 각 팀원이 이번 사건으로 가장 두려워하는 상황에 초점을 맞추고, 시연 전략을 통해 이에 대처하는 연습을 했다. 각 팀원은 자신의 경험을 공유했다.

- 이번 자살 사건이 팀원들에게 중요한 전환점을 제공한다는 점을 논의했다. 이번 사건이 팀원들을 무망감과 사기 저하로 이끌 수도 있지만, 반대로 팀을 단결시키고 활력을 불어넣을 수도 있다. 각 팀원은 이번 사건이 자신에게 어떻게 영향을 미칠 수 있는지에 대해 이야기했다. 그리고 "우리는 왜 이 일을 하는가?"라는 질문에 대한 각자의 생각을 구체적으로 나눴다. 여기에는 DBT로 큰 성공을 경험한 내담자들, 그리고 여전히 도움이 필요한 다른 내담자들이 포함되었다. 이는 이전에 논의한 장단점 비교하기 스킬Pros and Cons 연습과 비슷하게, 팀원들에게 가장 힘든 순간에도 이 일을 계속해야 할 강력한 이유가 있음을 떠올리게 해주었다.

팀은 팀원이 겪는 고통이 다른 내담자들의 치료에 방해가 되고 있는지 주의 깊게 살펴볼 필요가 있다. 내담자들이 자살에 대해 언급할 때 더 예민하게 반응하거나, 회기에서 감정적으로 반응하여 치료에 집중하기 어려울 수 있다. 다른 내담자들과의 회기에서 불안감이나 분노가 증가할 수 있으며, 내담자를 입원시키려는 충동이 과도하게 증가하거나 내담자의 행동을 통제하려는 시도가 늘어날 수 있다. 또한 DBT의 효과성에 대한 회의감이 커질 수도 있다. 팀은 이러한 변화의 가능성을 미리 논의하고, 우려되는 부분이 있을 경우 특정 회기의 녹화 영상이나 녹음 파일을 검토해야 한다. 이러한 반응은 흔히 나타나는 것일 뿐 아니라, 치료자가 이 일을 중단해야 한다거나 극복할 수 없다는 의미가 아니다. 단지 더 많은 정서적 지지가 필요하다는 신호일 뿐이다. 팀은 DBT 평가 및 개입 전략을 사용하여 이러한 문제를 완화하는 데 도움을 줄 수 있다. 때로는 팀원이 경험하는 고통은 팀 차원에서 도울 수 있는 범위를 넘어서기도 한다. 이 경우 팀은 팀원이 팀 내에서 지원을 받는 것 외에도 개인 치료를 받을 것을 권할 수 있다. 또한 이러한 지원의 필요성이 예상보다 더 오래 지속될 수 있음을 인식하는 것이 중요하다. 팀은 오랜 기간 동안 팀원의 상태를 주의 깊게 살펴봐야 한다. 이를 위해 정기적인 체크인 시스템을 구축하는 것이 좋다. 예를 들어, 일정한 시간에 팀원이 힘들어하는 동료에게 정기적으로 전화를 걸어 상태를 점검하는 방식이다.

팀의 기능을 점검하기

내담자의 자살은 경우에 따라 팀 내 상호작용이 더 긴장되거나 회피적으로 변하는 결과로 이어질 수 있다. 어떤 팀원은 충분한 지지를 받지 못했다고 느끼거나, 팀의 반응을 비난으로 받아들일 수도 있다. 또 어떤 팀원은 수치심, 두려움 또는 분노로 인해 일정 기간 동안 팀 내에서 말하지 않으려 할 수도 있다. 반대로, 팀 전체가 특정 팀원이 자살 사건 이전에 충분히 개입하지 않았다고 여기고, 그 팀원에 대한 감정과 충동을 경험할 수도 있다. 일반적으로 팀은 따뜻하고 지지적인 태도로 팀원들을 도우려 하지만, 이러한 극도로 어려운 상황에서는 치료팀 전체가 갈등을 겪을 수 있다. 이 책에 설명된 전략들(예: 충분히 수인하기, 팀 동의사항 상기시키기, 문제를 정확하게 평가하기, 문제 해결하기)은 이러한 상황에서 유용하게 사용될 수 있다. 가장 중요한 것은, 팀이 이 시기에 일시적으로 긴장감이 높아질 수 있다는 사실을 인지하는 것이다. 이 시기에는 평소보다 감정이 격해질 수 있지만, 결국은 다시 원래대로 돌아올 수 있다는 점을 기억하는 것이 팀을 현실에 단단히 뿌리내리게 해주고, 이 시기를 잘 견디기 위한 스킬 사용을 더욱 강화하는데 도움이 될 것이다.

유가족과 소통하기

어떤 경우에는 팀원들이 내담자의 가족을 잘 알고 있을 수도 있고, 전혀 만난 적이 없을 수도 있다. 심지어 가족들은 내담자가 치료 중이었다는 사실을 몰랐을 수도 있다. 대부분의 경우 가족에게 연락을 취하는 것이 권장되며, 가족이 주치료자나 팀에게 좋지 않은 감정을 느끼거나 심지어 분노를 표출하더라도, 연락을 하는 것은 중요하고 도움이 되는 일로 간주된다. 팀 전체가 가족과 직접 소통하는 것은 아니더라도, DBT 팀은 하나의 치료공동체로서 이 문제에 관심을 가져야 한다. 최소한, 주치료자와 팀 리더는 이와 관련한 결정에 대해 정기적으로 소통해야 하며, 팀 전체가 피드백과 지침을 제시할 수도 있다.

　　유가족과 연락할 때 팀이 일반적으로 고려해야 할 사항들이 있다. 이 사항은 법률적 자문이 아니라는 점을 재차 밝힌다. 보통 유가족과 연락하는 상황은 매우 복잡하기 때문에, 보험사나 법률 자문과 같은 전문가의 조언이 필요할 수 있다. DBT 팀과 관련된 문제들을 효과적으로 해결하기 위한 지침과 도움을 받을 수 있는 자원에 관한 정보 제공을 요구하는 것이 좋다.

앞서 언급했듯이, 자살 사건 후 가족과 연락하기 전에 첫 번째 단계는 보험사나 법률 전문가의 자문을 받는 것이다. 이때 가족과 소통할 때 고려해야 할 변수들에 대해 조언을 얻을 수 있다. 대부분의 경우, 치료자가 가족에게 연락하는 것이 좋다. 이때 따뜻하고 진솔하며 개방적인 태도를 유지하는 것이 중요하다. 가족들은 종종 이러한 진심 어린 태도에 위로를 받거나 감동을 느낀다. 만약 치료자가 두려움, 슬픔, 또는 다른 감정적 반응으로 인해 냉정하거나 방어적인 태도를 보이거나 가족과의 접촉을 회피한다면, 가족은 이를 무관심, 거리두기, 또는 책임 회피로 오해할 수 있다. 치료자가 진솔하게 자신의 슬픔과 가족의 안위에 대한 관심을 전달하려고 노력하는 것이 가장 이상적일 것이다. 치료자가 감정적으로 너무 힘든 상태라면, 가족들을 만나기 전에 감정조절 훈련이나 역할극과 같이 팀의 도움을 받을 수 있다. 만약 팀원이 너무 힘들어 가족과 차분하게 대화할 수 없는 상황이라면, 팀 리더나 다른 팀원이 전화 통화를 함께 도와주거나, 필요한 경우 먼저 연락할 수도 있다.

개인정보에 대한 비밀보장은 내담자의 사망 이후에도 계속되기 때문에 매우 중요하다(몇 가지 예외가 있지만, 일반적인 사망한 개인의 건강에 관한 정보는 미국 보건복지부 [2013] 홈페이지를 참고). 가족은 내담자가 치료를 받고 있다는 사실을 몰랐을 수 있으며, 어떤 경우에는 가족에게 연락하는 것 자체가 비밀유지를 위반하는 것일 수 있음을 잊지 않는 것이 중요하다.

만약 가족이 내담자의 기록이나 정보 공유를 요청하는 경우, 가족이 내담자의 공식적인 "법적 대리인"(예: 유언 집행자)의 지위를 가지고 있거나, 또는 법적 대리인의 허가를 받았을 때 정보를 공유할 수 있다. 오해를 예방하기 위해서 이렇게 정보 공개를 제한적으로 할 수밖에 없는 이유에 대해 가족과 솔직하게 이야기하는 것이 중요하다. 치료자는 다음과 같이 말할 수 있다. "더 이상 말씀을 드릴 수 없어서 죄송합니다. 이 정보가 가족들에게 여러가지로 도움이 될 것이라는 점을 잘 알고 있지만, 저는 여전히 내담자의 비밀을 유지해야 하는 입장이며, 이것이 가족들에게 어려운 일이라는 것도 이해합니다. 법적 대리인만이 내담자의 정보를 공유할 수 있도록 허가를 해줄 수 있습니다." 하지만 허가를 받았더라도, 가족은 내담자의 의사를 고려해야 할 수도 있다. 치료자는 "내담자분이 가족들이 자신의 치료 기록을 보는 것을 원했을지에 대해서 생각해보실 수 있습니다. 결정은 가족분들께 달려 있지만, 한 번쯤 고민해보실 만한 부분이라고 생각합니다"라고 말할 수 있다. 또한 치료자는 내담자의 개인적인 세부 사항을 공개하지 않으면서도, 팀에서 자살 위기 평가와 모니터링을 어떠한 절차로 진행하는지 가족에게 설명할 수 있으며, 이는 가족에게 큰 위로가 될 수 있다. 내담자의 사생활을 보호하면서도 가족의 슬픔을 위로할 수 있도록 세심하게 균형을 맞추어야 하며,

동시에 팀원은 자신의 감정을 잘 조절해야 한다. 자살 사건 이후 이러한 과정을 진행하는 것은 결코 쉽지 않으므로, 가족과 소통하는 데 팀의 도움이 필요하다.

팀 전체가 내담자를 치료했기 때문에, 팀 전체가 가족에게 애도의 뜻을 전하고자 할 수 있다. 가족이 팀의 모든 구성원과 개인적으로 연락하는 것을 원하지 않을 수도 있지만, 팀은 카드나 꽃 등을 통해 마음을 표현할 수 있다. 팀원들, 특히 주치료자, 스킬 훈련자, 팀 리더는 장례식이나 추모식에 참석하기를 원할 수 있다. 가족에 따라 추모식을 소규모로 진행하는 것을 원할 수도 있고, 많은 사람들이 참여하는 것을 원할 수도 있다. 가족들에게 부담을 주지 않도록 주치료자나 팀 리더가 중간 역할을 할 수 있다.

유가족과 연락하는 방법에 대한 추가 지침은 Sung(2016a, 2016b)을 참조하도록 한다.

다른 내담자에게 알리기

사망한 내담자가 스킬 훈련 그룹에 참석했거나 다른 내담자와 교류한 적이 있다면, 다른 내담자들에게 이 사실을 알리는 것이 중요하다. 이 과정에서는 다른 내담자들의 자살 위험이 증가할 수 있으므로, 팀 전체가 함께 이를 관리해야 한다. 일부 내담자들은 서로 긴밀한 관계였을 수 있으므로, 가능하다면 내담자들이 다른 내담자가 아닌 자신이 속한 치료자로부터 먼저 소식을 듣도록 시점을 조율하는 것이 중요하다. 팀은 공개할 정보의 양과 시점을 합의하여 다음 스킬 훈련 그룹 회기 이전에 전달하는 것이 좋은데, 이는 그룹 회기에서 논의되기 전에 개별적으로 전하는 것이 바람직하기 때문이다.

팀원들은 내담자들의 슬픔, 두려움 등 다양한 감정들을 주의 깊게 살펴보고, 내담자들이 그러한 감정을 스킬을 사용하며 경험할 수 있도록 도와야 한다. 팀원들처럼 내담자들도 분노나 무감각과 같은 다양한 감정을 경험할 수 있으며, 이러한 반응은 정상적인 것이고 수인받아야 한다. 동시에, 치료자들은 자살을 미화하지 않도록 주의해야 한다(예: 사망한 내담자를 과도하게 칭찬하거나, 그들이 더 나은 평화로운 곳에 있다는 식의 표현). 스킬훈련 그룹에서는 그룹리더가 일정 시간을 할애해 상황을 언급하고, 감정을 효과적으로 표현하는 모습을 모델링하며, 수인해주며 스킬을 알려줄 수 있다. 일정 시간이 지나면 다시 스킬 커리큘럼으로 돌아가는 것이 내담자들에게는 다소 불편할 수 있지만, 자살을 하나의 해결책으로 강화하지 않기 위해서 이는 무척 중요하다. 그룹 리더는 이후 1~2회 스킬 그룹에서도 비슷한 과정을 반복하여, 자살 위기와 관련된 스킬을 15분 정도 다룬 후 정상적인 커리큘럼으로 돌아가는 방식을 취할 수 있다.

팀원들은 자살 위험이 높은 내담자들을 모니터링하고, 추가적인 자문이나 정서적 지지를 필요로 하는 내담자들과 지속적으로 소통해야 한다. 내담자들은 이 사건을 DBT 치료를 받아도 효과가 없다는 의미로 해석할 수도 있다. 팀원들은 모두 내담자들이 사망한 내담자와는 다르다는 점을 강조해야 한다(예: "그분은 치료 효과가 나타나기 전에 치료를 중단했어요" 또는 "그분은 포기했지만, 당신은 포기하지 않았어요"). 그리고 내담자들이 이번 소식으로 인한 고통을 견딜 수 있도록 스킬을 사용하는 방법을 자문한다.

이 모든 과정은 치료자 자신도 강렬한 감정을 경험하고 있는 상황에서 진행되어야 하기 때문에 특히 어렵다. 만약 팀원들이 감정적으로 너무나 힘든 상태라면, 팀의 도움을 받아 자신의 감정을 조절해야 한다. 예를 들어, 내담자가 치료자를 비난하거나, 아무 반응도 하지 않고 침묵할 경우, 치료자는 매우 큰 정서적 고통을 느낄 수 있다. 이런 시기에는 팀원들끼리 자주 소통하여 내담자들이 적절히 돌봄을 받고 있는지, 그리고 팀원들이 내담자들을 돌볼 수 있을 정도로 감정적으로 안정된 상태인지 확인해야 한다. 팀원들은 필요하다면 서로의 내담자들에게 개입하여, 위기 생존 스킬, 감정 조절 스킬, 수인하기, 그 외 유용한 개입 방법들을 제시하여 어려운 시기를 함께 헤쳐 나갈 수 있다. 그리고 다시 한번, 자살 사건 후에는 팀 외부에서 상담 및 자문을 받는 것은 언제나 도움이 된다.

의미를 찾기

내담자의 자살 사건을 다루고 회복하는 과정은 결코 쉬운 일이 아니기 때문에, 그 경험에서 의미를 찾는 것이 중요하다. 순간을 살리는 스킬IMPROVE은 고통스러운 사건에서 어떤 목적, 의미, 혹은 이점을 발견하는 것을 말한다(Linehan, 2015a, 2015b). 이는 다이어렉틱스 스킬Dialectics로, "이것은 나쁜 일이다"라는 한쪽 극단에서 "이것은 좋은 일이며, 부정적으로 느낄 필요가 없다"라는 반대편 극단으로 이동하는 것이 아니라, 두 가지 양극단을 동시에 인정하는 것이다. 즉, 자살 사건은 엄청난 슬픔, 분노, 그리고 고통을 초래하며, 동시에 그 안에서 의미를 찾을 수 있다는 것이다.

내담자의 자살에서 의미를 찾는 가장 좋은 방법 중 하나는 그 경험으로부터 배우고, 현재와 미래의 내담자들을 위해 서비스를 개선하는 것이다. 팀이 한 내담자의 행동에서 무언가 배울 수 있다면, 향후 자살 위기나 다른 종류의 위기를 예방할 수 있다. 이 과정은 팀 내에서 논의나 연습을 통해 진행될 수 있으며, 더 구체적으로는 클리닉의 정책을 공식적으로 검토하는 형태로 진행될 수도 있다. 팀원들은 "이 사건으로부터 우리가 내담자들에게 도움이 될 수 있는 무언가를 얻을 수 있을까?"라는 질문을 할 수 있다. 이 질문은 비난하거나 평가하려는 의도가 아니라, 진정한 호기심에서 출발해야 한다. 이 과정은 팀이 함께 할 수도 있고, 주치료자가 동료, 또는 팀 리더와 함께 진행할 수 있으며, 그 결과를 전체 팀과 공유할 수도 있다. 이러한 탐색 과정은 정책, 절차, 치료 양식의 변화로 이어질 수 있다.

예를 들어, 어떤 DBT 치료자는 자살 사건 이후, 마지막 몇 회기 동안 일어났던 모든 일을 검토했다. 여기에는 논의된 내용, 개입, 자살 위기 평가, 회기 기록이 포함되었다. 그녀는 모든 절차를 효과적으로 따랐음에도 불구하고, 내담자는 결국 자살했다는 결론에 이르렀다. 이로 인해 두 가지 개입이 이루어졌다. 첫째, 팀은 그들이 가진 모든 전략이 때로는 충분하지 않을 수 있다는 철저한 수용Radical Acceptance에 중점을 두어 연습했다. 팀은 자살을 완벽하게 예방할 수 있는 방법이 없다는 사실에 대해 논의했고, 이 내담자 집단 자체가 자살로 인한 사망 위험이 높다는 점도 인식했다. 각 팀원이 모든 내담자에게 최선을 다했고, 그 노력은 대부분 성공을 거두었지만, 대부분의 DBT 치료자들이 어느 시점에서 내담자의 자살을 경험하게 될 수 있음을 이야기했다. 이 연습은 팀원들이 자살 사건 이후 두려움을 줄이고 지혜로운 마음을 유지하도록 진행되었다. 둘째, 팀은 절차에 대한 아이디어를 모색했고, 내담자들이 위기 상황에서 사용할 수 있는 "위기 카드"를 넷지갑에 보관할 수 있도록 하자는 결론에 도달했다. 이 카드에는 위기 상황에서 사용할 수 있는 스킬과 연락처가 포함되었다.

또 다른 방법으로 의미를 찾는 것은 장점과 단점 비교하기 스킬Pros and Cons을 수행하는 것이다(Linehan, 2015a, 2015b). 이 연습은 자살 위험이 있는 내담자들을 치료하는 것에 대한 장단점을 분석하는 데 초점을 맞추어, 팀이 가장 고통스럽고 두려운 순간에도, 또는 내담자의 생명을 위협하는 행동에 슬픔이나 분노를 느낄 때에도, 이 일을 하는 이유를 상기시키는 데 도움을 준다. 팀원들은 먼저 개별적으로 워크시트를 작성한 뒤, 이 일이 왜 여전히 의미 있고 가치 있는지에 대해 팀 차원에서 논의할 수 있다. 자살 위험이 있는 내담자를 치료하는 것의 장점은 개인의 가치관, 과거에 치료로 도움을 받은 내담자들이나 현재 혜택을 받고 있는 내담자들, 미래에 도울 수 있는 내담자들, 기여에 대한 만족감 등이 있을 수 있다. 반면, 이러한 내담자를 치료하는 것의 단점은 자살과 관련된 감정, 법적 책임에 대한 두려움, 그리고 실제 경험했거나 상상하는 다른 부정적인 결과들이 있을 수 있다. 회피의 장점은 두려움이나 걱정이 줄어들고, 현재의 고통스러운 상황에서 벗어날 수 있다는 점이다. 반대로 회피의 단점은 자신의 사명을 다하지 못하고 있다는 느낌 등이다. 자살 위험이 있는 내담자들을 치료하는 것의 장점과 그들을 회피하는 것의 단점을 강조함으로써, 스트레스가 높은 상황에서도 팀원들의 동기 부여를 강화하는데 도움이 될 수 있다. 이 연습은 팀 전체가 DBT 치료를 제공하는 데서 얻을 수 있는 깊은 의미와 다시 연결되도록 도와줄 수 있다. 자살 위험이 있는 내담자를 치료하는 데 따르는 어려움을 인정하고, 그럼에도 불구하고 우리가 이 일을 계속하는 모든 이유를 기억하는 것은, 팀의 동기를 높이는 동시에 어려움을 겪고 있는 팀원들을 식별하여 팀이 개입하고 도울 수 있게 해준다.

결론

내담자의 자살 위험을 관리하기 위해 팀원들이 적용할 수 있는 여러가지 방법이 있다. 예를 들어, 자신을 돌보거나 외부 자문을 구하거나, 자살 위기를 인식하고 관리하는 훈련에 참여하거나, 개인치료를 받는 것 등이다. 그러나 이 장에서는 자살 위기 상황에서 DBT 팀의 중요성에만 초점을 맞추었다. DBT 팀은 서로 정서적으로 지지하고, 자살 위기 이전, 위기 상황, 그리고 위기 이후에 치료 개입을 더욱 효과적으로 하며, 각 팀원이 자신과 내담자, 그리고 팀 전체를 위해 효과적으로 행동할 수 있도록 돕는 핵심적 역할을 할 수 있다.

팀 운영을 위한 연습

- 이 장이나 다른 자료에서 제시된, 내담자의 자살 위험 관련 대응 연습을 한 가지 이상 완료한다. 팀 전체가 함께 하거나, 개별적으로 수행할 수 있다.

- 자살 평가 및 관리에 중점을 둔 교육에 참석하여, 학습한 내용을 팀과 공유한다.

- 이 일을 수행하는데 있어 느끼는 의미에 대해 팀 토론을 진행한다. 스스로에게 다음의 질문을 던져보도록 한다.

  - 이 일이 나에게 개인적으로 어떤 의미가 있는가?
  - 나는 왜 처음에 DBT를 배우려고 결심했는가?
  - 내담자들을 치료하면서 많은 어려움을 겪었을 때에도 왜 계속 이 일을 해왔는가?
  - 이 일은 우리 공동체에 어떤 의미가 있는가?
  - DBT로 나아진 내담자를 떠올려본다. 내가 DBT 치료를 하지 않았다면, 그 사람은 어떤 삶을 살았을까?
  - 현재 만나고 있는 내담자를 떠올려본다. 내가 번아웃 상태가 되어 좌절하거나 두려움에 사로잡혀 효과적인 치료를 하지 못한다면, 그들에게 어떤 일이 일어날까?

■ 치료자가 내담자를 통제하려고 할 때 어떤 일이 발생할 수 있는지에 대해 논의한다.

■ 각 팀원이 고위험 상황에 직면할 때 마주칠 수 있는 장애물에 대해 글로 적고 함께 이야 기한다. 자신은 강렬한 두려움, 수치심 또는 강한 감정을 경험할 때 어떻게 반응하는가? 이러한 상황에서 팀은 어떻게 도움이 될 수 있는가? 각 팀원이 자살 위기 이전, 위기 상황, 그리고 위기 이후에 효과적으로 도움을 주고 받을 수 있는 방법을 브레인스토밍한다.

DBT 팀 시작하기

제 8 장
DBT 팀 시작하기

DBT 팀을 성공적으로 운영하기 위해서는, 시작 전에 여러 가지 결정을 잘 내려야 한다. 목표는 앞서 논의한 대로 언제나 치료 매뉴얼에 따라 최대한 충실히 준수하는 것이다. 이를 위해 팀의 구조와 동의사항에 대해 신중하게 결정하는 것이 효과적이며, 이 책 전체에서 논의한 바와 같이 이를 수행하는 방법에는 여러 가지가 있다. 예를 들어, 규모가 큰 팀이나 경험이 적은 DBT 치료자들로 구성된 팀은 더 정교한 구조가 필요하겠지만, 소규모 팀이나 경험이 많은 치료자들로 구성된 팀은 단순한 구조만으로도 충분할 수 있다. 대부분 팀은 시간이 지나면서 팀 구조를 재조직하고 수정해야 할 필요성을 느끼게 된다. 이 장에서는 DBT 팀을 어떻게 시작할 것인지, 그리고 새로운 팀원을 어떻게 받아들일 것인지에 대한 전략들을 다룬다.

아래는 DBT 팀을 시작할 때 일반적으로 고려해야 하는 주요 단계들이다. 이 단계들은 프로그램 구성과 팀 구성이라는 두 가지 범주로 나뉜다. 상황에 따라 일부 단계는 덜 중요할 수 있으며, 이 목록들을 엄격하게 따르기 보다는 팀원의 역량과 동기를 이끌어내기 위한 지침으로 활용해야 한다.

프로그램 구성 절차

1. 팀 교육수련 계획을 세운다.
2. 팀이 치료할 내담자와 치료하지 않을 내담자를 결정한다.
3. DBT 치료 요소 중 어떠한 부분을 제공하고, 또 어떤 부분은 조정할 것인지 정한다.
4. 치료팀 회의 진행을 언제, 어디서, 얼마동안 진행할지 결정한다.

팀원 가입 절차

1. 팀의 크기를 결정한다.
2. 신규 팀원을 선정한다.

3. 예비 팀원들에게 오리엔테이션하고 서약에 관하여 논의한다.

4. 팀원들에게 팀 내 역할을 할당한다.

프로그램 구성 절차

교육수련 계획 수립

우리는 DBT 팀을 시작하려는 강한 동기를 가진 사람들을 많이 만나왔지만, 효과적인 DBT를 제공하기에 충분한 전문성을 갖추지 못한 경우도 종종 있었다. 그렇다고 해서 시작을 미룰 필요는 없다! 이러한 경우, 교육수련 받는 것을 첫 번째 목표로 삼으면 되기 때문이다. DBT 매뉴얼을 읽고, 관련 교육에 참여하며, 자문을 구하는 것이 지식과 전문성을 넓히는 데 도움이 될 것이다. 또한, 경험이 많은 DBT 치료자를 영입하여 팀 출범을 돕도록 하는 방안도 고려할 수 있다. 치료를 본격적으로 시작하기 전에 팀 회의부터 시작하여, 교육, 마케팅, 프로그램 개설을 목표로 초기 팀 회의를 진행할 수도 있다. 또한 이미 내담자를 만나고 있던 치료자들이 모여 팀을 구성하기도 한다. 우리는 보통 팀을 소규모로 시작해서, 처음에는 소수의 DBT 내담자만 만나며, 가능한 한 치료 매뉴얼을 준수할 것을 권장한다. 이렇게 하는 것이 많은 내담자를 동시에 만나기 시작하는 것보다 치료를 더욱 효과적으로 배우고 팀을 효과적으로 운영하는 방법이라고 생각한다. 각 팀이 처한 고유한 상황에 따라 자문을 받으면서 자신들만의 방향을 선택하면 된다.

팀에서 치료할 내담자와 치료하지 않을 내담자 결정

DBT 팀이 어떤 내담자를 치료할지에 대해서는 어느 정도 융통성을 가지지만, 중요한 것은 팀이 명확한 서비스 범위를 설정하고, 어떤 내담자를 치료하고 논의할지 명확한 이해가 공유되어야 한다는 점이다. 범위를 결정할 때는 연구 데이터, 팀원의 교육수련 수준 및 임상 경험, 그리고 치료 환경 등을 고려해야 한다. 연령대, 진단, 주요 증상, 제외 기준(예: 정신증, 인지 능력 부족 등) 등이 고려할 사항에 포함된다. 팀이 서비스 범위를 지나치게 제한할 필요는 없다. 예를 들어, 모든 팀원이 BPD나 섭식장애만을 치료할 필요는 없으며, 팀원들마다 다른 기준을 가질 수도 있다(예: 일부 팀원만 청소년을 치료할 수 있음). 팀이 어떤 내담자를 치료하고 배제할지에 대한 명확한 규칙은 없지만, 명확한 기준을 설정하면 팀은 설정된 모델에 부합하지 않는 내담자를 구조적으로 배제할 수 있게 된다. 예를 들어, DBT 팀은 DBT가 효과적이라고 입증된 내담자에게만 제공되어야 한다. 만약 팀이 이 규칙에 예외를 두기로 결정한다면, 팀원들은 신중하게 이 결정을 내리고 내담자에게 이 사실을 고지해야 하며, 개입의 효과를 지속적으로 모니터링해야 한다. DBT 팀은 지지적 "대화 중심의 치료"나 정신역동적 치료 등을 받고 있는 내담자를 치료하지는 않는다. 이러한 내담자들은 DBT나 행동 기반의 개념화를 하지 않기 때문에 DBT 팀의 치료 대상에서 제외된다. 또한, 연구 결과 특정 치료가 더 효과적이라고 제시된 내담자들도 제외된다(예: DBT 팀은 공황장애만 있는 내담자를 치료하지 않는다. 이 경우 공황장애에 대한 CBT가 더 효과적이기 때문이다). 팀 내의 치료자들이 자신의 능력 범위 내에서 일하는 것도 중요하다. 포함 및 제외 기준을 설정하면 이러한 결정을 내리는 데 도움이 되는 구조를 확립할 수 있다. 팀은 내담자가 팀에서 치료받는 것에 대해 평가하는 시스템을 마련하고, 이 시스템을 관리하는 사람(주로 팀 리더)을 정해 두어야 한다. 예를 들어, JS 팀에서는 팀원 한 사람이 모든 예비 내담자와 전화로 감정 조절, 대인관계 조절, 행동 조절, 인지 조절, 자기감 조절(Linehan, 1993) 등 조절 문제 영역에 대해 질문한다. 이를 통해 팀에 적합한 내담자를 선별하는 과정이 시작되며, 간단한 선별 과정에서 DBT로 도움을 받을 수 있다고 식별하는 경우 진단 인터뷰를 진행한다. 팀 리더는 시스템을 구축하고 포함 및 제외 기준을 설정한다. 각 팀은 이러한 기준을 설정하고, 그 기준에 따라 결정을 내릴 담당자를 지정한다.

치료 요소 중 어떠한 부분을 사용 또는 조정할 것인지에 대한 정의

아래에서 논의하겠지만, 모든 DBT 팀원들이 DBT를 제공하는 것에 동의하는 것과, 치료에 포함될 DBT의 구성 요소에 대해서도 동의하는 것이 필수적이다. 팀은 표준방식으로 통합 DBT를 제공하거나, 혹은 특정 구성 요소만을 제공할 수도 있다(예: 치료팀과 DBT 스킬 훈련). 또는 입원 환경에서는 전형적이지 않은 방식으로 DBT의 기능을 제공할 수도 있다. 이러한 선택을 할 때는 이용 가능한 데이터와 단일한 이론적 접근에 기반하여 전략적으로 접근해야 한다. 여기에서 중요한 것은 팀이 내담자들에게 명확하고 정확하게 접근하는 방식을 숙지하고 있어야 한다는 것이다. 팀원들이 각기 다른 이론적 관점을 가지고 있거나, 특정 행동을 이해하고 개념화하며 치료하는 데 있어 다른 접근 방식을 취하면, 치료 과정에서 혼란이 생길 수 있다. (참고로, 팀이 통합 DBT를 하지 않기로 결정했다면, 내담자들이 통합 DBT를 받고 있다고 오해하지 않도록 명확히 소통하는 것이 중요하다.)

또한, 팀은 DBT 구조 내에서 인지행동치료[CBT] 역시 함께 제공할 수 있다(예: DBT 내에서 불안, 우울, 수면 장애와 같은 문제에 대해 추가적인 근거 기반 치료 실행 가능). 이 역시 사례 개념화와 내담자의 특정 문제에 가장 효과적이고 적합한 데이터에 기반하여 이루어진다. 이러한 개입은 DBT에 대한 조정이 아니라, 내담자의 삶의 질을 심각하게 저해하는 문제를 치료하는 상황에서 DBT에 다른 근거 기반 치료를 통합하는 것이다.

팀 회의 시간, 장소, 회의 길이 결정

1장에서 논의한 바와 같이, DBT 팀원들은 팀 회의 시간을 치료 회기만큼 중요하게 다루어야 하며, 가능한 한 정기적으로 참석하고 일정을 겹치게 잡지 않도록 주의해야 한다. 따라서 팀 운영에 대한 결정은 모든 팀원이 정기적으로 참석할 수 있는 조건하에서 이루어져야 한다. 팀 운영의 세부 사항에는 대체로 다음의 내용들이 포함된다.

- 몇 시에?
- 어디에서?
- 얼마나 오래?
- 얼마나 자주?

몇 시에?

팀원들은 팀 회의를 치료 회기만큼 중요하게 여겨야 하고, 모든 팀원은 전체 회의에 참석해야 한다. 따라서, 일부 팀원이 반복적으로 회의에 불참하지 않도록 팀 시간을 설정해야 한다. 만약 관리 부서에서 팀 회의 시간을 제공하지 않는다면, 팀원들은 이를 설득하여 회의의 중요성을 강조해야 한다. 예를 들어, 근거 기반 치료의 필수 요소를 누락하지 않음으로써 법적 책임을 감소시키고, 더 나은 치료를 제공하며, 치료자의 정서적 소진 문제를 해결하는 것이 매우 중요하다는 점을 강조한다(3장 참고). 만약 행정 부서를 설득할 수 없다면, 팀원들은 점심 시간과 같은 자신의 개인 시간을 이용해 회의를 진행할 수 있다. 하지만, 이는 팀원들을 더욱 소진되게 할 가능성이 있으므로, 팀 회의를 개인 시간에 잡게 된다면 각자의 한계 내에서 효과적으로 진행해야 한다. 일단 시간이 정해지면 모든 치료자들이 이 회의를 중심으로 자신의 일정을 조정할 수 있으므로, 일정의 안정성을 유지하는 것이 매우 중요하다. 만약 팀원이 정기적으로 참석할 수 없다면, 정기적인 참석이 가능해질 때까지 팀에서 나와야 할 수도 있다.

어디에서?

팀 회의는 이상적으로는 대면으로 진행되는 것이 가장 좋겠지만, 필요하다면 화상 회의나 전화 회의로도 진행할 수 있다. DBT 팀의 핵심 목적은 내담자보다는 치료자들을 돌보는 것이므로, 팀원들이 같은 기관에 속해 있거나 동일한 내담자를 치료하고 있을 필요는 없다. 팀원들이 여행 중에 참여하거나, 먼 거리에서 참여하기 위해 기술적 장치를 마련하는 것이 좋다. 비도시지역의 치료자들과 같이 서로 멀리 떨어져 있는 경우에도, 완전하게 기능하는 DBT 팀을 구성할 수 있다. (단, 팀원들이 같은 기관에 속해 있지 않은 경우, 각 내담자에게 팀 참여에 대한 사전 설명과 정보제공 동의를 받고, 내담자의 신원을 철저히 보호하는 것이 중요하다. 예를 들어, 동료들과 사례를 논의할 수 있도록 동의서를 받고, 팀이 화상 회의를 통해 진행될 경우 의료정보보호법[HIPAA]을 준수하는 보안 화상회의 서비스를 사용하는 것이 좋다.) 치료자들을 위한 치료를 팀의 특성상, 대면 회의가 가장 효과적일 수 있으나 필수는 아니다. 팀원들은 자신들의 고유한 상황에 맞춰 팀원들의 역량과 동기를 촉진하는 방식을 선택하면 된다.

또한 팀은 회의 장소를 선정해야 한다. 공간에 대해서는 다양한 선택이 가능하나, 방의 크기(모든 팀원이 수용될 만큼 충분한지)와 개인정보 보호(내담자와 자신에 대해 편안하게 논의할 수 있을 정도인지)가 충분히 이루어질 만한 공간이어야 한다. 팀은 회의 테이블, 화이트보드, 빔 프로젝터 등을 통해 모든 팀원이 회의 중에 사례 개념화와 회기 영상을 공유할 수 있는 환경에서 진행하는 것이 좋다.

얼마나 오래?

팀 회의 시간은 팀의 규모, 팀이 다루는 내담자의 수, 그 외 기타 변수에 따라 달라질 수 있다. 팀원이 2~3명인 소규모 팀일지라도 최소 1시간은 필요하다. 팀원이 8명 정도로 크다면 회의 안건을 충분히 다루기 위해 2시간 정도가 필요할 수 있다. 각 팀은 장단점을 고려해서 상황에 맞게 적절한 시간을 설정해야 한다.

얼마나 자주?

팀은 필요할 때만 회의하는 것이 아니라, 정기적으로 만나야 한다. 외래의 경우 주 1회 회의를 권장하며, 입원 환경에서는 더 자주, 경우에 따라 매일 회의가 필요할 수도 있다.

팀원 가입 절차

팀 규모 결정

DBT 팀은 최소 두 명으로 구성된다. 대부분의 팀은 3명에서 8명 사이에서 원활하게 운영할 수 있는 것으로 보인다. 경험상, 일정 규모 이상이 되면 팀원들의 불만족감이 커지기 쉽다. 12명 이상인 경우 팀은 규모를 관리할 전략을 개발하거나, 두 개의 팀으로 나누어야 할 수도 있다. 큰 규모의 팀을 효과적으로 운영한 경우도 있었지만, 반대로 경우도 많이 있었다. 작은 팀 역시 스스로 규모가 너무 작다고 여길 수 있다. 예를 들어, 두 명의 팀원만 있을 경우 다이어렉티컬한 관점을 유지하기가 어려울 수 있기 때문이다.

신규 팀원 선정하기

그동안 여러 팀에 팀원 선정과 관련하여 많은 자문을 제공해 왔다. 무엇보다도 팀은 1장에서 강조한 내용을 바탕으로 팀 동의사항을 신중하게 만들고, 관심 있는 사람들에게 직접적이고 개방적인 방식으로 오리엔테이션을 한 후, 이 동의사항에 전적으로 동의하는 사람들만 참여하도록 하는 것이 좋다. 다시 말해, 우리는 새로운 팀원들을 매우 신중하게 선택하는 편이다! 팀에서 팀원들과 관련된 다양한 문제들이 발생하기 때문에, 팀이 팀 문화와 동의사항에 대해 신중하게 고려해야만 문제를 최소화할 수 있음을 알게 되었다. 이외에도 아래에 나열한 추가적인 논의 주제와 고려할 요소들을 참고하도록 한다.

자발적 참여

앞서 논의한 바와 같이, DBT 팀원들이 자발적으로 팀에 참여하고, 자신들이 지켜야 할 사항에 대해 명확히 이해하는 것이 중요하다. 여기서 제시한 지침들 중 비교적 유연한 것들도 있지만, 자발적인 참여는 효과적인 팀을 운영하는데 있어 핵심적인 요소에 들어간다. 팀에 참여하기 위한 서약 단계에서 팀의 운영 방식과 기대 사항에 대한 오리엔테이션을 전달한다. 모든 직원이 DBT 팀에 속해야 하는 기관에서도, 팀원이 자발적으로 팀에 서약하는 것은 팀 문화에 큰 도움이 된다. DBT 팀 참여가 고용 조건인 경우, 이러한 단계는 채용 면접 과정에서 이루어질 수 있다(이와 관련한 서약 전략은 아래에서 더 자세히 논의할 것이다).

팀의 동의사항에 전적으로 동의하고 서약하는 사람만을 받아들이고, 동의사항 일부에 동의하지 하지 않거나 모호한 태도를 보이는 사람들은 제외하는 것이 중요하다. DBT 팀이 성공적으로 운영되려면 모든 팀원이 자발적으로 참여하고, DBT 팀의 원칙과 동의사항에 전적으로 동의해야 한다.

유약함을 *기꺼이 드러내는 자세*

1장에서 논의한 바와 같이, 새로운 팀원을 선정할 때 자신의 유약성을 기꺼이 드러낼 자세를 가지고 있는지 잘 살펴야 한다. 경험상, 일부 팀원이 팀 회의에서 유약성을 보이지 않으면 팀이 원활하게 작동하지 않는다. '치료자를 위한 치료'가 성공적으로 작동하기 위해서는 각 팀원이 유약성을 높이는 행동에 기꺼이 참여해야 한다. 즉, 자신의 실수와 불확실함을 나누고, 팀에서 자신의 감정을 자연스럽게 표현하며, 팀 회의에서 감정적 어려움을 겪는 팀원을 도와주려고 애쓰고, 동료들과의 연결성을 수용하고, 피드백을 받아들여야 한다. 이러한 팀 내의 개방성은 치료자를 위한 치료의 핵심 과정이며, DBT 팀이 효과적으로 운영되기 위한 필수 요소이다.

임상적 책임을 진다는 점은 DBT 팀 내 유약성 문화를 정착시키는 데 매우 중요한 요소이다. 팀원들이 내담자와 치료적 상황에 놓여 있을 때, 팀원간 권력과 지위의 차이를 보다 성공적으로 해결할 수 있다. 만약 팀 내에서 임상적 책임을 갖고 있지 않거나 이에 대해 말하지 않는 사람이 있다면(예: 감독 역할로만 참여하고 자신의 임상적 경험을 공유하지 않거나, 동료임에도 내담자를 보지 않고 다른 사람에게 조언만을 제공하며 피드백을 받지 않는 경우), 이는 팀의 치료자를 위한 치료 기능에 상당한 영향을 미칠 수 있다. 한 명이 이러한 방식으로 유약성을 드러내지 않으면, 다른 팀원들은 실수를 숨기거나 자신의 어려움을 공유하는 것을 부끄러워할 수 있고, 비슷한 상황 속에서 직접 어려움을 겪어보지 않는 사람이 문제를 과도하게 단순화하는 것에 대해 불편함을 느낄 수 있다.

팀 내에 서로 다른 위계를 갖는 상황은 흔히 발생하며 피할 수 없는 경우가 많다(예: 수퍼바이저와 수련생, 상사와 직원, 행정부서와 일반직원). 이러한 상황은 유약성의 수준에 근본적인 차이를 만들 수도 있지만, 동시에 장점도 있다. 예를 들어, 행정부서가 팀에 있으면 팀을 더 잘 지원할 수 있으며, 수퍼바이저가 팀에 있으면 수퍼비전 능력도 향상될 수 있다. 상대적으로 더 많은 권한을 가진 사람이 실수를 인정하는 모습을 보여주면, 팀 내 다른 사람들도 그 모습을 따를 가능성이 높아진다. 만약 권한이 높은 사람들이 팀에 남아 있으려면, 그들은 반드시 임상적 역할과 책임을 져야 한다(예: 단순히 내담자에게 인사만 건네는 것이 아님). 모든 팀원이 같은 위치에서 실질적인 역할을 함께 해야 치료자를 위한 치료에 필요한 문화가 형성될 수 있다. 각 팀원이 DBT 제공의 실제적이고 감정적인 도전을 직접 경험함으로써, 팀원들은 보다 동등한 입장에서 협력할 수 있다.

전문 자격

팀원들은 어떤 직업군이나 전문 분야에 속한 사람들이 팀에 합류하도록 할지 결정해야 한다. 팀원들이 반드시 특정 학위를 가져야 한다는 사전 제약은 없다. 각 역할에 필요한 충분한 교육, 훈련, 감독 및 자격증(또는 자격증을 보유한 감독자)이 필수적이지만, 이는 팀마다 다를 수 있다. 다양한 치료적 환경에서 여러 치료자가 DBT 내담자와 상호작용하지만, 이들이 모두 DBT 팀에 합류하는 것은 아니며, 팀의 상황에 따라 필요한 전문 직업군의 수가 다를 수 있다. 이를 반드시 사전에 정해둘 필요는 없으며, 어떤 치료자가 팀에 참여할지 유연하게 조정할 수 있다.

최소한의 기준으로, 직종에 관계 없이 모든 팀원은 팀의 동의사항을 따르고, DBT 내담자에 대한 임상적 책임을 지며, DBT 모델 내에서 치료한다면 팀에 참여할 수 있다. 또한 팀원들이 팀에서 다루는 특정 문제나 진단에 대해 일정 수준 이상의 지식을 갖추는 것도 중요하다. 팀이 내담자를 개인 치료자가 아닌 공동체로서 치료하기 때문에, 팀원들이 특정 문제 영역에 대해 지식이 부족하면, 치료 매뉴얼 준수를 충실하게 하는지 모니터링하거나, 서로를 충분히 지지 또는 도전하는 데 어려움이 있을 수 있다. 예를 들어, 팀이 주로 섭식 장애를 가진 내담자를 DBT로 치료하는 경우, 팀원들은 DBT뿐만 아니라 섭식 장애에 대한 어느 정도의 전문성을 가지고 있어야 서로에게 효과적인 치료자가 될 수 있다. 어떤 팀들은 단순히 DBT에 대한 전문성만 요구할 수도 있다. 이 경우 다양한 DBT 내담자를 치료하며, 각 팀원은 DBT에 대한 공통된 이해를 가지면서도, 각자의 특화된 분야를 가지고 있을 수 있다. 팀이나 기관에서는 팀 가입의 조건으로 DBT 인증^{DBT Certification}(또는 인증 받기 위한 절차 진행)을 요구할 수도 있다.

내담자에 대한 치료자 역할

우리는 지난 몇 해 동안 팀 내에서 다양한 역할을 경험했다. 이를 통해, 개인 치료자와 스킬 훈련자의 역할, 이 두 가지가 팀을 원활히 운영하기 위한 필수 요소라는 결론을 내렸다. 이외 다른 역할들은 팀에 따라 선택적으로 운용하면 된다.

개인 치료자와 스킬 훈련자가 서로 다른 팀에 속하는 상황도 있을 수 있다. 단점이 있을 수 있지만, 어떤 상황에서는 장점이 단점보다 더 큰 경우도 있다. 팀은 이 상황에 내재된 다이어렉티컬한 요소에 대해 논의하고, 내담자와 치료자에게 가장 적합한 방식을 결정할 수 있다. 예를 들어, DBT 치료자가 많은 기관에서 두 개 팀을 운영해야 하는 경우, 내담자가 한 팀의 개인 치료자와 다른 팀의 스킬 훈련자를 만나게 될 수 있다. 큰 프로그램이 있는 기관의 경우와 독립적으로 활동하는 개인 클리닉을 운영하는 치료자들이 DBT 팀에 합류하는 경우에 이러한 상황을 피하기는 어려울 것이다.

추가적으로, 아래의 직업군에 속한 사람들도 팀에 참여할 수 있다. (팀이 너무 커지지 않는 한, 더 많은 인원이 참여하는 것이 좋다!)

- 약물치료 전문가Pharmacotherapists
- 사례 관리자Case Managers
- 환경 관리 코치Milieu coaches
- 의사Physicians
- 간호사Nurses
- 실무 직원Line staff
- 교사Teachers
- 가족 치료사Family therapists
- 레크레이션 치료사Recreational therapists

이들 중 어떤 역할이든 팀에 참여할 수 있으며, 팀에 참여하는 경우 DBT 팀의 동의사항을 준수하고 DBT 모델에 기반하여 서비스를 제공해야 한다.

반면, DBT 원칙을 따르지 않으면서 내담자와 만나는 팀원은 팀에서 제외되며, 이들은 보조적 역할로 간주된다. 즉, 팀에 속하지 않게 되며, DBT 원칙을 따를 필요가 없게 된다. 이러한 경우 개인 치료자는 내담자가 보조적 치료자들이 DBT 치료에 반하지 않도록 도움을 줄 수 있으며(Linehan, 1993의 '내담자 자문' 참조), DBT 치료자는 필요할 때 환경적 개입을 통해 이를 조율할 수 있다.

여러 DBT 팀에 참여하는 경우

비-DBT 팀에서는 팀의 초점이 내담자에게만 맞춰져 있기 때문에, 두 개의 팀에 참여하는 것은 별다른 문제가 되지 않는다. 하지만 DBT 팀에서는 내담자가 아닌 팀원에게 초점을 맞추기 때문에, 두 개의 팀에 참여하는 것은 마치 내담자가 두 명의 치료자에게 동시에 치료를 받는 것과 비슷할 수 있다. 이것이 불가능하다는 뜻은 아니지만, 이러한 상황은 최대한 드물게 그리고 신중하게 접근해야 한다.

두 팀에서 치료를 받는 것은 치료자에게도 어려운 일이 될 수 있다. 우리는 연구 또는 교육팀에서 활동하면서 동시에 기존 팀 외의 다른 팀에도 속해 있었던 적이 있는데, 이 과정에서 자신의 유약성을 드러내는 것이 더 어려워졌으며, 첫 번째 팀에서 받은 자문으로 인해 주중에 열리는 두 번째 팀에서는 덜 몰입하게 된다는 것을 느꼈다. 두 번째 팀의 팀원들도 우리가 덜 몰입하고 있음을 눈치챘다.

두 팀에 참여하는 것이 불가피한 경우에는 두 팀에서 모두 마인드풀하게 참여해야 한다. 먼저, 두 팀 모두 해당 팀원이 두 팀에 속해 있다는 것을 알고 있어야 한다. 팀은 이 상황을 어떻게 관리할지 논의하고, 팀원이 두 팀에 동시에 참여하는 것을 허용할 수 있는지 결정해야 하며, 발생할 수 있는 어려움을 최선의 방법으로 해결할 방법을 찾아야 한다. 치료자가 어떤 내담자가 어느 팀과 관련이 있는지 명확히 구분하고, 해당 팀에서 그 내담자를 치료하는 데 있어 장애물이 되는 부분을 논의하는 것이 하나의 유용한 전략이다. 만약 치료자가 개인적인 상황으로 인해 내담자 치료에 방해가 된다면, 이 주제는 두 팀에서 모두 논의될 수 있다. 두 팀에 속하는 것에 어려움을 겪는 팀원은 이 딜레마를 팀에서 논의함으로써 온전히 참여할 수 있도록 도움을 구하는 것이 좋다. 또한, 팀은 이러한 잠재적인 어려움을 인식하고, 팀원의 역량과 동기에 대해 다이어렉티컬한 대화를 나눌 수 있는 기회를 가지도록 한다. 두 팀에 참여하는 것이 불가능하지는 않지만, 모든 사람에게 이상적인 선택은 아닐 수 있다.

팀 내에서 여러 역할을 맡을 때

팀원들 간에 별도 관계에서의 역할이 있을 수 있으며, 이는 팀 내에서 다이어렉티컬한 도전 과제를 만들어 낼 수 있다. 예를 들어, 수퍼바이저/수련생 관계 외에도 팀원들이 친구이거나 연인 관계일 수 있다. 이러한 관계를 금지하는 것은 비현실적일 뿐만 아니라 다이어렉티컬하지도 않다. 대신, 팀이 이러한 관계를 평가하고 어떻게 다룰지 방법을 결정할 것을 제안한다. 사업 파트너나 연인이 같은 팀에 있을 때, 팀의 기능을 향상시키기도 하지만 어려움을 초래할 수도 있다. 이러한 경우 두 가지 양극단을 모두 제시한 후 통합적 해결책을 찾을 수 있는 기회가 될 수 있고, 동시에 여러 역할을 관리하는 방법에 대해 '규칙'을 정하는 대신 다이어렉티컬한 접근을 할 수 있는 기회가 되기도 한다.

예비 팀원들과 오리엔테이션 및 서약 토론

팀이 어떻게 구성되었는지와는 관계 없이, 명확한 오리엔테이션과 서약 과정은 반드시 필요하다. 이 과정에서 신규 팀원은 팀 동의사항에 동의하게 되며, 이를 통해 팀에 합류하려는 의지를 확인하고, 팀과의 적합성이 부족하다고 판단할 경우 합류 전 팀을 떠날 수 있는 기회를 갖게 된다. 또한, 오리엔테이션과 서약 과정을 통해 팀 문화 유지에 있어 발생할 수 있는 문제들을 사전에 해결할 수 있다. (팀은 완벽함을 요구하지 않으며, 아직 완전하게 개발되지 않은 스킬이 있더라도 팀 동의사항을 따르려는 의지에 중점을 둔다.) 이 회기를 진행하는 팀원은, 예비 팀원이 DBT 팀에 합류하고자 하는지를 중립적이면서도 호기심 어린 태도로 접근하는 것이 더 효과적일 것이다. 상대방을 팀에 설득하려 하기보다는, 자연스럽고 솔직한 논의를 통해 해당 팀원의 합류 의지와 팀 구조 및 문화에 대한 이해를 확인하는 과정이 되어야 한다.

이 오리엔테이션과 서약 회기는 정식으로 팀에 합류하기 전에 진행되어야 한다. 팀 리더는 모든 지원자를 반드시 수용할 필요는 없다. 대부분의 조직 환경에서는 개인이 자발적인 동기를 가졌다고 가정할 수 있지만, 비자발적으로 DBT 팀에 합류해야 하는 상황도 있을 수 있다(예: 어떤 기관이 DBT를 도입하면서 모든 기존 직원이 DBT 팀에 참여하도록 요구하는 경우). 또한, 열의가 높지만 팀의 요구사항에 대해 충분히 인지하지 못하는 후보자가 있을 수 있다.

이 과정은 종종 신규 팀원과 기존 팀원 간의 대화로 이루어진다. 이 대화는 팀 리더나 다른 팀원, 또는 전체 팀과 진행할 수도 있다. 그러나 여러 명의 팀 전체 앞에서 오리엔테이션과 서약 회기를 진행하는 것이 부담스럽거나 강압적으로 느껴질 수 있으며, 이로 인해 서약하겠다는 진정성이 줄어들 우려도 있다. 따라서 팀 인원이 3~4명을 넘는 경우에는 개별 또는 소규모 팀원들과 만나는 것이 더 효과적일 수 있다.

일부 환경에서는 팀원들이 일정 기간(예: 1년) 동안 팀에 서약할 것을 약속하고, 그 기간이 끝날 때 평가와 함께 재서약 여부를 논의하는 것이 나을 수도 있다. 서약 기간은 팀의 연속성을 보장하고, 내담자에게 DBT를 충분히 제공할 수 있을 만큼 충분히 길어야 한다. (예를 들어, 개인 DBT 치료자라면 최소 1년의 서약 기간이 필요하며, 스킬 훈련이나 다른 치료를 제공하는 팀원들은 6개월 정도로 정할 수 있다. 팀은 잦은 팀원 변동을 피하기 위해 더 긴 서약 기간을 요구할 수도 있다.)

오리엔테이션과 서약 과정은 팀마다 다르게 진행될 수 있다. 어떤 팀은 상당히 구조화된 과정을 선호할 수 있고, 또 다른 팀들은 유연하게 개인에 맞추어 진행할 수도 있다. DBT 팀에 이전에 속해 있었던 사람이라면 짧은 시간 내에 이 과정을 마칠 수 있지만, 전통적인 상담 팀과 DBT 팀의 차이점을 잘 모르는 사람이라면 더 많은 시간과 세부 설명이 필요할 수 있다. 예비 팀원에게는 DBT 팀이 치료자를 위한 치료이며, 팀원들이 서로에게 DBT를 적용해 치료자의 역량과 동기를 유지하는 과정이라는 점을 강조하는 것이 중요하다. 아래는 오리엔테이션과 서약 회기에서 일반적으로 다루는 주요 주제들이다.

- DBT 팀의 기능(팀의 치료 충실도 유지, 팀원의 역량과 동기 부여)
- DBT 팀이 치료할 대상과 치료방식(예: 내담자 집단의 특성, 제공하는 DBT 치료 구성 요소, 기타 필요한 전문성 또는 교육 영역)
- 팀 회의 시간과 소요시간 및 관련된 기타 정보
- 팀 회의 시간 활용 방식(예: 회의 안건 및 치료자를 위한 치료 제공)
- DBT 팀의 역할
- 팀의 문화
  ◦ DBT 팀 동의사항
  ◦ 내담자와 치료에 대한 DBT 가정

이 오리엔테이션의 구체적인 내용은 각 팀마다의 고유한 필요 사항에 따라 조정하면 된다.

DBT 팀 동의사항에 대한 논의

팀의 문화는 오리엔테이션 및 서약 과정에서 세심한 주의를 기울여 다루어져야 하는 요소이며, 특히 예비 팀원이 이전에 DBT 팀에서 활동했던 적이 없다면 더욱 그렇다. DBT 팀 동의사항은 1장에서 자세히 설명하였으며, 여기에서는 목록만 나열하였다.

핵심 DBT 팀 동의사항

1. 다이어렉티컬 동의사항
2. 내담자 자문 동의사항
3. 일관성 동의사항
4. 한계 관찰 동의사항
5. 현상학적 공감 동의사항
6. 오류 가능성 동의사항

이러한 6가지 핵심 DBT 팀 동의사항에 대부분의 팀에서 도움이 되는 몇 가지 사항을 추가하였다. 아래는 DBT 팀 동의사항의 추가 사항들(1장 참조)이다.

7. 자신을 내담자 공동체를 치료하는 치료자 공동체의 일원으로 간주한다.
8. "치료자를 위한 치료"를 제공한다.
9. DBT 치료를 한다.
10. 행동주의적 관점에서 내담자와 팀원들의 행동을 개념화한다.
11. 팀 회의를 다른 치료 회기만큼 중요하게 여긴다.
12. 자신이 팀에서 맡은 역할을 충실히 이행한다.
13. 다른 사람들이 언급하지 않는 중요한 문제, 즉 "방안에 있는 코끼리"에 대해 말할 용기를 갖는다.
14. 팀에서 한 가지 마음으로 참여한다.
15. 해결책을 제시하기 전에 충분히 평가한다.
16. 내담자와 DBT 치료에 대한 가정을 따르려 노력한다.
17. 서로를 대신해 내담자를 돌보는 규정을 따르고, 팀 회의나 내담자와의 약속에 빠지지 않는다.
18. 번아웃, 좌절감, 피로, 많은 업무, 과소평가, 절망적이거나, 비효율적이라고 느낄 때에도 위의 사항들에 계속 집중한다.

이러한 팀 동의사항에는 다이어렉티컬한 요소가 존재한다. 한편으로는, 신규 팀원이 이 동의사항을 준수하겠다는 서약을 받는 것이 매우 중요하다. 팀 문화를 유지하고, 시간이 지나며 발생할 수 있는 팀 내 문제를 예방할 수 있기 때문이다. 반면에, 이러한 동의사항에 대해 지나치게 경직된 태도로 대응하면 오히려 팀 문제가 발생할 수 있다. DBT 치료에서와 마찬가지로 완벽함이 목표가 아니다. 우리는 DBT와 팀을 지원하는 서약과 태도를 지향하며, 이러한 합의를 충족하려는 노력을 중요하게 생각한다. DBT 치료자들은 불완전할 수 있다! 우리는 팀원들이 이러한 동의사항을 지키는데 때때로 어려움을 겪을 것이라 예상하며, 팀은 필요에 따라 무판단적으로 문제 해결책을 찾을 수 있다. 때로는 별다른 해결 방안 없이 넘길 수도 있다. 이 책에서 여러 차례 논의했듯이 유연성은 필수적이며, 이러한 동의사항에 대해 경직된 태도를 취하는 것은 팀 문화에 부정적인 영향을 미칠 수 있다.

DBT 내담자와 치료에 대한 가정

서약의 16번째 항목은 1장에서 설명된 DBT의 '내담자 및 치료에 대한 가정'에 대한 것이다. DBT 치료자는 내담자, 팀원, 그리고 치료에 대해 특정한 입장을 취하는 것에 동의한다. 이러한 가정은 내담자와 치료를 생각하는 방식에 영향을 미치며, 따라서 DBT 팀의 핵심 요소가 된다. 이 가정들은 '사실'이 아니라 '가정'이다. 다시 말해, 증명되거나 논쟁을 통해 결정되는 사항이 아니다. 대신, 이는 효과적 치료를 하기 위해 받아들이겠다는 '선택'인 것이다. 오리엔테이션 및 서약 논의에서 중요한 부분은 예비 팀원이 이 가정들을 수용할 의지가 있는지 여부에 초점을 맞춘다. 이러한 가정들의 임상적 중요성은 Linehan(1993)에서 논의되었으며, 이들의 팀에 대한 중요성은 1장에서 더 상세히 다루었다. 여기서는 오리엔테이션 및 서약 회의를 위한 참고용으로 목록만 나열하였다.

DBT의 내담자에 대한 가정

1. 내담자는 자신이 할 수 있는 최선을 다하고 있다.
2. 내담자는 나아지고 싶어한다.
3. 내담자는 더욱 잘하고, 더 열심히 노력하며, 변화를 위해 스스로 동기 부여를 할 필요가 있다.
4. 내담자가 모든 문제의 원인을 제공한 것이 아니라도, 이미 발생한 문제는 스스로 해결해야 한다.
5. 내담자들의 삶은 참을 수 없는 고통으로 가득 차 있을 수 있다.
6. 내담자는 새로 습득한 행동을 그 행동과 연관된 모든 상황에 적용하여 익혀야 한다.
7. 내담자는 치료에서 실패할 수 없다.
8. DBT 팀은 지지가 필요하다.

DBT의 치료에 대한 가정

1. DBT 치료자가 할 수 있는 내담자를 위하는 최선의 행동은 내담자가 자신의 궁극적인 목표에 가까워지도록 변화할 수 있게끔 돕는 것이다.
2. 명확성, 정확성 및 연민은 치료 과정에서 가장 중요한 요소이다.
3. 치료적 관계는 동등한 관계에서 이루어지는 진정한 관계이다.
4. 행동의 원리는 보편적이며, 내담자 뿐만 아니라 DBT 치료자에게도 영향을 미친다.

5. DBT 치료자도 실패할 수 있다.

6. DBT 치료자가 실패하지 않았더라도, 치료는 실패할 수 있다.

서약 전략

예비 팀원이 동의사항에 대한 오리엔테이션을 마쳤다면, 팀은 서약 전략을 활용할 수 있다. 이러한 전략은 DBT 치료에서 적용되는 것과 동일하며, 기존 팀원들 일부의 팀 동의사항에 대한 서약이 약화될 때도 사용할 수 있다. 이러한 전략은 자발적인 팀 참여를 촉진하기 위해 사용된다. 동시에, 누군가를 팀에 합류하도록 설득하거나, 팀에 합류하는 것의 장점을 과장하여 설명해서는 안 된다. DBT 팀은 팀 문화에 진심으로 헌신할 사람들이 함께할 때에만 잘 운영될 수 있다.

　　DBT 서약 전략은 다음과 같다.*

- 서약의 장점 설명: 장점과 단점 비교하기
- 반대 입장에 서기
- 현재 서약을 기존의 서약과 연결하기
- 단계적 요청/역단계적 요청하기 기법
- 선택의 자유와 동시에 대안의 부재 강조하기
- 행동 조형하기

대부분의 경우, 사람들이 자발적으로 합류하고자 하는 의지를 갖고 팀에 접근하기 때문에, 서약할 의지와 관심이 있다고 가정할 수 있다. (단, DBT 팀 참석이 의무적인 기관의 경우나, 충분한 오리엔테이션 없이 합류 의사를 밝힌 경우는 예외일 수 있다.) 따라서, 신규 팀원에게 서약 전략을 광범위하게 사용할 필요는 없다. 새로운 팀원을 맞이할 때 가장 흔히 사용되는 DBT 서약 전략은 다음과 같다.

서약의 장점 설명: 장점과 단점 비교하기

DBT 내담자들과 이 작업을 할 때, 서약을 하려는 이유도 살펴보아야 하지만 단점들에 대해서도 검토해야 한다. Linehan(1993)은 이 과정이 서약을 하는 이유를 깊이 생각하게 하고, 서

---

* 전체 내용은 Linehan(1993)을 참고할 것.

약을 함으로 인해 발생할 수 있는 문제에 대한 대응 전략을 발전시키는 데 도움을 준다고 강조한다. 팀에 자발적으로 참여하려는 사람에게는 합류하도록 설득할 필요가 없지만, 이 전략은 DBT 팀에 참여하는 과정에서 발생할 어려움을 강조해서 합류하기 전에 장단점을 충분히 고려하도록 하는 데 매우 유용하다. 일반적으로 이를 통해 팀에 대한 서약을 강화하는 효과가 나타나지만, 때로는 주저함이나 망설임이 나타날 수도 있다. 장단점 비교하기는 기존 팀원이 특정 동의사항으로부터 멀어지는 행동을 할 때도 사용할 수 있다. 예를 들어, 어떤 팀원이 점점 더 판단적인 태도를 취하면, 다른 팀원들이 무판단적 태도의 장단점을 검토함으로써 해당 서약을 다시 공고히 할 수 있다.

반대 입장에 서기

반대 입장에 서기 전략은 서약을 강화하는 데 도움이 될 수 있다. 이 전략은 신규 팀원의 팀에 대한 서약에 오히려 반대 의견을 제시하여, 그 서약을 더 깊이 있게 검토하고 강화하도록 한다. 이는 역설적 기법으로 사용되는 것이 아니라, 투명하고 진실된 방식으로 새로운 팀원의 이해와 팀에 합류하려는 동기를 탐색하는 데 사용된다. 예를 들어, 한 팀원이 신규 팀원에게 "생각하는 것보다 더 힘들 수 있어요. 급하게 합류하시려고 하는 것 같은데, 얼마나 어려울 수 있는지 잘 알고 계신가요? 우리는 서로 실수를 공유하고, 팀에서 감정을 드러내기도 해요. 또한 팀 회의를 최우선으로 생각하고, 팀 시간에 다른 예약을 중복해서 하지 않고 매주 참석하려고 엄청난 노력을 하죠. 이전에 경험하셨던 팀과는 많이 다를 수 있어요. 그런데도 왜 이런 팀에 들어오고 싶은가요?"라고 말할 수 있다. 이 논의를 통해 팀원이 지금은 적절한 시기가 아니라고 깨닫게 한다면, 팀에게도 이를 파악하는데 도움이 된다. 반대로, 어려움을 인지함에도 불구하고 여전히 합류하고자 한다면, 더 깊이 있는 이해와 헌신하는 마음으로 서약을 한 상태에서 팀에 들어오게 된다.

현재 서약을 기존 서약과 연결하기

이 전략은 팀원이 이전에 DBT에 대해 했던 서약, 예를 들어 도전적인 내담자를 돕고자 하는 열망을 표현했을 때 유용하다. DBT 팀에 대한 서약을 기존의 서약과 연결하는 것은 팀에 대한 헌신을 강화하는 데 도움이 될 수 있다. 이 전략은 또한 기존 팀원의 서약이 약해졌을 때 사용할 수 있다. 팀원들이 과거에 팀 또는 내담자에게 한 서약을 상기시키면 이를 다시 강화하는 데 도움이 된다. 예를 들어, 팀원이 팀 시간에 제때 도착하는 것이 너무 어렵다고 말할 경우, 이전에 동의했던 시간 준수에 대한 서약을 상기시켜서 의지를 강화할 수 있다. (결국 최초에 서약을 받는 것이 얼마나 중요한지 보여준다. 그래야 나중에 서약했던 마음이 약해질 때, 팀이 이를 다시 상기시킬 수 있기 때문이다.)

DBT에는 여러 가지 서약 전략이지만 팀 상황에서 상대적으로 덜 사용된다. 단계적 요청하기/역단계적 요청하기, 선택의 자유 강조하기 및 대안의 부재, 그리고 행동조형과 같은 전략은 신규 팀원이 합류할 때는 보다는, 기존 팀원의 서약이 약화될 때 더 유용하게 쓰일 수 있다.

문제 해결

문제 해결은 서약 단계에서 필수적인 요소이다. 이는 서약을 한 후에, 동의 사항과 계획이 어떻게 잘못될 수 있는지 식별하고 해결하는 과정이다. 단순히 "무엇이 방해가 될 수 있을까?" 라고 질문하는 것만으로도 계획을 위협할 수 있는 요소들을 인지하는 데 도움이 된다. 이는 미리 문제를 예방하고 해결하는 데 매우 유용하다. 서약에 대한 논의를 하는 것은, 자신이 서약과 관련하여 어떤 부분에서 좌절, 불안, 고집스러운 마음 또는 기타 문제를 겪을 수 있는지에 대해 솔직하게 탐색할 수 있는 이상적인 기회이다. 예를 들어, 수정을 요구하는 피드백을 받는 데 어려움을 느낄 것 같다거나, 팀원들에게 유약성을 드러내는 데 어려움이 있을 것 같다고 예측할 수 있다. 이를 통해 신규 팀원은 팀에 합류하면서 맞닥뜨릴 수 있는 장애물에 대해 미리 준비할 수 있으며, 사전에 해결책을 고려할 수 있다.

팀 역할 할당

DBT 팀의 역할에 대한 주제는 2장과 3장에서 폭넓게 논의하였다. 간단히 정리하자면, DBT 팀은 일반적으로 팀 리더의 존재로 인하여 많은 이점을 얻게 된다. 만약 팀이 아직 팀 리더에 대한 논의를 하지 않았다면, 추가 팀원을 모집하고 팀이 정기적인 팀 회의를 시작하기 전에 팀 리더의 필요성에 대해 논의하는 것이 좋다. 팀은 또한 회의 리더, 관찰자, 그리고 팀이 유용하다고 생각하는 추가적 역할을 어떻게 구조화할지 결정해야 한다. 이러한 역할 구조는 점차 발전할 수 있으며, 팀은 초기 회의에서 팀의 문화와 규범을 확립하기 위해 어떤 역할이 필요한지에 대해 마인드풀한 결정을 내려야 한다.

정기적인 팀 회의 및 유지 단계로 나아가기

팀이 위에서 설명한 8단계를 완료하면 정기적인 팀 회의로 전환할 시점이 되었다고 볼 수 있다. 어떤 팀에서는 이러한 전환 시점이 명확하게 구분될 수 있지만, 또 다른 팀에서는 팀 개발 및 훈련에서 시작하여 치료자를 위한 치료, 팀 문화 및 DBT에 대한 충실도 유지로 보다 점진적으로 전환되기도 한다.

결론

DBT 치료에서와 마찬가지로, DBT 팀에서도 서약 단계와 선례를 확립하는 것은 성공적 기반을 마련하는데 매우 중요하다. 이러한 단계는 치료에 대한 충실도를 높이고 유지하는 것을 촉진하도록 설계되어 있다. 팀은 각각 다르기 때문에 각 팀별로 필요로 하는 요소들을 만족시키기 위해 이러한 단계를 구체화해야 한다.이를 무시하면 추후에 팀의 발전 과정에서 더 많은 어려움을 겪을 수 있다. 이러한 주제를 초기에 잘 다루면 팀은 DBT 문화를 더 잘 유지할 수 있을 것이다.

팀 운영을 위한 연습

- 각 팀원에게 필요한 교육 및 훈련 목표에 대해 논의한다. 팀은 이를 달성하기 위해 어떻게 도움을 줄 수 있을지 논의하고, 필요한 자료나 교육 기회를 마련할 방법을 모색한다.

- 팀 동의사항 중 하나를 선택해 팀원들과 논의한다. 해당 동의사항과 관련하여 팀 내에서 어려움이 무엇인지 식별하고, 추가적으로 수정하는 것이 팀에 도움이 될 수 있을지 논의한다.

- 팀은 치료할 내담자에 대한 포함 및 제외 기준을 논의하여, 어떤 내담자가 DBT 팀에서 치료를 받을 수 있는지 명확히 기준을 확립한다.

- 내담자의 가족 또는 DBT를 하지 않는 동료에게 DBT 팀의 기능과 목표를 설명하는 연습을 한다. 이는 팀 외부 사람들에게 DBT 팀을 효과적으로 소개하는 데 도움이 된다.

- 팀에서 내담자와 치료에 대한 가정을 논의한다. 어떤 가정이 팀원들에게 더 어렵게 느껴지는지 확인하고, 이러한 가정을 포용하였을 때 내담자와 더 효과적이었던 경험을 공유한다.

- 팀원들과 서약 전략을 연습한다. 이는 팀에 대한 서약이나 다른 서약과 관련된 상황에서 실제 연습을 통해 의지를 강화하는 기회가 된다.

- 팀원들이 팀 동의사항을 유지하는 데 있어 발생할 수 있는 잠재적인 방해 요소를 해결하는 연습을 한다. 이 연습을 통해 팀 크기, 회의 시간과 장소, 회의 길이, 그리고 DBT 팀 운영에 어려움을 줄 수 있는 기타 변수를 다룬다.

자료 1. 핵심 DBT 팀 동의사항

1. **다이어렉티컬 동의사항.** DBT 팀은 최소한 실용적인 수준에서 다이어렉티컬 철학을 수용하는데 동의한다. 절대적인 진리는 존재하지 않으며, 따라서 의견이 양극단으로 나뉘면, 팀은 진실을 찾는 것이 아니라 합의점을 모색하기 위해 노력한다. 다이어렉티컬 동의사항은 강하게 의견을 제시하는 것을 제한하지 않으며, 양극단으로 의견이 나뉘는 상태를 부정적이라고 여기지도 않는다. 오히려, 양극단의 입장으로 팀이 분열될 위기에 놓였을 때, 이는 DBT 팀이 함께 나아가기로 합의한 방향을 가리킬 뿐이다.

2. **내담자 자문 동의사항.** DBT 팀 팀원들이 다른 전문가들, 심지어 같은 팀의 구성원들과의 관계에서도 내담자 사이에서 중재자 역할을 하지 않는다는데 동의한다. 내담자에게 다른 팀원과 어떻게 상호작용할지에 대해 자문할 때, 내담자는 배울 수 있는 기회를 더 많이 얻게 된다. 치료자가 내담자 대신 개입하면, 내담자는 문제를 스스로 해결하는 법을 배우는 기회를 잃게 된다. 따라서 어떤 치료자가 내담자에게 도움이 되지 않거나 효과적이지 않은 이야기를 하는 경우에 그 치료자의 행동을 수정하게끔 하는 것이 아니라, 내담자에게 그 치료자에게 어떠한 행동을 하는 것이 좋을지에 대해 자문해야 하는 것이다. 하지만 이것이 치료자를 위한 치료가 아닌, 내담자만을 위한 치료를 계획하고, 내담자에 대한 정보를 교환하며(팀의 다른 구성원과의 문제를 포함하여), 치료에 관한 문제에 대해 논의만을 한다는 뜻은 아니다. DBT 팀은 학습의 기회를 제공하기 위해 최선의 노력을 하되, 효과적인 경우에 한하여 내담자를 대신하여 개입하도록 한다.

3. **일관성 동의사항.** 치료 계획이 잘 실행되지 못하는 것은 문제가 될 수 있지만, 동시에 내담자들이 현실 세계에 대처하는 법을 배우는 기회가 되기도 한다. DBT 팀의 역할은 내담자에게 스트레스 없는 완벽한 환경을 제공하는 것이 아니다. 따라서 DBT 팀은 팀원 간에 언제나 일관적일 수는 없다는 점, 모든 팀원이 내담자에게 동일한 내용

을 가르칠 필요가 없다는 점, 치료에 대한 "적절한 규칙"이 무엇인지에 대해서는 동의할 필요가 없다. 팀원들은 DBT라는 틀 안에서 치료 진행 방법에 대해 스스로 결정을 내릴 수 있는 것이다. 치료기관 또는 클리닉의 모든 구성원이 규칙을 정확하고 명확하게 전달하면 좋겠지만, '혼란'을 피할 수 없는 이 세상과 동일한 구조로 인식하는 것과 비슷하다고 볼 수 있다. 팀원이나 치료팀 또는 치료기관이 비일관적인 방식으로 치료를 제공하는 경우에는(다른 치료자들과 자신들에게 모두), 내담자 뿐 아니라 팀원에게도 DBT 스킬을 연습할 수 있는 기회로 간주된다.

4. **한계 관찰 동의사항.** 치료팀은 팀원 모두가 개인적 한계와 전문가로서의 한계를 관찰해야 하는 것에 동의한다. 또한, 팀원들은 자신의 한계를 너무 좁거나 혹은 너무 넓다고 판단하지 않되, 다만 주어진 상황에서 그 한계가 효과적인지 살펴보아야 한다. 치료팀은 팀원이 더 효과적으로 행동하기 위해 한계를 조정하도록 제안할 수 있지만, 동시에 판단하지 않으며 개인마다 한계가 모두 다를 수 있음을 인정해야 한다. 팀원은 내담자과 팀원에게 자신의 한계에 대해 효과적으로 설명하기 위해 최선을 다해야 하며, 내담자 역시 치료자의 한계에 대해 궁금한 것을 질문하고, 이해하고, 수용하려 노력해야 한다.

5. **현상학적 공감 동의사항.** DBT 팀은, 모든 조건이 동일할 때, 내담자의 행동에 대한 폄하하지 않은 해석이나 현상학적으로 공감적인 해석을 찾아야 한다는 것에 동의한다. 이는 내담자가 치료 방해적 행동을 한다거나 치료자와 "게임"을 하려는 의도가 있다는 전제가 아닌, 내담자는 최선을 다하고 있고 나아지기를 원한다는 근본적인 가정을 기반으로 한다. 팀원이 이러한 방식을 취하기 어려워할 때, 다른 팀원들은 이렇게 생각할 수 있도록 도와주면서, 동시에 그 팀원이 느끼고 있을 좌절감이나 기타 감정에 대해 수인해야 한다. 따라서 DBT 팀원은 DBT 틀 안에서 서로 무판단적인 태도를 취해야 한다는 것에 동의하는 것이다. 또한 팀원, 내담자의 가족 및 여러 관련된 사람들의 행동에 대해 폄하하지 않는 해석을 찾아야 한다는 것에 대해서도 동의한다.

6. **오류 가능성 동의사항.** DBT 팀에는 모든 팀원이 실수할 수 있다는 명시적인 합의가 있다. 따라서 모든 팀원이 문제가 될 만한 행동을 할 수 있다는 것에 미리 동의하고 있으므로 방어적일 필요가 없다. 치료팀이 해야 할 일은 바로 모든 팀원이 DBT라는 틀 안에서 함께 할 수 있도록, DBT 기본 원리를 서로에게 적용하는 것이다. 하지만 팀원들도 내담자와 마찬가지로 팀원들과 문제 해결을 할 때에는, 자신이 가진 고유한 지혜로운 마음에서의 수인하기와 균형을 이루는 것이 무척 중요하다. 원칙적으로 모든 팀원들이 오류를 범할 가능성을 가지고 있다고 동의하고 있기 때문에, 여기에서 논의된 모든 동의사항 역시 필연적으로 위반할 수 있다는 것에도 동의를 하게 되는 것이다. 모두가 위의 사항에 동의를 하면 팀원들은 서로에게 양극단에 치우칠 때 이를 알려주고, 통합을 찾아내기 위해 서로 노력하게 된다.

자료 2. DBT 팀 동의사항의 확장 목록

1. 다이어렉티컬 동의사항.
2. 내담자 자문 동의사항.
3. 일관성 동의사항.
4. 한계 관찰 동의사항.
5. 현상학적 공감 동의사항.
6. 오류 가능성 동의사항.
7. 자신을 내담자 공동체를 치료하는 치료자 공동체의 일원으로 간주한다.
8. "치료자를 위한 치료"를 제공한다.
9. DBT 치료를 한다.
10. 행동적 관점으로 내담자와 팀원들의 행동을 개념화한다.
11. 팀 회의를 다른 치료 회기만큼 중요하게 여긴다.
12. 자신이 팀에서 맡은 역할을 충실히 이행할 수 있도록, 항상 준비된 상태를 유지한다.
13. 다른 팀원들이 말하기 어려워 하더라도, "방 안에 있는 코끼리"에 대해 기꺼이 말한다.
14. 팀에서 한 번에 한 가지만 하는 마음으로 참여한다.
15. 해결책을 제안하기 전에 충분히 평가한다.
16. 내담자와 치료에 대한 가정을 따르기 위해 노력한다.
17. 팀원들이 팀 회의에 참석하지 못하거나, 내담자와의 치료 회기 약속을 지키기 어려운 경우, 대체 치료자 정책을 이행한다.
18. 번아웃, 좌절감, 피로, 과로, 과소평가 받는 느낌, 절망감, 효과적이지 않은 느낌이 들 때에도, 위의 모든 동의사항에 주의를 기울인다.

자료 3. DBT 내담자에 대한 가정 및 치료에 대한 가정

DBT의 내담자에 대한 가정

1. 내담자는 자신이 할 수 있는 최선을 다하고 있다.
2. 내담자는 더 나아지기를 원한다.
3. 내담자는 더욱 잘하고, 더 열심히 노력하며, 변화를 위해 스스로 동기부여 할 필요가 있다.
4. 내담자가 모든 문제의 원인을 제공한 것이 아니더라도, 이미 발생한 문제는 스스로 해결해야 한다.
5. 내담자의 삶은 참을 수 없는 고통으로 가득 차 있을 수 있다.
6. 내담자는 새로 습득한 행동을 그 행동과 연관된 모든 상황에 적용하며 익혀야 한다.
7. 내담자는 치료에서 실패할 수 없다.
8. DBT 팀은 지지를 필요로 한다.

DBT의 치료에 대한 가정

1. DBT 치료자가 할 수 있는 내담자를 위하는 최선의 행동은 내담자가 자신의 궁극적인 목표에 가까워지도록 변화할 수 있게끔 돕는 것이다.
2. 명확성, 정확성 및 연민은 치료 과정에서 가장 중요한 요소이다.
3. 치료적 관계는 동등한 관계에서 이루어지는 진정한 관계이다.
4. 행동의 원리는 보편적이며, 내담자 뿐만 아니라 DBT 치료자에게도 영향을 미친다.
5. DBT 치료자도 실패할 수 있다.
6. DBT 치료자가 실패하지 않았더라도, 치료는 실패할 수 있다

"DBT의 내담자에 대한 가정" Linehan(1993, 117-119쪽)에서 저자의 승인을 받아 수정, 인용하였음. Copyright© 1993 The Guilford Press. "DBT의 치료에 대한 가정" Marsha M. Linehan의 University of Washington Behavioral Research and Therapy Clinics의 미출간된 자료를 저자의 승인 하에 수정, 인용하였음.

이 자료는 DBT® 팀 구성과 운영: 치료자를 위한 치료(저자 Jennifer Sayrs, Marsha Linehan, 역자 채송희, 조용범, 2025) 의 일부입니다. 이 책을 구매하신 분은 개인 용도 또는 DBT 팀에서 사용하기 위해 이 자료를 복사하여 사용할 수 있습니다. 자세한 사항은 본서 저작권 관련 정보 페이지를 참고하십시오.

자료 4. DBT 팀 관찰자 유의사항

관찰자는 다음과 같은 경우에 벨을 가볍게 울린다.

- 팀원이 팀 회의 중에 발언하지 않았을 때
- 마인드풀하지 않은 상태, 팀원이 동시에 두 가지 일을 할 때
- 팀원이 늦거나 준비가 되지 않았을 때
- 팀원이 방어적 태도를 보일 때
- 팀원이 판단적이거나, 공감적이지 않은 발언을 했을 때
- 문제에 대한 정의와 평가가 충분히 이루어지기 전에 해결책이 제시된 경우
- 특정 팀원을 "지나치게 유약한" 사람으로 여길 때, 방안에 코끼리가 있지만, 아무도 말하지 않을 때
- 의견이 양분화된 경우

Marsha M. Linehan의 승인을 받아 아래 자료에서 발췌하여 수정하였음. 미출간. University of Washington Behavioral Research and Thearpy Clinics.

자료 5. DBT 팀 관찰자 유의사항 체크리스트

날짜 : _____   관찰자 이름 : _____

해당하는 항목에 표시한다.

☐ 팀원이 회의 중 발언하지 않았다.

☐ 해당 행동을 강조하였다.

☐ 간단하게 체인분석을 했다.

☐ 해결책에 동의했다.

☐ 해결책을 실행하겠다는 서약을 받았다.

팀원이 한 가지 마음으로 참여하지 않고, 동시에 두 가지 일을 한 경우(예: 읽으면서 듣기, 통화하기, 차례가 오지 않았는데 다른 팀원들과 대화하기).

☐ 관찰자가 벨을 울렸다.

☐ 그 행동을 강조하였고, 팀은 그 행동을 중단하게 했다.

팀원이 회의에 늦은 경우

☐ 해당 행동을 강조하였다.

☐ 체인분석을 했다.

☐ 해결책에 동의했다.

☐ 해결책을 실행하겠다는 서약을 받았다.

팀원의 준비가 미비한 경우

☐ 해당 행동을 강조하였다.

☐ 체인분석을 했다.

☐ 해결책에 동의했다.

☐ 해결책을 실행하겠다는 서약을 받았다.

팀원이 피드백에 대해 방어적인 태도를 보인 경우

☐ 관찰자가 벨을 울렸다.

☐ 해당 행동을 강조하였다.

☐ 팀원에게 자신이 한 말을 다시 말하도록 요청하였다.

팀원이 자신의 내담자, 타인 또는 자신에 대해 판단이거나 비공감적으로 말한 경우

☐ 관찰자가 벨을 울렸다.

☐ 그 행동을 강조하였고, 팀은 그 행동을 중단하게 했다.

☐ 팀원에게 자신이 한 판단적인 말을 다시 말하도록 요청하였다.

문제를 명확히 정의하기 전에 해결책이 제시된 경우

☐ 관찰자가 벨을 울렸다.

☐ 해당 행동을 강조하였다.

☐ 문제를 명확히 정의하였다.

어떤 팀원이 "지나치게 유약한" 것처럼 다루어진 경우. 분명히 다루어야 할 문제가 발생했지만(예: 방어적 태도, 비판적인 발언, 지각), 팀에서 강조하거나 논의하지 않았을 때. 혹은 피드백이 꼭 필요했으나 제공되지 않은 상황

☐ 관찰자가 벨을 울렸다.

☐ 해당 행동을 강조하였다

☐ 팀이 문제를 회피하지 않고 논의했거나, 필요한 피드백을 제공했다.

의견이 양분화된 경우

☐ 관찰자가 벨을 울렸다.

☐ 팀이 양분화되었다는 것을 강조하였다.

☐ 반대편 극단의 관점을 찾아 탐색하였다.

Marsha M. Linehan의 승인을 받아 아래 자료에서 발췌하여 수정하였음. 미출간. University of Washington Behavioral Research and Thearpy Clinics.

자료 6. DBT 팀 회의록: 양식 1

서기 : _____ 날짜 : _____

참석자 명단 : _____

1. 이 주의 팀원: _____

   a. 문제 정의하기: _____

   b. 팀 피드백/아이디어: _____

   _____

   _____

   C. 치료자는 아래 사항에 동의함:

   _____

   _____

2. 팀원: _____

   a. 문제 정의하기: _____

   b. 팀 피드백/아이디어: _____

   _____

   _____

   C. 치료자는 아래 사항에 동의함:

   _____

   _____

3. 팀원: _____

   a. 문제 정의하기: _____

   b. 팀 피드백/아이디어: _____

       _____

       _____

   C. 치료자는 아래 사항에 동의함:

       _____

       _____

4. 이 주의 팀원: _____

   a. 문제 정의하기: _____

   b. 팀 피드백/아이디어: _____

       _____

       _____

   C. 치료자는 아래 사항에 동의함:

       _____

       _____

   기타 항목: _____

       _____

       _____

자료 7. DBT 팀 회의록: 양식 2

날짜:

리더:

관찰자:

서기:

참석자:

결석자:

팀의 기능(리마인더): 팀원들의 효과적인 개입 여부를 모니터링하고 향상시키며, 동기를 유지하고 강화하기

서류 완결 상태 (치료노트, 초기진단인터뷰, 치료종결 보고서):

완결 계획:

행정적 이슈:

효과적인 행동(기술하기):

스킬 그룹 업데이트:

리더:

참석자:

결석자:

리뷰한 자료/페이지/주제:

교육한 자료/페이지/주제:

숙제:

임상적 중요 사항:

휴가 및 출장 일점:

자문(필요시 이 항목을 반복 기입):

팀원:

문제/이슈:

코멘트/조언:

교육 포인트:

팀 기능 (아이디어/업데이트):

자료 8. DBT 팀 개인정보 비밀보장 동의사항

DBT 팀 개인정보 비밀보장 동의사항

진단 또는 치료 과정에서 DBT 치료자와 내담자가 나눈 대화의 내용은 비밀 보장이 되어야 하며, 외부에 공개되지 않아야 합니다.

나는 효과적인 치료를 제공하기 위해서 다른 전문가들로부터 치료에 관한 자문을 받는 것에 대해 이해하고, 이에 동의합니다. 이때 나는 동료 치료자의 내담자로서 치료를 받는 것이며, 나 역시 다른 동료 치료자에게 전문적 치료 서비스를 제공할 것입니다. 나는 DBT 치료자들이 전문가 역할을 수행하며 진단과 치료의 향상을 목적으로 자문 회의를 진행하는 경우, 그 회의는 비밀보장의 대상이 되며, 이는 DBT 팀 회의에도 동일하게 적용된다는 점을 이해하고, 동의합니다.

나는 자문 회의에서 있었던 모든 언어적, 비언어적 발언, 행동 및 기타 형태의 의사소통(영상/음성 기록 관련 사항 포함)에 대해 비밀을 유지할 것에 동의합니다. 또한, 효과적인 심리치료는 자신감 있으며 서로 신뢰하는 분위기에서 이루어질 때 가능하다는 점과, 이를 통해 모든 그룹 구성원이 사실, 감정, 기억, 두려움 등을 솔직하고 자유롭게 표현할 수 있다는 것을 인지하고 있습니다.

이 그룹의 구성원으로서, 나는 다른 구성원을 식별할 수 있는 비밀 정보를 그룹 외부에서 공개하지 않을 것임에 동의합니다. 이 정보에는 이름, 신체적 특징, 생물학적 정보, 다른 그룹 구성원과의 상호작용의 세부 내용 등이 포함될 뿐만 아니라, 여기에만 한정되지 않습니다. 나는 법적 또는 윤리적 이유로 비밀 정보를 공개해야 할 수 있으며, 다른 팀원들도 나에 대한 비밀 정보를 공개해야 할 수 있다는 것을 이해합니다.

나는 아래 서명함으로써, DBT 팀 동의사항을 신중히 읽고 이해했으며, 동의한다는 것을 밝힙니다.

서명 :＿＿＿＿＿＿＿＿＿＿＿＿＿＿＿＿＿＿＿＿＿＿＿＿＿＿＿＿＿＿

이름 :＿＿＿＿＿＿＿＿＿＿＿＿＿＿＿＿＿＿＿＿＿＿＿＿＿＿＿＿＿＿

날짜 :＿＿＿＿＿＿＿＿＿＿＿＿＿＿＿＿＿＿＿＿＿＿＿＿＿＿＿＿＿＿

Marsha M. Linehan의 승인을 받아 아래 자료에서 발췌하여 수정하였음. 미출간. University of Washington Behavioral Research and Thearpy Clinics.

이 자료는 DBT® 팀 구성과 운영: 치료자를 위한 치료(저자 Jennifer Sayrs, Marsha Linehan, 역자 채송희, 조용범, 2025)의 일부입니다. 이 책을 구매하신 분은 개인 용도 또는 DBT 팀에서 사용하기 위해 이 자료를 복사하여 사용할 수 있습니다. 자세한 사항은 본서 저작권 관련 정보 페이지를 참고하십시오.

자료 9. DBT 팀 회의 안건: 양식 1

팀원은 다음 중 하나 이상을 팀에 요청할 수 있음:

(1) 팀의 수인
(2) 내담자에 대한 공감 증진을 위한 도움

(3) 내담자에 대한 평가 향상을 위한 도움
(4) 문제 해결 방안 제안

논의 또는 완료된 주제에 체크하기:

☐ 마인드풀니스

☐ 동의사항 읽기

☐ 지난 주 회의록 검토

☐ 추가 도움이 필요한 경우 안건에 배정하기 위한 리마인더:

- 어떤 팀원이 임박한 자살 위험에 놓인 내담자를 치료하고 있나?
- 어떤 팀원이 연속 4회 결석할 가능성이 있는 내담자를 치료하고 있나?
- 어떤 팀원이 휴가나 출장을 앞두고 있나?
- 어떤 팀원의 서류 완결이 지연되고 있나?
- 어떤 팀원이 상황이 더욱 악화되고 있는 내담자를 치료하고 있나?
- 어떤 팀원이 동의한 치료 기간이 끝나가는 내담자를 만나고 있나?
- 어떤 팀원이 한 주간 전화 자문에 많은 시간을 보냈는가?
- 오늘 팀 회의에 늦은 팀원이 있는가?

☐ 스킬훈련그룹 업데이트 (교육한 스킬, 숙제, 다음 주 진도)

☐ 이 주의 팀원:＿＿＿＿＿＿＿＿＿＿＿＿＿＿＿＿＿＿＿＿＿＿＿＿＿＿＿

다음 중 하나에 15분 사용하기: (1) 역할극 (2) 영상 시청 (3) 사례 개념화 발표

우선 순위:

높은 우선 순위 (예: 생명 위협 행동, 정서적 고통이 심한 팀원, 시간에 민감한 주제, 중요한 팀 방해 행동)

팀원 이름:

☐ ＿＿＿＿＿＿＿＿＿＿＿＿＿＿＿＿＿   ☐ ＿＿＿＿＿＿＿＿＿＿＿＿＿＿＿＿＿

☐ ＿＿＿＿＿＿＿＿＿＿＿＿＿＿＿＿＿   ☐ ＿＿＿＿＿＿＿＿＿＿＿＿＿＿＿＿＿

중간 우선 순위 (예: 중요한 주제이지만 시간에 민감하지 않은 경우, 오늘 모두 다루지 못해도 괜찮은 주제)

☐ _____   ☐ _____

☐ _____   ☐ _____

낮은 우선 순위 (예: 다음에 다뤄도 괜찮은 주제, 오늘 논의되지 않을 가능성이 높은 주제)

☐ _____   ☐ _____

☐ _____   ☐ _____

기타:

☐ 효과적인 내담자 또는 팀원의 행동/진전 사항 _____

☐ 회의 종료 벨 울리기

Marsha M. Linehan의 승인을 받아 아래 자료에서 발췌하여 수정하였음. 미출간. University of Washington Behavioral Research and Thearpy Clinics.

이 자료는 DBT® 팀 구성과 운영: 치료자를 위한 치료(저자 Jennifer Sayrs, Marsha Linehan, 역자 채송희, 조용범, 2025)의 일부입니다. 이 책을 구매하신 분은 개인 용도 또는 DBT 팀에서 사용하기 위해 이 자료를 복사하여 사용할 수 있습니다. 자세한 사항은 본서 저작권 관련 정보 페이지를 참고하십시오.

자료 10. DBT 팀 회의 안건: 양식 2

날짜 : _____ 리더 : _____

논의 또는 완료된 주제에 체크하기

☐ 마인드풀니스 (10분)

☐ 동의사항 읽기

☐ 지난 회의록 검토하기

☐ 화이트보드에 스킬 업데이트하기

☐ 리마인더: 다음 사항에 도움이 필요한 경우, 해당 안건에
표기합니다

✓ 자살 위험이 더 높아진 내담자가 있는가?

✓ 연속 4회 결석 가능성이 있는 내담자가 있는가?

✓ 휴가를 위해 대체 치료자 지원이 필요한가?

✓ 서류 완결이 지연되었는가?

✓ 비효율적인 행동이 증가하고 있는 내담자가 있는가?

✓ 치료 기간이 끝나가는 내담자가 있는가?

✓ 한 주간 전화 자문에 많은 시간을 보냈나?

✓ 오늘 팀 회의에 늦은 팀원이 있는가?

안건에 자신의 이름을 적어주세요. (안건에 팀원을 배치한다는 점을 기억하세요) 여러분이 오늘 다뤘으면 하는 것에 표시해주세요. 우선순위와 필요한 시간을 기록해주세요.

필요한 시간 (분)	우선 순위 1-5 (5 = 가장높음)	팀원 이름	평가에 대해 도움이 필요함	문제 해결에 대해 도움이 필요함	내담자 대한 공감을 증진 시키기 위해 도움이 필요함	수인이 필요함	정서적 으로 소진 되어 도움이 필요함 (구체적으로 기술해주세요)	업데이 트할 사항이 있음	무엇이 필요한지 잘모르겠 지만, 도움이 필요함	알릴 사항이 있음

Evidence Based Treatment Centers of Seattle의 승인을 얻어 발췌 수정하였음.

Aarons, G. A., Sommerfeld, D. H., Hecht, D. B., Silovsky, J. F., & Chaffin, M. J.(2009). The impact of evidence-based practice implementation and fidelity monitoring on staff turnover: Evidence for a protective effect. *Journal of Consulting and Clinical Psychology*, 77(2), 270–280.

Addi, M., & Martell, C. (2004). *Overcoming depression one step at a time: The new behavioral activation approach to getting your life back.* Oakland, CA: New Harbinger.

Bateman, A. W., & Fonagy, P. (2004). Mentalization-based treatment of BPD. *Journal of Personality Disorders*, 18(1), 36–51.

Brent, D. A., Poling, K. D., & Goldstein, T. R. (2011). *Treating depressed and suicidal adolescents: A clinician's guide.* New York: Guilford Press.

Castelli Dransart, D. A., Heeb, J. L., Gulfi, A., & Gutjahr, E. (2015). Stress reactions after a patient suicide and their relations to the profile of mental health professionals. *BMC Psychiatry*, 15(265), 1–9.

Chugani, C. D., Mitchell, M. E., Botanov, Y., & Linehan, M. M. (2017). Development and initial evaluation of the psychometric properties of the Dialectical Behavior Therapy Barriers to Implementation Scale (BTI-S). *Journal of Clinical Psychology*, 73, 1704–1716.

Craske, M. G., Treanor, M., Conway, C. C., Zbozinek, T., & Vervliet, B. (2014). Maximizing exposure therapy: An inhibitory learning approach. *Behaviour Research and Therapy*, 58, 10–23.

DeRubeis, R. J., & Feeley, M. (1990). Determinants of change in cognitive therapy for depression. *Cognitive Therapy and Research*, 14(5), 469–482.

Draper, B., Kolves, K., DeLeo, D., & Snowdon, J. (2014). The impact of patient suicide and sudden death on health care professionals. *General Hospital Psychiatry*, 36(6), 721–725.

Gulfi, A., Castelli Dransart, D. A., Heeb, J. L., & Gutjahr, E. (2015). The impact of patient suicide on the professional reactions and practices of mental health caregivers and social workers. *Crisis*, 31, 202–210.

Haga, E., Aas, E., Groholt, B., Tormoen, A. J., & Mehlum, L. (2018). Cost-effectiveness of dialectical behaviour therapy vs. enhanced usual care in the treatment of adolescents with self harm. *Child and Adolescent Psychiatry and Mental Health*, 12(22), 1–11.

Hendin, H., Lipschitz, A., Maltsberger, J. T., Haas, A. P., & Wynecoop, S. (2000). Therapist's reactions to patients' suicides. *American Journal of Psychiatry*, 157(12), 2022–2027.

Katz, L., & Korslund, K. (2020). Principles of behavioral assessment and management of "life-threatening behavior" in dialectical behavior therapy. Cognitive and Behavioral Practice.

Koerner, K. (2012). Doing dialectical behavior therapy: A practical guide. New York: Guilford Press.Koerner, K., & Linehan, M. M. (1997). Case formulation in dialectical behavior therapy forborderline personality disorder. In T. D. Elles (Ed.), *Handbook of psychotherapy case formulation* (pp. 340–367). New York: Guilford Press.

Krawitz, R., & Miga, E. M. (2019). Financial cost-effectiveness of dialectical behaviour therapy (DBT) for borderline personality disorder (BPD). In M. A. Swales(Ed.), *The Oxford handbook of dialectical behaviour therapy*. New York: Oxford University Press.

Kristensen, T. S., Borritz, M., Villadsen, E., & Christensen, K. B. (2005). The Copenhagen Burnout Inventory: A new tool for the assessment of burnout. *Work and Stress*, 19, 192–207.

Linehan, M. M. (1993). *Cognitive-behavioral treatment of borderline personality disorder*. New York: Guilford Press.

Linehan, M. M. (1997). Validation and psychotherapy. In A. Bohart & L. Greenberg (Eds.), *Empathy reconsidered: New directions in psychotherapy* (pp. 353–392). Washington, DC: American Psychological Association.

Linehan, M. M. (2015a). *DBT skills training handouts and worksheets (2nd ed.)*. New York: Guilford Press.

Linehan, M. M. (2015b). *DBT skills training manual (2nd ed.)*. New York: Guilford Press.

Linehan, M. M., Comtois, K. A., & Ward-Ciesielski, E. F. (2012). Assessing and managing risk with suicidal individuals. Cognitive and Behavioral Practice, 19(2), 218–232.

Linehan, M. M., & Heard, H. (1999). Borderline personality disorder: Costs, course, and treatment outcomes. In N. Miller & K. Magruder (Eds.), *The cost-effectiveness of psychotherapy: A guide for practitioners, researchers and policy-makers*(pp. 291–305). New York: Oxford University Press.

Maslach, C., & Jackson, S. E. (1981). The measurement of experienced burnout. *Journal of Occupational Behaviour*, 2, 99–113.

Novotney, A. (2016). 5 ways to avoid malpractice. *Monitor on Psychology*, 47(3), 5.

Pasieczny, N., & Connor, J. (2011). The effectiveness of dialectical behaviour therapy in routine public mental health settings: An Australian controlled trial. *Behaviour Research and Therapy*, 49(1), 4–10.

Ramnerö, J., & Törneke, N. (2008). *The ABCs of human behavior*. Oakland, CA: Context Press/New Harbinger.

Rizvi, S. L., & Sayrs, J. H. R. (2020). Assessment-driven case formulation and treatment planning in dialectical behavior therapy: Using principles to guide effective treatment. *Cognitive and Behavioral Practice*.

Rizvi, S. L., Steffel, L. M., & Carson-Wong, A. (2013). An overview of dialectical behavior therapy for professional psychologists. *Professional Psychology: Research and Practice*, 44(2), 73–80.

Ruskin, R., Safinofsky, I., Bagby, R. M., Dickens, S., & Sousa, G. (2004). Impact of patient suicide on psychiatrists and psychiatric trainees. *Academic Psychiatry*, 28(2), 104–110.

Saxe, G. N., Ellis, H. B., & Kaplow, B. (2007). *Collaborative treatment of traumatized children and teens: The trauma systems therapy approach.* New York: Guilford Press.

Sayrs, J. H. R. (2019). Running an effective DBT consultation team: Principles and challenges. In M. A. Swales (Ed.), *The Oxford handbook of dialectical behavior therapy.* New York: Oxford University Press.

Sayrs, J. H. R., & Linehan, M. M. (2019). Modifying CBT to meet the challenge of treating emotion dysregulation: Utilizing dialectics. In M. A. Swales (Ed.), *The Oxford handbook of dialectical behavior therapy.* New York: Oxford University Press.

Sitkin, S. B., & Lind, E. A. (2007). *The six domains of leadership: A new model for developing and assessing leadership qualities.* Chapel Hill, NC: Delta Leadership.

Sitkin, S. B., Lind, E. A., & Siang, S. (2006, Fall). The six domains of leadership. *Leader to Leader*, 2006(S1), 27–33.

Sung, J. (2016a). Sample agency practices for responding to client suicide. Retrieved from www.sprc.org/sites/default/files/resource-program/Sample_Agency_Practices.pdf.

Sung, J. (2016b). Sample individual practitioner practices for responding to client suicide. Retrieved from *www.sprc.org/sites/default/files/resource program/Sample_Individual_ Practitioner_Practices.pdf.*

Swales, M. A., & Dunkley, C. (2019). Structuring the wider environment and the DBT team: Skills for DBT team leads. In M. A. Swales (Ed.), *The Oxford handbook of dialectical behaviour therapy.* New York: Oxford University Press.

U.S. Department of Health and Human Services. (2013). Health information of deceased individuals. Retrieved from *www.hhs.gov/hipaa/for-professionals/privacy/guidance/ health-information-of-deceased-individuals/index.html.*

DBT®팀 구성과 운영

– 치료자를 위한 치료

발행일 1쇄 2025년 12월 31일

저자 Jennifer H.R. Sayrs, Marsha M. Linehan
역자 채송희, 조용범
펴낸이 조용범
펴낸곳 더 트리 그룹
출판등록 2008년 9월 23일 제2016-000018호
주소 서울시 송파구 법원로 90, 12층
전화 02)557-8823

www.theTreeG.com

ISBN 978 – 89 – 967839 – 9 – 2